AI
커뮤니케이션

AI 커뮤니케이션
AI커뮤니케이션은 모든 커뮤니케이션을 압도한다

초판 1쇄 발행 2022년 3월 1일

지은이 김태련, 이은자
펴낸이 장길수
펴낸곳 지식과감성⁰
출판등록 제2012-000081호

교정 정은지
디자인 이현
편집 이은지
검수 김우연, 이현
마케팅 고은빛, 정연우

주소 서울시 금천구 벚꽃로298 대륭포스트타워6차 1212호
전화 070-4651-3730~4
팩스 070-4325-7006
이메일 ksbookup@naver.com
홈페이지 www.knsbookup.com

ISBN 979-11-392-0339-4(03190)
값 18,000원

- 이 책의 판권은 지은이에게 있습니다.
- 이 책 내용의 전부 또는 일부를 재사용하려면 반드시 지은이의 서면 동의를 받아야 합니다.
- 잘못된 책은 구입하신 곳에서 바꾸어 드립니다.

지식과감성⁰
홈페이지 바로가기

요즘은 AI시대 AI커뮤니케이션이 필요한 시대

AI
커뮤니케이션

AI커뮤니케이션은
모든 커뮤니케이션을 압도한다

김태련 · 이은자

AI 커뮤니케이션의 구성

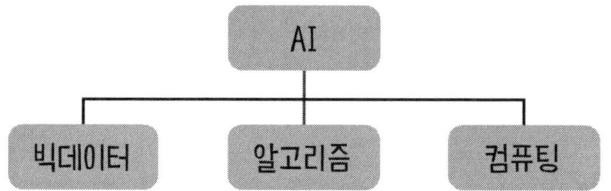

AI는 인간의 지능을 본뜬 컴퓨터 프로그램입니다.
AI(인공지능)는 빅데이터, 알고리즘, 컴퓨팅을 갖추었을 때 가능해집니다.

빅데이터: 경제적 가치를 추출 및 분석할 수 있는 기술
알고리즘: 어떤 문제를 해결하기 위한 절차, 방법, 명령어들의 집합
컴퓨팅: 수행하는 사람

3가지로 구성되어 작동됩니다.

우리는 인간이기에 우리에게 맞는 재정의된 AI 방식이 필요합니다.

빅데이터: 상대의 신념, 가치, 취향을 추출 및 분석하는 기술
알고리즘: 빅데이터를 활용하여 문제를 해결하는 집합
컴퓨팅: AI 지능으로 커뮤니케이션하는 대상

3가지로 구성되어 커뮤니케이션하도록 합니다.
그렇다면 요즘 왜 AI 방식의 커뮤니케이션이 필요하다고 할까요?

AI 커뮤니케이션의 차이

현재 많은 부분에서 비대면으로 이루어지고 있습니다.
수업, 교육, 회의 등 재택근무 등으로 확대되었으며
기업들 또한 이에 발맞추어 확대하는 추세입니다.
AI 면접이 확대되는 이유는
스펙에 영향력 없는 공정성, 코로나19 시국의 안전 때문입니다.
교통비, 시간 등 면접비용 절감 등으로 학교와 기업에서 채택하고 있습니다.

AI 면접은
얼굴 부위의 미세움직임 분석, 음성 분석(톤, 속도, 음색) 등의 데이터로 판단합니다.

AI 면접의 경험자는 '시선처리, 표정까지 신경 쓰다 보면 진이 빠진다'라고 합니다.
전에는 면접관이 포착하지 못했다 하더라도 이제는 AI가 미세표정을 읽어 점수에 반영합니다.
미세표정과 몸의 언어를 모르는 사람, 그 언어를 아는 사람의 경우 압도적인 결과의 차이로 드러나게 됩니다.

가격협상에서 '우리 기업은 이 이상의 수수료를 준 적이 없습니다'라고 협상담당자가 말을 할지라도 몸의 언어가 불일치를 보여 협상 끝에 역대 최고 수수료를 체결하게 됩니다.
상대의 패를 알 순 없지만 몸의 언어를 읽고 가늠할 수 있습니다.
이 일을 시작하여 일개 사원에서 팀장, 이사까지 초고속 승진을 하는가 하면 한 여성 수료자는 모임 자리에서 자신이 마음에 드는 남성이 자기를 좋아한다는 몸의 언어를 읽고 자신 있게 다가가 이번 5월 결혼까지 하게 됐습니다.
내성적이었던 남성은 마음에만 두고 있던 여성이 15명의 남성 중 유일하게 자신에게 다가와 눈을 보면서 관심을 표명하니 기쁘게 응할 수밖에 없었다고 합니다.
반대로 여성 입장에서는 마음에 드는 단 한 명의 남성이 자신에게 마음이 있다는 신호를 보내는 걸 읽었기에 가능했다고 합니다.
AI 커뮤니케이션 수료자들에게 듣는 성공 스토리는 너무나 드라마틱하며 무궁무진한 이야기로 넘쳐납니다.

우리는 질문을 하고 상대의 다음 부분을 확인해야 합니다.

- 눈동자 움직임으로 보이는 시각, 청각, 촉각 감각의 선호도
- 얼굴 피부색과 톤, 변화하는 미세움직임
- 목소리 톤, 속도, 음색 조절 및 관찰
- 호흡 들숨, 날숨에 따라 말하기
- 언어와 몸의 언어의 일치 확인

AI 방식의 커뮤니케이션을 10년 전부터 교육 및 트레이닝해 왔기에 AI 면접이 확대되며 시급해지자 자연스럽게 우리의 교육방식이 각광을 받기 시작한 것입니다.
이 과정의 수료자들은 오히려 지금의 AI 방식의 면접이 더 단순하며 마음이 놓인다고 합니다. 알 수 없는 면접관의 기준이 아닌 대답을 하는 데에 있어 AI의 기준이 있기 때문입니다.
우리가 지금까지 교육한 AI 커뮤니케이션에서 기본적인 몇 개의 요소에 불과하기에 AI 커뮤니케이션을 모르는 상대에 비해 우위에 있다는 자신감을 가지며 더 좋은 성과를 내고 있는 것입니다.

AI 커뮤니케이션의 또 다른 의미

Alchemist
연금술사란
이미 존재하는 것들을 조화롭게 합하여 새로운 것으로 만드는 사람입니다.
우리는 똑같은 한글의 모음과 자음으로 조합하여 대화를 하지만
천차만별의 분위기와 다양한 과정과 결과들을 만들어 냅니다.
우리는 모두 언어의 연금술사입니다.
우리는 각자의 연금술로 긍정적으로 만들거나
부정적으로 만드는 차이를 만들 뿐입니다.

Intelligence
연금술을 발휘하기 위해서는 연금술사에 맞는 지능이 필요합니다.
우리는 지금까지 《연금술사의 언어술 101가지》, 《라포 커뮤니케이션》, 《커플 커뮤니케이션》, 《최면언어로 카피라이터 하라》, 《최면언어로 커뮤니케이션하라》 등 언어와 커뮤니케이션에 대해 출간과 강의, 트레이닝을 하고 있습니다.

최면언어, 치료언어, 양자언어, 심리언어, 코칭언어 등 수많은 심리언어를 사용하고 가르치면서 연금술과 같은 언어를 사용하기 위해서는 이에 적합한 방식의 지능을 사용해야 된다는 것을 알게 됐습니다.

커뮤니케이션
우리는 돌멩이를 금으로 만드는 연금술처럼
똑같은 언어를 새로운 AI 언어로 바꾸어 대화할 것입니다.
여러분이 이제 익히게 될 커뮤니케이션은 단순한 대화 외에
무의식적인 메시지를 더불어 보내고, 상대가 표출하는 무의식적인 메시지를 동시에 알아차리게 될 것입니다.

그렇기에 여러분은 지금의 AI 커뮤니케이션이
AI(Artificial Intelligence)이기도 하며 동시에
AI(Alchemist Intelligence)라는 것을 알 수 있습니다.

차례

AI 커뮤니케이션의 구성   4
AI 커뮤니케이션의 차이   5
AI 커뮤니케이션의 또 다른 의미   7

1부
빅데이터(big data)
- 비언어로 말하기 체크표   15
- 관찰하기 체크표   32
- 질문   56

2부
알고리즘(algorism)
1. 결과를 만드는 원인   158
   - 추구하는 가치관   158
   - 추구하는 성향   171
   - 추구하는 사회적 직무   184
   - 현재의 가치관   199
   - 현재의 성향   205
   - 현재의 사회적 직무   212
2. 현실적 결과   224
   - 어떻게 나는 지금의 내가 되었는가?   224
3. 직업적 특성   264

4. 비즈니스 특성	273
5. 예측 가능한 결과	283
- 필요한 가치관	283
- 필요한 성향	289
- 필요한 사회적 직무	295

3부

컴퓨팅(computing)

1. 전략	342
2. 모드 전환	402
3. 오감으로 모드 전환하라	417
4. 시각을 활용한 모드 전환	422
5. 청각을 활용한 모드 전환	430
6. 촉각을 활용한 모드 전환	436
7. 후각을 활용한 모드 전환	445
8. 미각을 활용한 모드 전환	448
9. AI 플래너	451
10. AI 플래너	454
11. AI 플래너의 핵심 3가지-1	456
13. AI 플래너의 핵심 3가지-2	469
14. AI 플래너의 핵심 3가지-3	486
15. AI 플래너의 활용	496
16. AI 플래너 사용법	498
17. AI 플래너 업데이트	500

1부

빅데이터
big data

상대의 신념, 가치, 취향을 추출 및 분석하는 기술

- 비언어로 말하기 체크표
- 관찰하기 체크표
- 질문

AI 커뮤니케이션 빅데이터 구성

(1) AI 질문	(2) 질문 설명	(3) 〈비언어로 말하기 체크표〉	(4) 〈관찰하기 체크표〉

(1) AI 질문

(2) AI 질문 설명

(3) 비언어로 말하기
- 미러링
- 보이싱
- 백트래킹
- 호흡
- 청크
- 상징

(4) 관찰하기
- 상대 눈 읽기
- 얼굴 피부색 관찰하기
- 목소리 관찰하기
- 몸의 언어 관찰하기

AI 커뮤니케이션 빅데이터는 질문, 질문 설명, 비언어로 말하기, 관찰하기로 구성되어 있습니다.

AI 질문

(1) AI 질문	(2) 질문 설명	(3) 〈비언어로 말하기 체크표〉	(4) 〈관찰하기 체크표〉

질문을 하면 대답을 해야 합니다.
대답을 하기 위해 전 단계인 '생각'을 하게 됩니다.
이것은 무의식의 주요 원리에서 특히나 중요한 부분입니다.
심리학적 표현으로 '부정어를 처리하지 못하다'로 표현되는데
질문을 받는 순간, 좋든 싫든 그 질문에 대해 생각이 드는 것이
본능입니다.

식사 도중에 배설물이나 더러운 이야기를 듣기 싫습니다.
듣기 싫지만 그 이야기에 그 생각이 납니다.
공공장소에서 무례하고 시끄러운 이야기를 듣기 싫습니다.
듣기 싫지만 그 이야기가 들려 기분이 나빠집니다.
누군가가 나에게 욕설을 한다면 그 욕설을 듣기 싫습니다.
듣기 싫지만 그 욕설이 들려 속이 상하고 화가 납니다.
이러한 원리를 활용해 대화로 최면을 걸기도 합니다.
AI 커뮤니케이션 또한 전략적으로 대화에 사용하며 활용합니다.

질문은 알고자 하는 바를 얻기 위해 묻는 것입니다.
질문을 통해 상대의 다양한 정보를 얻을 수 있는데
진정한 의도는 건강하고 재미있는 깊은 커뮤니케이션입니다.

질문 설명

(1) AI 질문	(2) **질문 설명**	(3) 〈비언어로 말하기 체크표〉	(4) 〈관찰하기 체크표〉

실제로 진행하는 데 있어서 질문 설명은 필요하지 않을 수도 있습니다.
대부분 질문을 하면 답변은 나오게 되어 있습니다.
간단하게 보이는 질문이라도 한 번도 구체적인 생각과 답변을 한 적이 없기 때문에
어떻게 답변을 해야 하는지 고민되어 답변의 시간이 오래 걸릴 수도 있습니다.

질문에 대한 설명은 간략한 질문 분석이나 답변 예시를 통해
방법과 아이디어를 얻을 수 있습니다.
또한, 질문의 이유나 질문으로 인한 유익한 점들을 참고할 수 있습니다.

비언어로 말하기 체크표

(1) AI 질문	(2) 질문 설명	(3) 〈비언어로 말하기 체크표〉	(4) 〈관찰하기 체크표〉

언어적 커뮤니케이션의 대표적인 법칙은 미국 UCLA 메라비언 교수의 연구결과로 이름 붙여진 메라비안 법칙입니다.
비언어적 커뮤니케이션의 대표적인 방법은 5가지 라뽀 기술입니다.
정신과 의사이자 대화최면의 창시자인 밀튼 에릭슨에 의해 밝혀지기 시작했습니다.
그는 우연히 보이지 않는 방법, 상대가 알아차리지 못하는 방법이 효과를 발휘한다는 것을 알아차리고 사용했을 뿐인데, 최면의 요소가 짙어 간접최면과 생활최면의 범주로 들어가게 됩니다.

언어적 커뮤니케이션과 비언어적 커뮤니케이션 중 무엇이 더 중요할까요?
메라비안 교수는 비언어적인 자세, 몸짓, 호흡, 표정과 눈 깜박임, 톤, 템포, 음질, 음량 요소가 실제 커뮤니케이션에서 93%에 해당한다는 것을 발견하게 됩니다.
하지만 실제 커뮤니케이션에서는 7%에 해당하는 언어적인 요소가 마치 93%처럼 보이기에 언어적 커뮤니케이션 또한 중요합니다.

언어에는 보이는 부분과 보이지 않는 부분, 즉 언어와 비언어가 공존합니다.
이 두 특성은 각자의 특성과 반대의 특성을 보완해 주고 시너지를 나타냅니다.
사회과학 분야에서 60년 이상 다양한 분야에서 대표적이고 본질적인 방법, '비언어'로 말하십시오.
상대가 알아차릴 수 없이 보이는 성과를 나타낼 것입니다.

질문과 의미

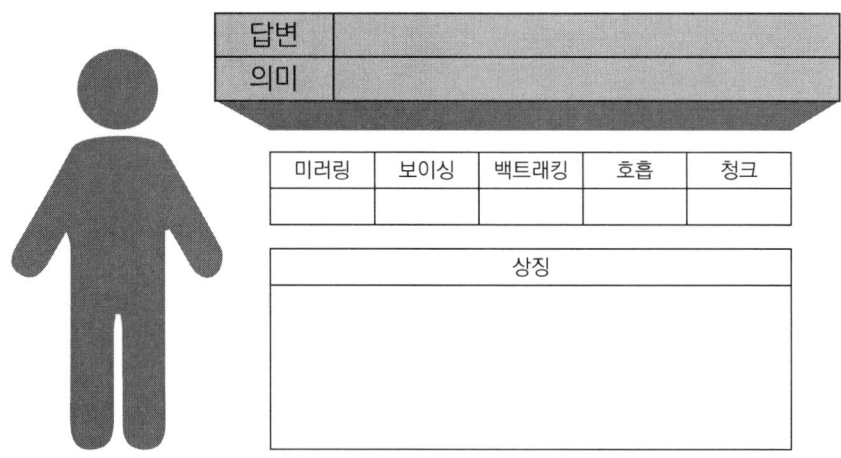

질문을 하면 대답을 하게 됩니다.
그 대답에는 상대의 무한한 정보가 담겨 있습니다.
성향, 취향, 가치관, 신념, 의도, 욕구, 욕망, 강점, 단점, 경험담, 성공담 등 무수한 전략과 패턴을 나타냅니다.
대화에서 자연스럽게 오고 가는 질문과 대답은 질문과 대답에 따라 커뮤니케이션의 질을 완전히 달라지게 합니다.

AI 커뮤니케이션은 겉으로 드러난 의식적인 면에 가려진 의미를 알아차리면서 지금까지 인식하지 못했던 의식이 폭발적으로 확장됩니다. 그 상황은 질문을 하는 자와 대답을 하는 자 모두 동시에 나타나므로 서로 놀라운 경험을 하는 것입니다.

아시다시피 커뮤니케이션에서 정답은 없습니다.
저마다의 탁월성으로 드러나는 성향과 관점, 가치관, 취향의 색깔에 따라 대화하기에 똑같은 대답이란 존재하지 않습니다.

똑같은 주제, 똑같은 질문을 하여도 대답과 뜻은 모두 다를 것이며 열 사람, 백 사람 모두 다른 에너지로 다른 시간을 보낼 것입니다.
이것이 AI 커뮤니케이션의 매력이며 질문이 가진, 대답이 가진 매력입니다.

미러링

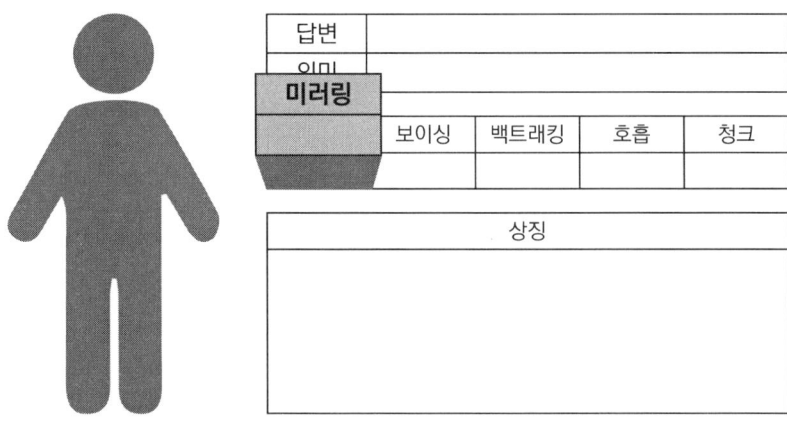

미러링은 PC, TV에 연결하여 화면공유 기능으로 많이 사용합니다.
맞습니다. 대화에서도 전신거울과 같이 미러링의 방법을 사용합니다.

최면술사가 최면을 걸기 위해
픽업아티스트가 여성에게 작업을 걸기 위해
세일즈맨이 고객에게 친밀감을 형성하기 위해

친한 친구 사이에서 흔하게 나타나는
연인 사이에서 흔하게 나타나는
행복한 부부에게서 흔하게 나타나는

친하지 않는 사이에서는 나타나지 않는
마음이 식은 연인 사이에서는 나타나지 않는
권태기를 겪는 부부에게서는 나타나지 않는

미러링이 없는 사진을 보고
미러링이 없는 부부의 모습을 보고
한 부부 상담가는 매스컴에 나와 '미러링이 없으니까
사이가 안 좋죠'라며 버럭 화를 내기도 합니다.

미러링은 코미디처럼 상대방을 무조건 모션을 따라 하는 것이 아닙니다.
부분적으로, 중요 부분에서 자연스럽게 사용되어야 하며
친밀한 시간을 보내는 사이에서는 자연스럽게 작동되는 행위입니다.

보이싱

답변				
의미				
미러링	보이싱	백트래킹	호흡	청크

상징

일명 목소리 맞춤입니다.

기분이 좋아 전화를 했는데
상대는 차분하게 전화를 받습니다.
기분이 좋지 않아 전화를 했는데
상대는 신나게 전화를 받습니다.
기분이 좋아 전화를 했는데
상대는 짜증 나게 전화를 받습니다.

조심스럽게 전화를 받았는데
상대는 큰 목소리로 말합니다.
기분 좋게 전화를 받았는데
상대는 무뚝뚝하게 말합니다.
기분 좋게 전화를 받았는데
상대는 조심스럽게 말합니다.

위안을 받고자 이야기하는데 상대는 계속 들떠 있습니다.
재미있는 이야기를 하는데 상대는 자꾸 저음으로 말합니다.
친하게 지냈으면 좋겠는데 상대는 계속 사무적으로 말합니다.

신나서 이야기하는데 상대도 신난 듯 말합니다.
진지하게 이야기하는데 상대 또한 진지하게 응해 줍니다.
밝게 인사했는데 상대 또한 밝게 인사를 해 줍니다.

보이싱은 성대모사를 하는 것이 아닙니다.
상대가 기뻐하는 목소리일 때 기뻐하는 반응으로
상대가 차분하게 이야기할 때 차분한 반응으로
이야기의 중요한 부분에서 감정을 맞추는 목소리로 공감합니다.

백트래킹

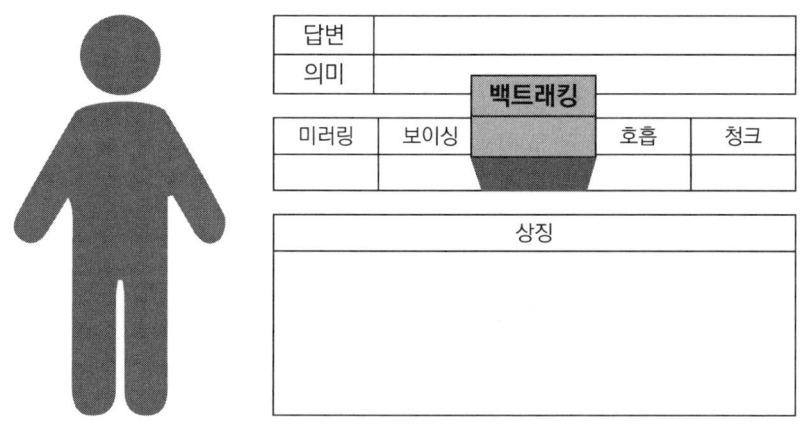

상대와 주고받는 대화의 가상 '트랙'이 있다고 가정해 보겠습니다.
보이지 않는 주고받는 '트랙'에 백(back)으로 돌려주는 것이 백트래킹입니다.
상대가 말한 키워드를 반복하거나 요약하여 말하는 것입니다.

나는 '하하하 히히'라고 웃는데
상대는 '하하하 하하' 웃는다고 합니다.
나는 '성실한 사람이 좋아'라고 했는데
상대는 '꾸준한 사람이 좋구나' 합니다.
나는 '뜨거운 거'라고 했는데 상대는 '따뜻한 거'라고 합니다.

'마케팅'에 대해 이야기했는데
'홍보'에 대해 이야기를 나누었다고 합니다.
'만족스러운 일상'에 대해 이야기했는데
'행복'에 대해 이야기를 나누었다고 합니다.

'밝은 빛의 노랑'이 좋다고 했는데 '노랑'을 좋아하는구나 합니다.

목덜미가 '무겁게 움찔하게 아픈데',
'목덜미가 아프시군요'라고 합니다.
여기 병원은 저의 상태를 정확히 모르는 것 같습니다.
'욱신하면서 뻐근'하다고 했는데
'욱신하면서 뻐근하시군요'라고 합니다.
저의 아픔을 잘 아는 의사 선생님입니다.
'어깨가 찌릿하면서 시큰하게 아프다'고 했는데 이번에 방문했을 때 '찌릿하면서 시큰하게 아픈 것은 좀 어떠세요'라고 저의 고통을 이해해 주십니다.

상대의 중요 키워드를 굳이 나의 키워드로 바꾸어 말하지 마십시오. 사전적인 정의는 필요 없습니다. 상대의 중요 키워드를 똑같이 사용하세요. 상대와 똑같은 의미를 공유할 수 있습니다.

호흡

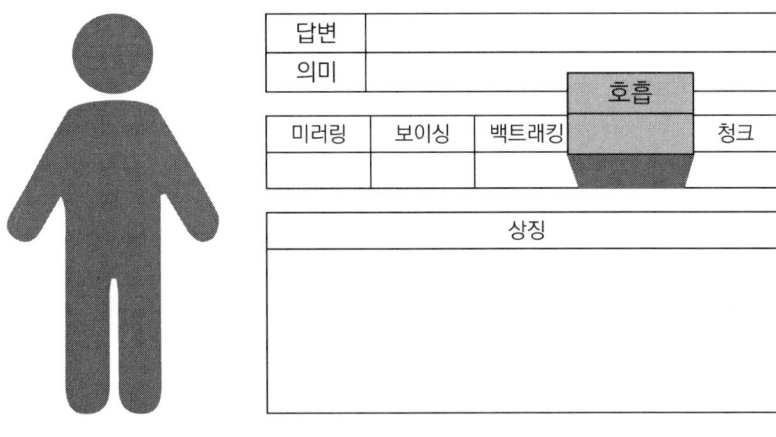

우리는 호흡을 합니다.
생존을 위한 필수사항입니다.

이렇게도 표현합니다.
'우리 호흡이 잘 맞는데.'
'우리 호흡을 맞춰야지.'
'우린 환상의 호흡이야.'

이렇게도 표현합니다.
'허를 찔러.'
'허점을 노려야 해.'
여기서의 '허'는 호흡의 날숨의 끝을 '허'라고 합니다.

산 정상에 올라 '야호' 하자 하면서

'야~'를 하고 '호'를 하려는데 그제야 옆에 있던 친구가 '야~' 합니다.
무언가 엇박자가 난 느낌입니다.

풋풋한 연인이 서로 포옹을 했는데
내가 '들숨'일 때 상대는 '날숨'이고
내가 '날숨'일 때 상대는 '들숨'입니다.
표현하기 힘든 불편한 느낌입니다.

처음 악수를 할 때, 이야기 중간중간, 상대가 티 나게 큰 호흡을 할 때가 있습니다.
그럴 때 한두 번만 같은 호흡으로 숨을 쉽니다.
자연스럽게 무의식이 상대와의 호흡을 맞출 것입니다.
물론 맞추고 싶을 때만 말이죠.

청크

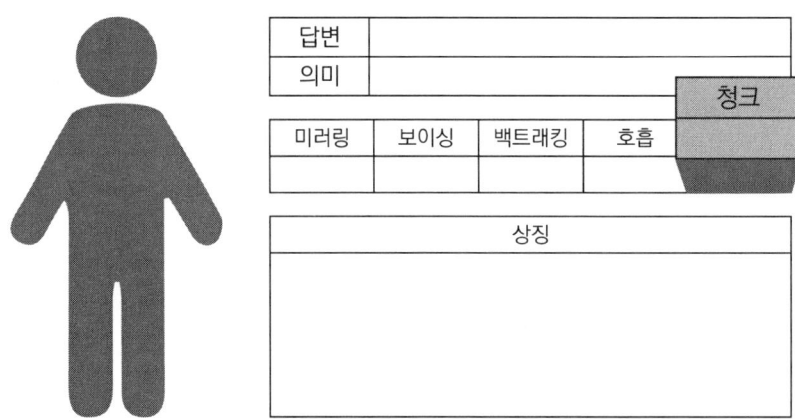

심리학적으로 말한다면 사고영역에서 상위 차원과 하위 차원을 오르내리는 것을 말합니다.
쉽게 말한다면 대화의 내용을 크게 말하거나 작게 말하는 것입니다.

상대가 큰 분야를 말한다면 대략 큰 분야에서 말합니다.
상대가 중간 분야를 말한다면 대략 중간 분야에서 말합니다.
상대가 작은 분야를 말한다면 대략 작은 분야에서 말합니다.

상대가 자동차의 흐름에 대해 이야기한다면 흐름에 대해서 말합니다. 상대가 자동차의 고장 난 부품에 대해 이야기하는데 자동차 산업의 흐름에 대해서 이야기를 하는 것은 청크가 너무 큽니다.

주식 지수 4,000포인트에 대해 토론하는데 자동매도 주문 방법에 대해 말한다면 청크가 너무 작습니다.
주식 지수 4,000포인트에 대해 토론하는데 큰 흐름에 대해 말한다면 적정한 이야기의 크기입니다.

청크는 내용의 사이즈를 맞추는 것만을 말하는 것이 아닙니다.
이야기의 크기를 크거나 작게 해야 합니다.
다만 가능한 첫 번째는 상대가 말한 내용의 호응을 해 준다는 차원에서 내용의 크기를 맞추고 나서 크거나 작게 마음대로 이야기하는 것입니다.

상징 - 1

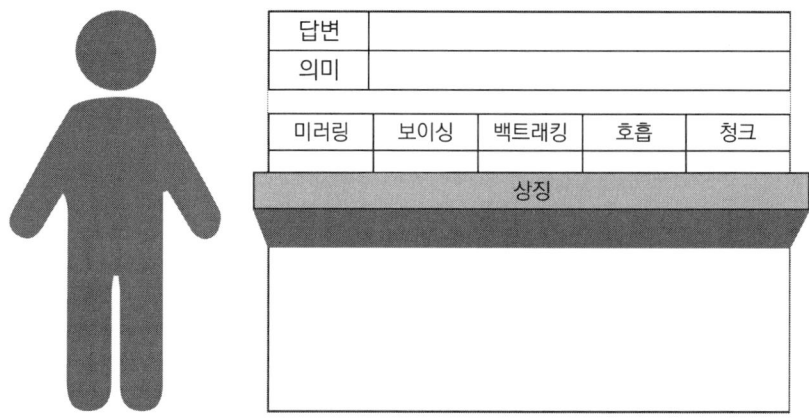

상징이란 사물을 전달하는 매개적 작용을 하는 것입니다.

무의식 마음의 주요 원리에서 무의식은 상징적입니다.

상징을 사용하고 상징에 반응한다고 합니다.

상징을 사용하고 상징에 반응하는 이유는 무엇일까요?

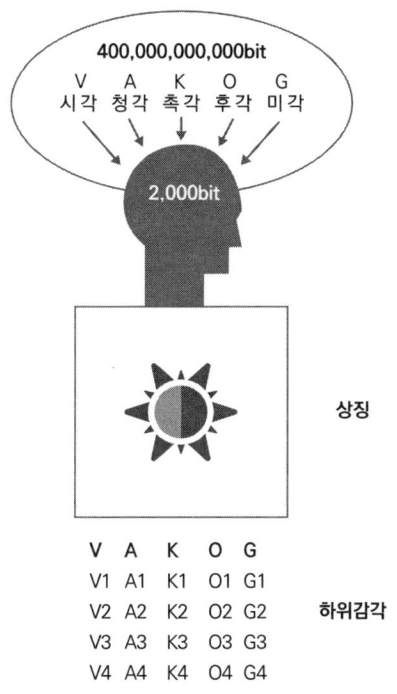

인간이라면 오감의 정보만을 받을 수 있습니다.
5가지 감각인 시각, 청각, 촉각, 후각, 미각입니다.
우리가 받는 정보량과 실제 처리할 수 있는 정보는 큰 차이의 간극이 발생됩니다.
매초 4,00,000,000,000bit의 비트의 정보에서 2,000bit, 즉 2,000만 분의 1밖에는 처리할 수 없습니다.
무의식은 많은 정보를 압축하여 상징을 사용합니다.
상징은 매개적인 위치에서 특성을 발휘합니다.
인간은 정보를 받아들이면 무의식적인 상징을 만들고
그 상징을 오감으로 풀어 보면 오감의 하위요소, 즉 세세한 감각들이 있습니다.
이해를 돕기 위한 이미지입니다.
중간에서 양편의 관계를 맺어 주는 매개적인 특성을 보이는 것이 바로 상징입니다.

상징 - 2

무의식의 상징이 중요한 이유
우리가 마음속으로 갖는 이미지(상징)가 중요한 이유는
상태를 나타내는 대표이기 때문입니다.
최면, 상담 등에서는 상징을 활용해 마음의 상태까지도 바꾸어 버립니다.
마음속에 있는 감각, 느낌까지도 변형을 일으킵니다.

예를 들어
행복 하면 떠오르는 이미지가 노란색의 태양이라고 가정해 보겠습니다.
트랜스 상태(내면에 집중되어 있는)에서 노란색을
검정으로 바꾸거나 태양을 달빛으로 바꾸면
행복의 감각이나 느낌이 완전히 바뀌게 됩니다.

활용에 따라 행복을 고통스러운 느낌으로
짜증 나는 감정을 기분 좋은 감정으로
좋아하는 음식을 역겹게 만들거나
싫어하는 음식을 먹을 만하게 바꿀 수도 있습니다.
상징을 바꾸어 하위 감각에 영향을 주거나
하위 감각을 바꾸어 상징에 영향을 줄 수 있습니다.
전문적인 메커니즘의 이론을 모르셔도 됩니다.
답변의 키워드에 떠오르는 그림만 그리시면 됩니다.
다양한 색상의 색연필을 구입한 후 떠오른 이미지를 최대한 표현하세요.
심리적인 마음을 표현할 수 있고 불편함을 완화시킵니다.
더불어 미술치료의 효과를 얻을 수 있습니다.

관찰하기 체크표

(1) AI 질문	(2) 질문 설명	(3) 〈비언어로 말하기 체크표〉	**(4)** **〈관찰하기** **체크표〉**

언어에는 크게 언어적인 요소와 비언어적인 요소가 있습니다.

AI 커뮤니케이션은 언어적인 요소의 표면적인 대답의 의미를 아는 것과 비언어적인 요소의 몸으로 나타나는 반응을 동시에 듣고 봅니다. 그러기 위해서는 감각적 민감성을 발휘해야 합니다.

관찰 능력을 일컫는 용어로 다른 사람들은 대부분 알아차리지 못하는 상대의 생리 반응을 분간해 낼 능력을 키우는 것입니다.

관찰 능력은 커뮤니케이션에서 대단히 중요한 부분으로

다양한 분야에서 다양한 용어로 사용되고 있습니다.

상대와의 커뮤니케이션에서 정확한 정보의 가능성을 높여 줍니다.

캘리브레이션(Calibration)
정신과 의사이자 대화최면의 슈퍼스타라고 할 수 있는 밀턴의 관찰법입니다. 언어와 비언어가 일치, 불일치하는지 비교 관찰하는 것을 말합니다. 비언어적 단서를 통해 상태를 식별하는 기술로 피부색, 피부 탄력성, 호흡의 속도, 위치, 눈의 초점, 동공 확장 등을 관찰합니다.

빔어(B.M.I.R: Behavioral, Manifestation, Internal, Response)
테라피스트, 상담가가 상담을 하면서 내담자의 반응을 살핍니다.
내부 반응이 행동에 관한 징후로 나타나는 것을 관찰하여 알아차립니다.

언어: 무의식의 이미지
음성: 빠르기, 높낮이, 멈춤
신체: 자세 동작, 표정, 눈의 움직임

대화를 할 때 언어, 음성, 신체의 변화를 감지합니다.

리콜(Recall)
포커 용어로 한순간에 상대를 파악하는 직관력을 가지게 되는 현상으로 플레이어의 상태를 알아차리는 용어입니다.
즉 좋은 패를 가지고 있는지 좋지 않은 패를 가지고 있는지 등을 파악하는 기술로 심리학적 표현으로는 직간접 경험에 대한 무의식의 반응으로 정의 내립니다.
프로 플레이어가 이 기술을 터득하려는 이유는 포커에서 승리하기 위해서는 상대가 가진 패가 어떤 것이냐 하는 것도 중요하지만
그 패를 가진 상대가 어떻게 행동하느냐 하는 것이 더 중요하기 때문입니다.

캘리브레이션, 빔어, 리콜 어떤 용어를 사용하셔도 좋습니다.
편리상 캘리브레이션, 빔어, 리콜을 통틀어 '관찰하기'로 표현하겠습니다.
용어만 다를 뿐 우리는 같은 것을 관찰하는 것입니다.

상대 눈 읽기

눈동자 위치	처음 반응	가장 많은 반응	중요한 반응
	○○	○○	○○

얼굴 색상(톤): 어둠 — 붉음 — 밝음

목소리: 크기 / 속도 / 특색

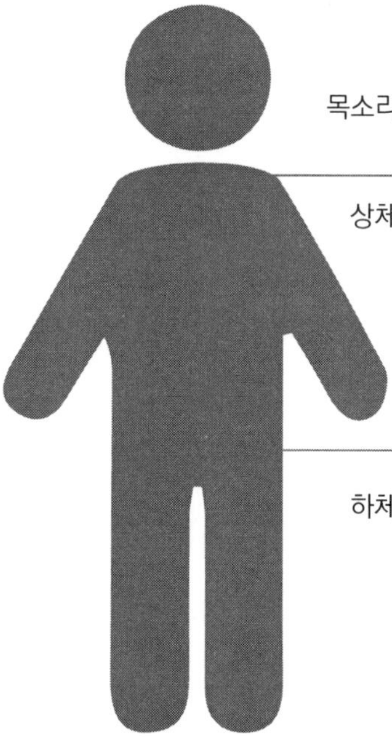

상체: 깍지 낌, 손을 비빔, 손가락 올림, 물기, 두드리기
참고사항

하체: 발 떨기, 발끝 올림, 발 당기며 오므리기, 의자에 발목 걸기
참고사항

눈동자가 특정 방향으로 움직이는 모습을 보면서 내적으로 어떤 시각이나 청각, 촉각 경험을 하고 있는 파악하는 관찰입니다.

〈눈동자 도식 이미지〉

이미지를 떠올릴 때 　소리를 떠올릴 때 　감정을 떠올릴 때 　혼잣말을 할 때

눈동자의 움직임을 보는 이유는 시신경과 뇌의 연결 때문입니다.

시각적인 감각: 후두엽
청각적인 감각: 측두엽
촉각적인 감각: 전두엽

관련된 감각을 사용할 때 눈동자가 움직이는 것은 관련된 뇌의 활성화가 일어나야 하기 때문입니다.
《연금술사의 언어술 101가지: 프라이빗 레슨》에서는 눈동자 움직임에 따라 전략과 말하기를 사용합니다만
《AI 커뮤니케이션: 빅데이터》에서는 상대가 사용하는 시각적인 감각, 청각적인 감각, 촉각적인 감각만을 관찰합니다.

얼굴 피부색 관찰하기

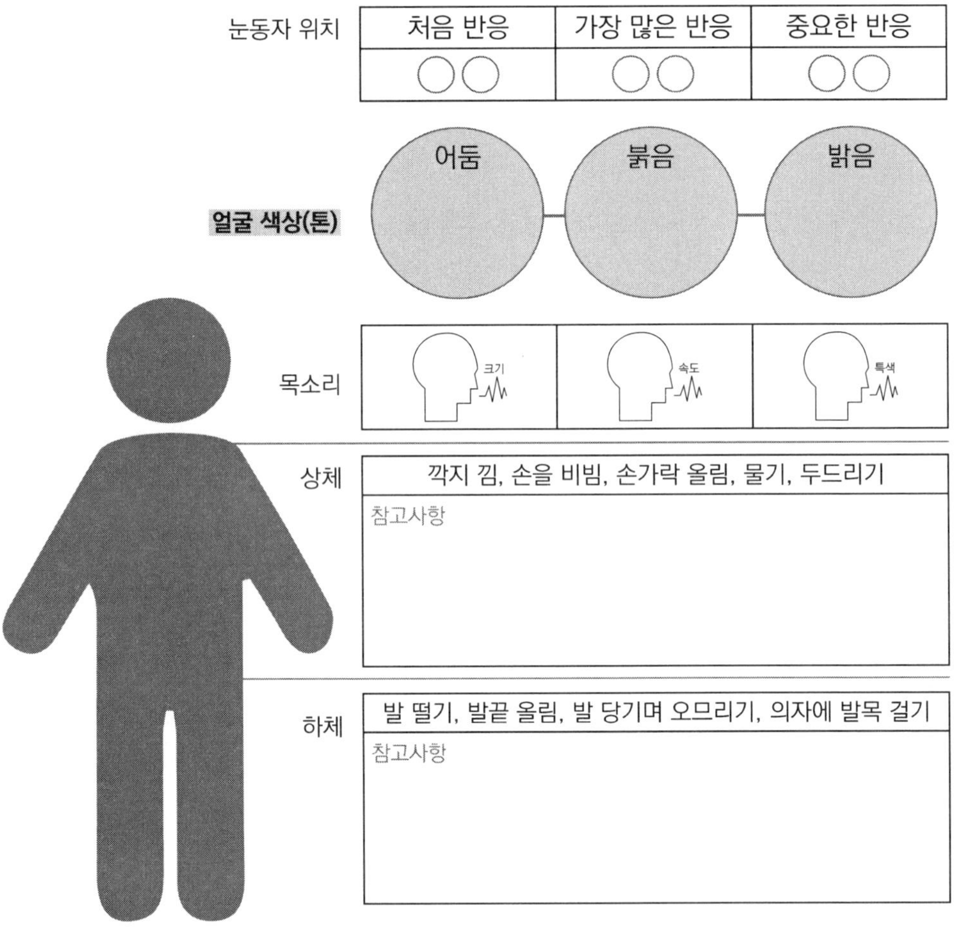

| 눈동자 위치 | 처음 반응 ○○ | 가장 많은 반응 ○○ | 중요한 반응 ○○ |

얼굴 색상(톤): 어둠 — 붉음 — 밝음

목소리: 크기 / 속도 / 특색

상체: 깍지 낌, 손을 비빔, 손가락 올림, 물기, 두드리기
참고사항

하체: 발 떨기, 발끝 올림, 발 당기며 오므리기, 의자에 발목 걸기
참고사항

얼굴은 우리에게 참으로 많은 메시지를 알려 줍니다.

우리가 알고 있는 상식선에서 감각으로 파악할 수 있는 부분이 있습니다.

기분이 좋으면 피부 톤이 밝아지고 화가 나면 붉어지거나 검어집니다.

AI 커뮤니케이션에서 '관찰하기'는 4~8시간 트레이닝만으로 대부분 교육을 이수합니다. 특정 감정을 마음속으로 생각하게 한 다음 그것을 관찰한 뒤 계속해서 늘려 나갑니다.

행복, 기쁨, 흥분, 차분함, 신중함, 짜증 등 10가지가 됐을 때 무작위로 감정을 생각하게 한 다음, 그 감정을 알아맞히는 훈련을 합니다. 몇 시간의 훈련만으로도 우리는 감각적 민감성을 발휘해 80% 이상의 점수로 통과하게 됩니다.

특히 얼굴에서 많은 정보를 알려 줍니다.
교육의 마지막 과정으로 예능 프로그램에서 거짓말하는 사람을 찾거나, 진실을 말하는 사람을 찾거나, 남녀 프러포즈를 받아들이는지 거절하는지도 쉽게 알아맞히게 됩니다.
관찰하기에도 교육의 단계가 있습니다.
1단계로 계발해야 될 것은 갑자기 변화하는 얼굴 톤입니다.
대상, 사건, 감정 등을 이야기할 때 복사기처럼 나타나는
얼굴의 피부색을 관찰합니다.

목소리 관찰하기

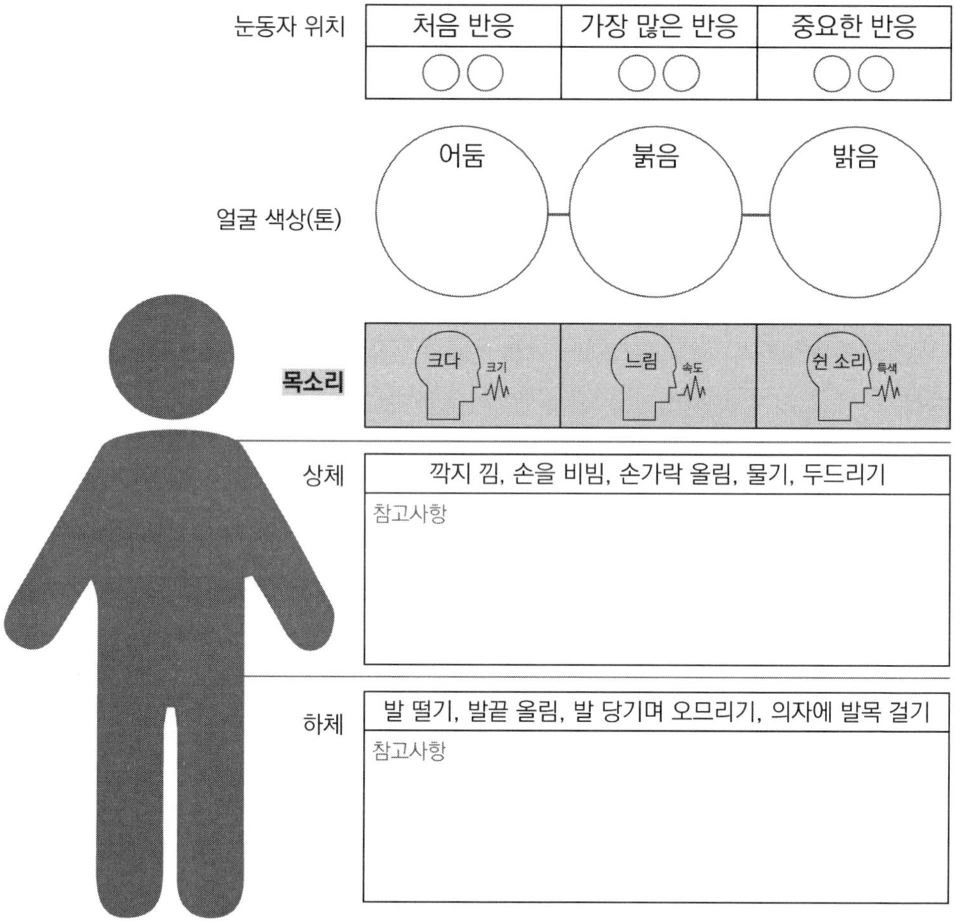

| 눈동자 위치 | 처음 반응 ○○ | 가장 많은 반응 ○○ | 중요한 반응 ○○ |

얼굴 색상(톤): 어둠 — 붉음 — 밝음

목소리: 크다(크기) / 느림(속도) / 쉰 소리(특색)

상체: 깍지 낌, 손을 비빔, 손가락 올림, 물기, 두드리기
참고사항

하체: 발 떨기, 발끝 올림, 발 당기며 오므리기, 의자에 발목 걸기
참고사항

목소리 또한 정말 많은 정보의 역할을 합니다.

전화로 코칭, 상담, 컨설팅을 하는 경우가 있습니다.

상대의 언어는 잘 진행되고 있다는데….

상대의 언어는 상대를 칭찬하고 있는데….

상대의 언어는 믿으라는데….
상대의 비언어는 상충되는 반대의 목소리를 내어 확인해 보면 비언어의 정보가 더 정확한 소리를 낸다는 것을 알 수 있습니다.

목소리를 나타낼 때 대표적인 4가지의 요소입니다.

톤: 높낮이
템포: 속도
음질: 특색
음양: 크기

일반적인 대화 내용에서 나타나는 변화는 자연스럽게 넘기고 특정 성향, 행동, 결정, 결과 등 중요한 부분에서 톤, 템포를 관찰합니다. 일반적이지 않은 다른 변화의 특색과 음양을 감지합니다.
목소리에는 감정이 묻어 있기에 목소리와 말의 내용이 일치, 불일치 또는 미묘한 변화를 감지함으로써 대화의 본질에 더욱 가까워지게 됩니다.

몸의 언어 관찰하기 – 상체

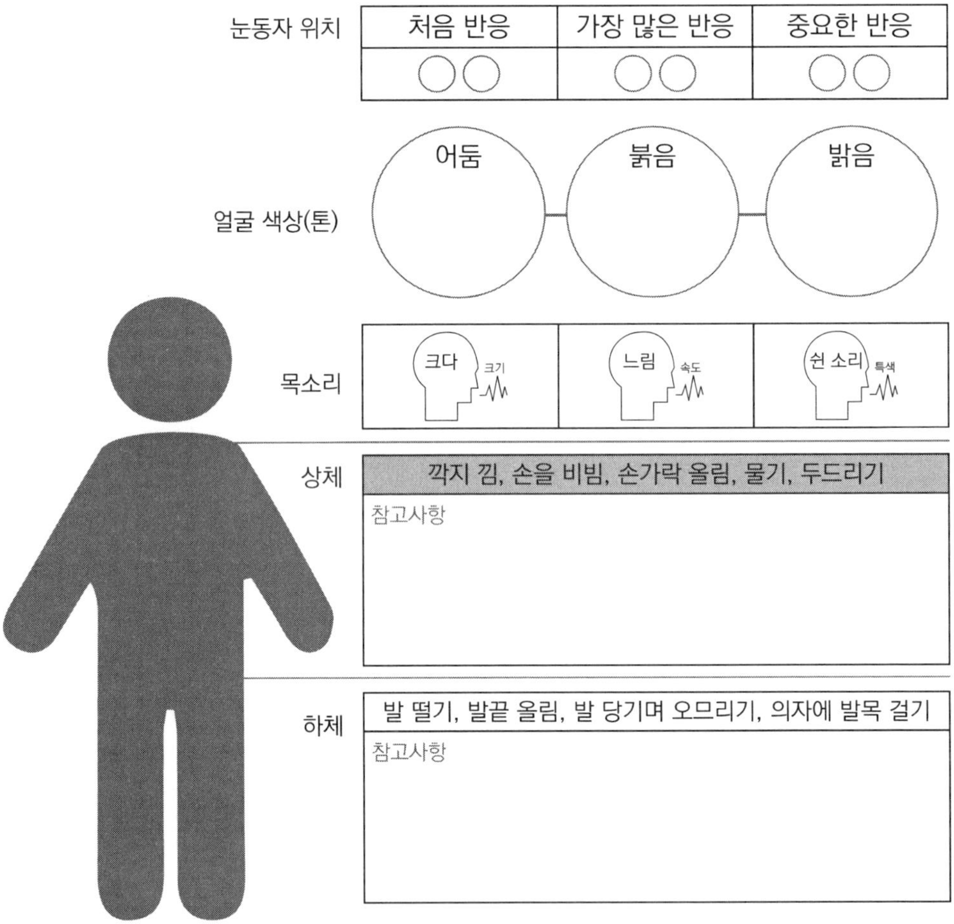

| 눈동자 위치 | 처음 반응 ○○ | 가장 많은 반응 ○○ | 중요한 반응 ○○ |

| 얼굴 색상(톤) | 어둠 | 붉음 | 밝음 |

| 목소리 | 크다 / 크기 | 느림 / 속도 | 쉰 소리 / 특색 |

상체: 깍지 낌, 손을 비빔, 손가락 올림, 물기, 두드리기
참고사항

하체: 발 떨기, 발끝 올림, 발 당기며 오므리기, 의자에 발목 걸기
참고사항

몸의 언어 관찰에서 특정한 정답은 없습니다.
몸의 언어에 관련된 서적에서 특정 자세와 포즈 등 뜻에 대한 질문을 많이 받습니다.
우리의 놀라운 인체와 반응들이 마치 공식처럼 이루어지는 것은 아닙니다.
일반화의 오류에 빠지게 되는 것입니다.

AI 커뮤니케이션 관찰하기 교육에서는 실습을 하며 체크해 두었던 부분을 직접 물어보거나 피드백하여 그 감각을 익히고 이해하게 됩니다.

'업적을 자랑하면서 발끝과 손끝을 위로 들어 올렸는데 저항되는 무엇이 있으신가요?'
'안전사항을 준수했다고 할 때 발을 끌어당겨 X 자로 오므리셨는데 불편한 부분이 있는지 알 수 있을까요?'
'실패를 극복하셨다고 하실 때 상체를 내밀면서 양 무릎을 양손으로 긁으셨는데 다른 감정이 있으신가요?'

과장이 들어갔는지, 축소해서 말하는지 등을
계속해서 확인하며 그 감각을 익힙니다.
상대와 당시의 분위기에 따라 달라질 수 있는 것을 공식처럼 외울 경우, 가려워서 윗머리를 긁었는데 '무언가 숨기고 있군'과 같은 일반화의 오류에 빠지면 안 될 것입니다.

몸의 언어 관찰하기 – 하체

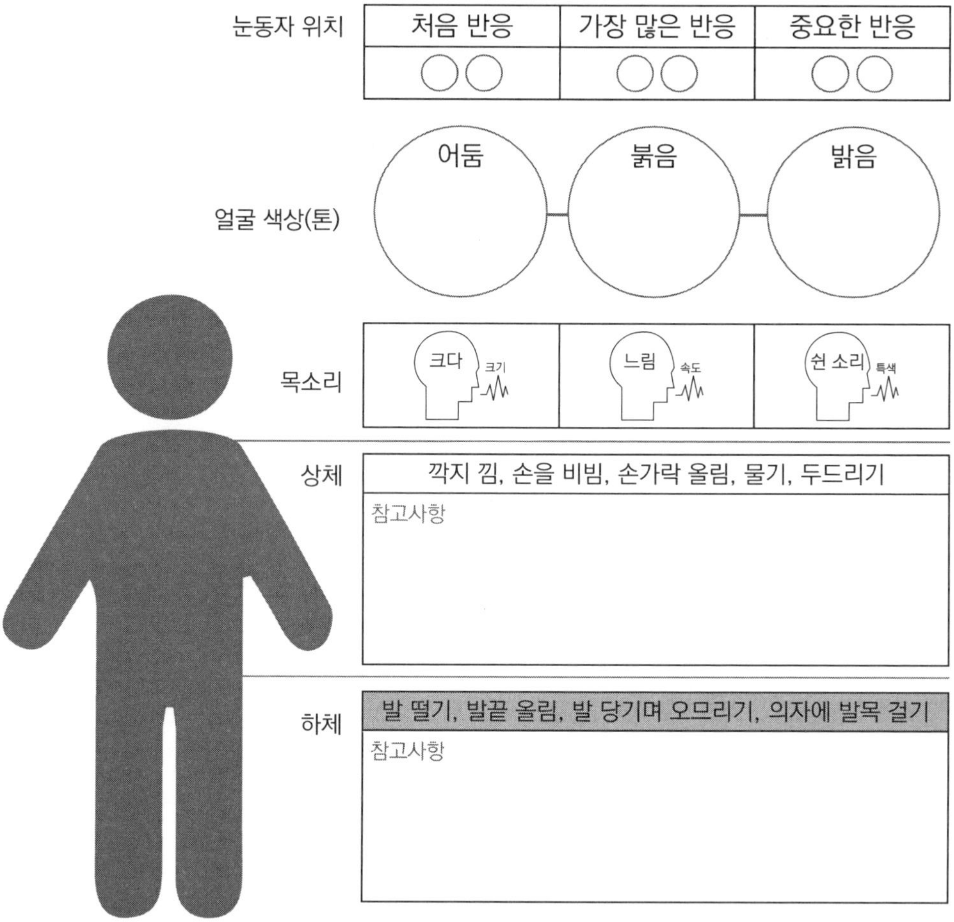

| 눈동자 위치 | 처음 반응 ○○ | 가장 많은 반응 ○○ | 중요한 반응 ○○ |

| 얼굴 색상(톤) | 어둠 | 붉음 | 밝음 |

| 목소리 | 크다 (크기) | 느림 (속도) | 쉰 소리 (특색) |

| 상체 | 깍지 낌, 손을 비빔, 손가락 올림, 물기, 두드리기 |
| | 참고사항 |

| 하체 | 발 떨기, 발끝 올림, 발 당기며 오므리기, 의자에 발목 걸기 |
| | 참고사항 |

우선 여러분은 상체와 하체에서 역방향, 역모션을 관찰합니다.
자연스럽지 않고 힘이 들어간 몸의 언어를 알아차리는 것입니다.
우리는 대화하면서 단순히 머리를 긁을 수도 있고 발을 떨 수도 있습니다.
그런 것을 관찰하는 것이 아니라 힘이 들어간 역방향, 불편한 힘을 관찰합니다.

이야기 중 특정 대상, 행위, 사건에서 주먹을 꽉 쥐거나, 발을 당기면서 X 자로 접은 다음 온몸에 힘이 들어간다거나, 맥락적으로 벗어나는 몸의 감각이 나타나는 것을 체크합니다.

특히 특정한 모션, 긍정적이거나 부정적이 있는 경우 알아 두는 것도 좋습니다.
자신감에 차거나 자랑할 때 양 손끝을 세우거나 팔짱을 낀 채 턱을 만지는 경우, 자책, 불안, 걱정일 때 무릎을 붙이고 양손을 허벅지 밑으로 넣는 경우라고 가정해 보겠습니다.
겸손의 말을 하고 있지만 자랑할 때의 모션이 나올 경우 더 칭찬할 수 있고, 믿고 투자하라며 말하고 있지만 불안일 때의 모션이 나올 경우 서두르지 않고 더 신중히 결정할 수도 있을 것입니다.
몸의 언어 관찰하기는 특정 모션, 역방향 등을 관찰하여 감각을 익히는 연습부터 하도록 합니다.

작성하기 - 1

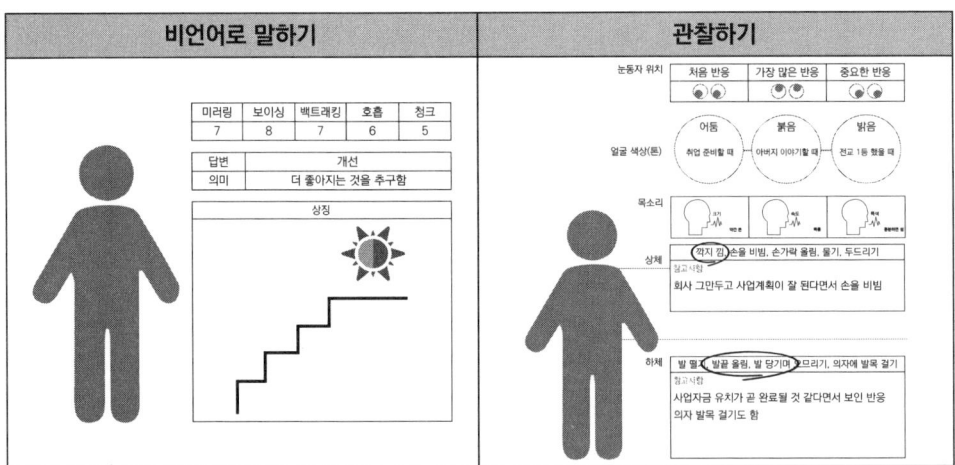

내가 해야 할 것 '비언어로 말하기'와 내가 봐야 할 것 '관찰하기'의 체크난을 비교적 세세하게 표현하였습니다.

이에 두 가지의 이유가 있습니다.

기술을 습득하기 위해서 대화를 나누고 난 후 기억을 되살려 작성하거나, 워크북으로 사용 시 대화를 하면서 작성 시간을 최소한으로 줄일 수 있기 때문입니다.

직관적으로 작성합니다.

1인: 대화를 나눈 후 기억한 것을 작성합니다.
2인: 서로 역할 분담하여 작성하고 교환합니다. (1인 1권)
3인: 3가지 역할을 분담하여 훈련합니다.
(A: 질문하는 역할, B: 답변하는 역할, C: 관찰하여 작성하는 역할 - 로테이션)

작성하기 - 2

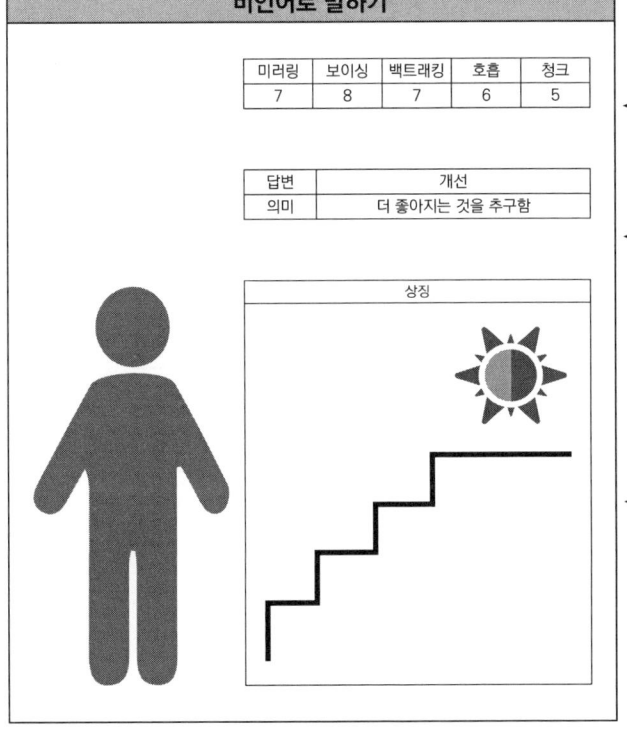

객관적 점수란 없습니다. 대화를 하면서 비언어 이야기(라포 5가지)의 주관적 점수를 적습니다.

질문의 답변과 의미(이유)를 적습니다.

답변의 이미지를 그립니다. 실제 사건의 그림이 아닙니다. 그 사건을 생각하면 떠오르는 이미지입니다.

준비물: 색연필

최대한 자신의 이미지에 가까운 그림, 색상을 사용합니다.

작성하기 - 3

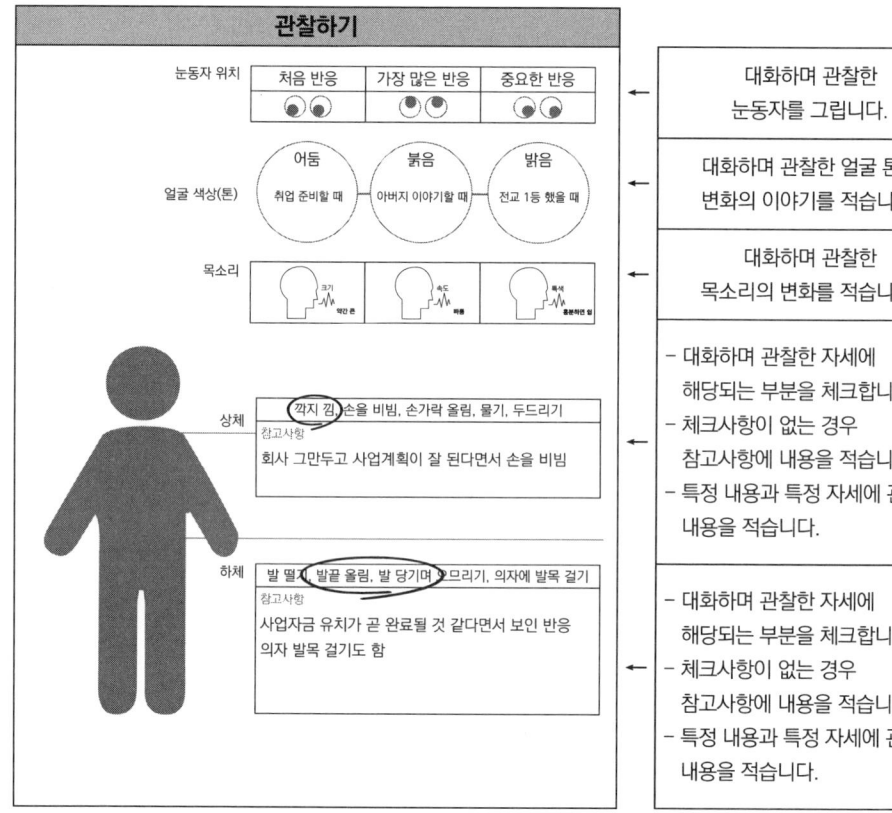

AI 커뮤니케이션 '빅데이터' 사용법

사용법
첫째, 100가지 질문만 사용하여 이야깃거리로만 활용합니다.
둘째, 질문, 비언어로 말하기 체크리스트, 관찰하기 체크리스트를 모두 사용하여 AI 커뮤니케이션을 습득하는 워크북으로 활용합니다. (비언어로 말하기, 관찰하기 체크리스트를 복사하여 질문당 1장을 사용하도록 합니다.)

방법
1) 첫 페이지부터 순서대로 번갈아 가면서 질문하고 답변합니다.
2) 무작위로 책장을 넘겨 번갈아 가면서 질문하고 답변합니다.

AI 커뮤니케이션의 사용법은 단순하며 직관적입니다.

- 질문에 성심껏 답변하고 이유를 말합니다.
- 단답형으로 대답하지 않고 이야기를 하듯 풀어 나갑니다.

AI 커뮤니케이션을 일상 대화에서 사용하고 싶다면

상대방과 동의된 대화 또는 교육기관에서 워크북으로 사용 시 무리는 없습니다만 일상생활에서 자연스럽게 사용하기 위해서는 약간의 Tip이 필요합니다.

1. 맥락적으로 맞게 사용합니다

100가지 질문에서 각자마다 좋아하는 질문들이 생겨나게 됩니다.
힘이 되고, 위안을 받게 되고 깨닫게 되었던 각자마다의 질문을 갖게 됩니다.
그러한 질문들을 장소와 사람, 상황이나 환경들을 무시하고 느닷없이 계속해서 하는 것입니다.
AI 커뮤니케이션 100가지 질문에서 상대에게 맞는 적절한 질문을 선별하여 사용하도록 합니다.

2. 유연성을 발휘해야 합니다

질문을 하다 원하는 답변이 나올 때까지 집요하게 묻는 경우가 있습니다.
원하는 답변이라는 것은 없습니다.
상대가 답변하는 것이 정답입니다.
의미의 대답이 나오지 않는다 하더라도 인정해야 합니다.
자연스럽게 다음 이야기로 넘어가거나 단순히 유쾌한 이야기로 사용합니다.
대화의 꺼리는 수많은 대화 중에 하나의 요소에 불과합니다.
이것은 대화에 관한 것이고 커뮤니케이션의 목적이 있습니다.
커뮤니케이션의 유연성을 발휘해야 합니다.

스토리 활용법

1.
'알라딘' 영화를 보고 나오면서
'네가 요술램프를 얻게 된다면 소원 3가지는 무엇으로 할 거야?'
'내가 요술램프 지니라면 아무에게 막 소원을 들어주고 싶지는 않아. 만약 네가 요술램프 지니라면 누구에게 소원을 들어주고 싶니?'

2.
워런 버핏의 식사 경매가 54억 원에 낙찰되었다는 뉴스를 보고
'와~ 이번 연도는 워런 버핏의 식사 경매가 54억 원에 낙찰됐네.
만약 너와의 식사 경매에서 54억 원이 낙찰되었다면
낙찰자에게 어떤 말을 할 거 같아?'

3.
'얼마 전 신문기사를 보다가 2030 남녀 로망을 리서치했데.
남성의 1위는 오피스텔로 독립하기, 2위는 고급 호텔 바에서 양주 마시기래.
여성의 1위도 마찬가지로 오피스텔로 독립하기야.
내 로망은 배트카를 타고 강남대로를 달려 보는 거야.
네 로망은 뭐야?'

이와 같이 스토리를 활용하여 자연스럽게 질문을 하는 것입니다.
대화거리가 풍부해지고 깊은 커뮤니케이션의 공감이 일어납니다.

AI 커뮤니케이터의 흔한 일상

커뮤니케이션을 습득하게 되면서 생활 속의 작은 변화를 발견하게 될 것입니다.
TV를 보다 진짜, 가짜를 맞추는 프로그램이나 남녀 짝짓기에서 프러포즈를 수락하고 거절할지 맞히는 것쯤은 틀리지 않게 될 것입니다.
2021 그래미 어워드 수상을 실패한 BTS(방탄소년단)가 박수 치며 웃음의 축하를 해주었지만 첫 번째 반응인 몸의 언어에서 분노와 허탈함을 읽었을 것입니다.
아이돌 왕따 사건의 인터뷰에서
희망하는 리더로 '배려심이 있고 차별이 없는 사람'
새해 소망으로 '좀 더 서로를 배려하고 예의를 잘 갖추는 것'
장점으로 '존재'라고 했던 이야기 속에서
우리는 표면적인 언어에 감추어진 '차별을 감당하기 힘듦'의 외침을, '존재가 억압받고 있지만 존재감을 발휘할 것이다'라는 의도쯤은 쉽게 인지하게 됩니다.

직장생활에서 상사의 기분을 알아차리고 후임의 대답만으로 일 처리를 감지하며 '비언어로 말하기'로 인해 직장 동료와 거래처, 협력사 사람들이 더 깊은 호의를 받습니다.
제안, 협상, 영업에서 유리한 고지를 점령하여 월등한 성과를 내며 꼭 질문을 하지 않더라도 상대의 언어에서 무엇을 어떻게 말해야 하는지도 감각적으로 알아차립니다.
남들은 알아차릴 수 없는 티 나지 않는 변화에 티 나는 변화를 체감합니다.
맞습니다! AI 커뮤니케이션이 왜 유령의 기술인지, 티가 나지 않는데 티가 나는 효과가 일어나는지를요.
지금 이 글은 AI 커뮤니케이션 프로그램 수료자의 안부 인사를 받으면서 하루 동안 알아차린 점을 그대로 옮겨 놓은 것입니다.
AI 커뮤니케이션으로 입문하신 것을 축하드립니다.
이제, 시작해 볼까요.

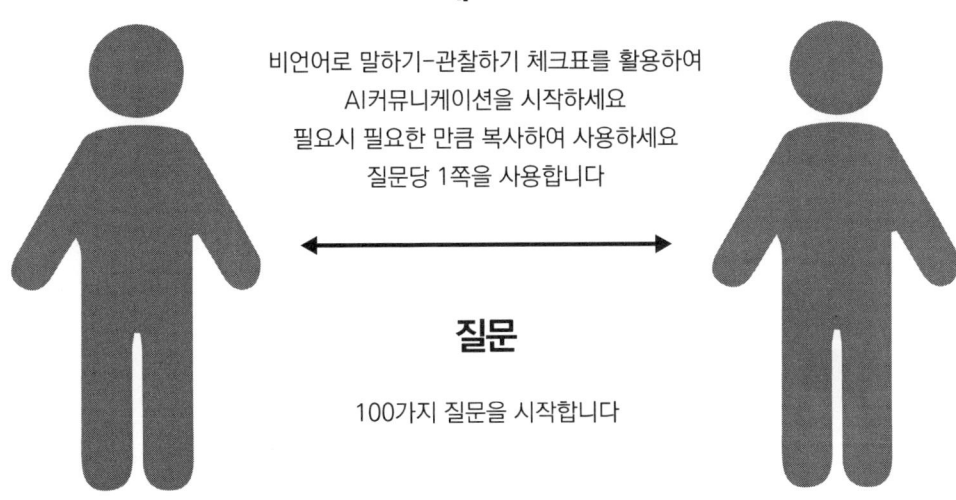

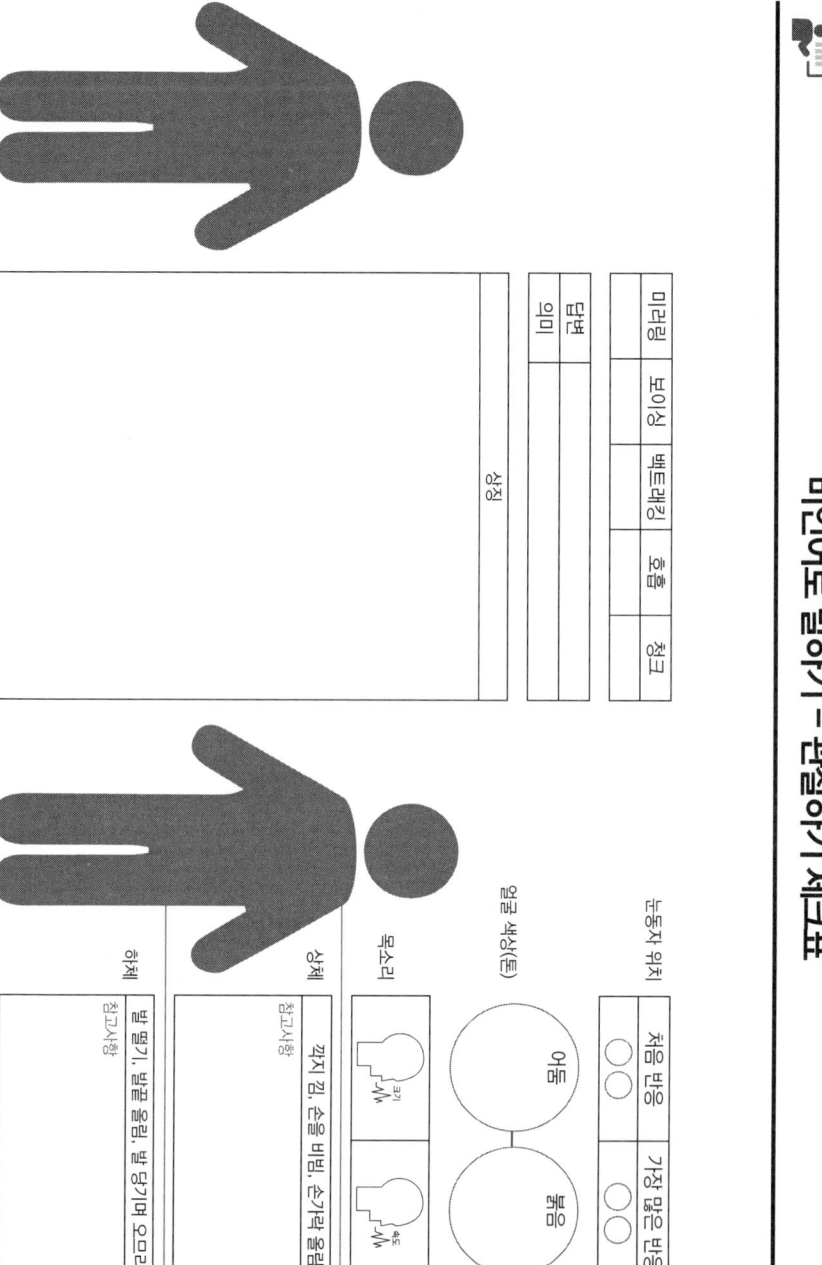

비언어로 말하기 - 관찰하기 체크표

머리털	보이심	백트랙킹	호흡	청크

단변
의미

상정

노동자 위치	처음 받은	가장 많은 받은	중요한 받은
	○	○	○

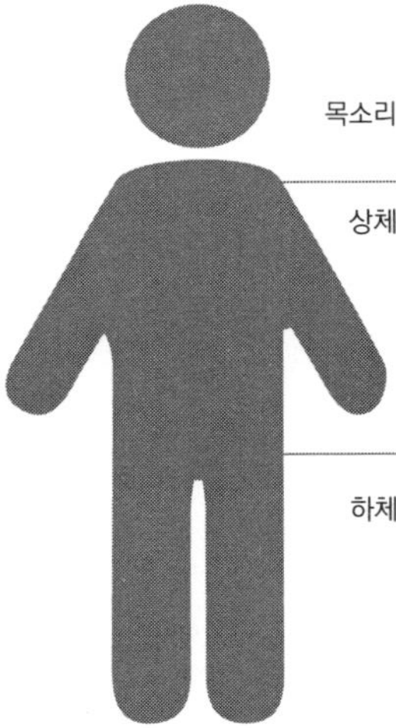

얼굴 색상(토): 어둠 / 중음 / 밝음

목소리: 크기 / 속도 / 톡색

성체
참고사항: 까치 짐, 손을 비빔, 손가락 울림, 물기, 두드리기

하체
참고사항: 발 떨기, 발을 울림, 발 앙기마 오므리기, 의자에 발목 걸기

1부 빅데이터　53

비언어로 말하기 - 관찰하기 체크표

미러링	보이싱	백트래킹	호흡	청크

답변	
의미	

상징

눈동자 위치	처음 받음	가장 많은 받음	중요한 받음
	○ ○	○ ○	○ ○

얼굴 색상(톤)

어둠	붉음	밝음

목소리
크기 / 속도 / 톤색

상체
까지 낌, 손을 비빔, 손가락 움직임, 흔들기, 두드리기
참고사항

하체
발 움직, 발을 흔들림, 발 당기며 오므리기, 의자에 발목 걸기
참고사항

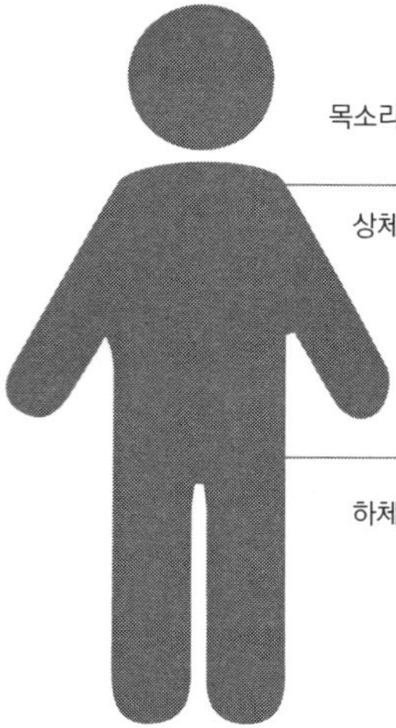

비언어로 말하기 – 관찰하기 체크표

미러링	보이싱	백트래킹	호흡	청크

답변	
의미	
	상징

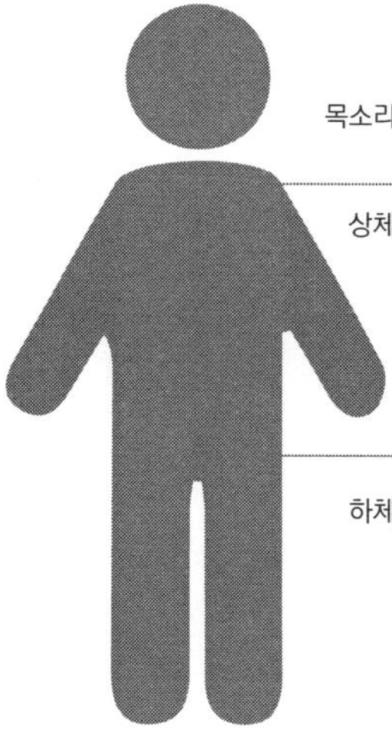

눈동자 위치	처음 반응	가장 많은 반응	중요한 반응
	○ ○	○ ○	○ ○

얼굴 색상(톤): 어둠 / 중간 / 밝음

목소리: 크기 / 속도 / 톤

상체 — 참고사항: 까치 낌, 손을 비빔, 손가락 돌림, 돌기, 두드리기

하체 — 참고사항: 발 돌리기, 발 돌림, 발 돌림, 발 돌림, 다리 오므리기, 의자에 등을 걸기

1부 빅데이터 55

질문 1

당신이 램프 요정의 지니라면
어떤 사람의 소원을 들어줄 건가요?

보통은 '당신의 소원 3가지는 무엇인가요?'라고 묻습니다.
그러면 통상적인 대답이 대부분으로 현실에서 얻기 힘든 이상적이고 꿈같은 이야기를 하거나 작고 소소한 답변을 할 것입니다.
즐거운 대화 주제로 좋습니다.
좋은 분위기로 대화를 할 수 있습니다.

코칭의 대화로는 자연스럽게 4단계의 질문을 연결하여 대화합니다.
요술램프의 지니에게 당신의 3가지 소원을 말한다면 그것은 무엇인가요?
만약 당신이 요술램프의 지니라면 어떤 사람의 소원을 들어주고 싶은가요?
당신은 소원을 들어줄 만한 사람에 들어가나요?
당신의 소원을 들어주고픈 사람이 되려면 무엇을 해야 할까요?
소원을 들어달라는 관점과 내가 소원을 들어주는 관점은 다릅니다.

상대의 대답에서 많은 단서를 얻을 수 있습니다.

'착한 사람의 소원을 들어줄 거예요.'
'묵묵히 결과를 위해 열심히 하는 사람이요.'
'그만한 실력 있는 사람이요.'
상대마다 말한 키워드가 있습니다.

이것을 활용해 상대가 상대평가에 대한 기준의 정보로 활용할 수 있으며 대답의 당사자는 자신의 관점과 솔루션 또한 알아차리게 됩니다.

질문 2

 ## 원하는 별명은 무엇인가요?

별명은 사람의 외모나 성격의 특징을 바탕으로
남들이 지어 부르는 명칭입니다.
별명은 단순한 명칭이나 원치 않는 또는 친구들 사이에서
장난과 비하의 특성으로 사용되기도 해서
별명을 묻는 질문에 호기심을 갖거나 꺼리기도 합니다.
그런데 원하는 별명을 묻는다면
상대가 내보이고 싶은 특성을 알게 됩니다.

피부가 좋음을 드러내 보이고 싶은 백설기, 흰둥이
육감적인 가슴을 드러내 보이고 싶다면 김혜수, 전효성
큰 키의 늘씬한 5초 김사랑
재력을 나타내고 싶다면 도끼, 아랍 왕자
피부가 좋음을 드러내고 싶은지
육감적인 몸매를 드러내고 싶은지
큰 키와 라인을 드러내고 싶은지
재력을 나타내고 싶은지
취미를 드러내고 싶은지
청순함을 드러내고 싶은지
손재주를 드러내고 싶은지
닮고 싶어 하는 인물을 닮고 싶은지 등을 알 수 있습니다.

질문 3

 ## 혼자 다른 나라로 여행을 간다면 정말로 가 보고 싶은 나라는 어디인가요?

이 질문의 포인트는 '혼자'입니다.
보통은 여행을 가고 싶은 곳을 물을 경우
애인, 배우자, 가족 등을 생각하며 공통적으로 충족할 수 있는
원만한 곳을 선택합니다.
그런데 마음만 먹으면 쉽게 갈 수 있는 국내 여행도 아니고
아무도 알 수 없는 국외 여행을 가야 된다고 합니다.
거기다 '혼자'라는 조건이 붙습니다.
이것도 모자라 '정말로 가 보고 싶은 나라'라고 강조하니
자신의 내면을 들여다보게 됩니다.

브라질 리우 카니발, 세계 최고의 도시 뉴욕, 캐나다 오로라 여행
관광과 도박의 도시 라스베이거스, 그랜드 캐니언, 이집트, 아프리카 등 많은 대답이
나올 것입니다.
중요한 것은 표면적인 나라와 여행지가 아님을 알 것입니다.
왜 그 나라와 여행지를 선택했는지의 의미입니다.

신의 창조물을 보고 싶어서인지,
자연의 위대함을 느껴 보고 싶어서인지
성적인 욕구를 충족시키고 싶은 것인지,
휴식, 극기, 견문 넓힘이나 억눌린 성향을
발산하고 싶은지를 말이지요.

질문 4

가장 많이 본 영화는 무엇인가요?

요즘같이 다양한 채널과 많은 프로그램이 생산되는 때가 있을까요?
재미있는 드라마, 예능, 영화만 챙겨 보아도 하루 종일
TV 앞에 있어야 될 것 같습니다.
그런데 봤던 영화를 2번, 3번, 4번 이상을 본다는 건
나름의 이유가 있을 것입니다.

저의 경우
4월에는 영화 '4월 이야기'를 봅니다.
꿈의 과정이 힘겹다고 느낄 때 '세상에서 가장 빠른 인디언'을 봅니다.
언변을 잘하고 싶을 때 '더 울프 오브 월 스트리트'를 봅니다.
일상의 위대함을 되새김이 필요할 때 '월터의 상상은 현실이 된다'를 봅니다.
10년째 크리스마스 시즌에는 '러브 액츄얼리'를 보고 있습니다.

재미있고 유명하다고 추천받는 것도 보지 않는 마당에
여러 번 가장 많이 본다는 것은
잠재의식에서 충족시키고픈 이유가 있기 때문입니다.
이번 크리스마스에 대한 기대감
자신이 하는 일의 고귀함
말로써 끼치고픈 강력한 영향력
애씀 없이 꿈을 이루어 가는 묵묵함
기분 좋은 변화의 전조 등
충족시키려는 의도를 알아차릴 수 있습니다.

질문 5

 **한 달에 50만 원을 덜 버는 것과
하루 2시간의 여유시간을 바꿀 수 있다면 당신의 선택은?**

돈은 시간이고 시간은 돈입니다. 그렇지요?
대부분의 직장인은 재테크로 매월 50만 원이라도 수익 내기를 바라고 매월 50만 원이라도 가정에 보태기 위해 투잡을 뛰기도 합니다. 한정된 24시간 중에 2시간은 경우에 따라 짧게도 길게도 느낄 것입니다.

하루 2시간의 여유만 생긴다면 개인의 중요가치에 따라
자격증 공부를 할 텐데
승진시험에 집중할 텐데
다이어트를 할 텐데
데이트를 할 텐데
휴식을 취할 텐데
글을 쓸 텐데… 라며
하고 싶었던 계획에 집중하거나
노느니 돈이나 벌자
저금해서 재테크해야지
사고 싶은 물건 사야지
먹고 싶은 거 먹자…
등 많은 종류의 대답이 나올 것입니다.

이 질문을 통해
개인과 의무, 해야 할 일과 하고 싶은 일, 현실과 이상 등
현재의 방향성과 의도를 알 수 있습니다.

질문 6

당신이 시도했던 것 중
다시는 시도하지 않는 것은 무엇인가요?

예전에 시도해서 다시 시도하지 않는 이유의 대부분은
부정적인 경험으로 인한 감정이 남아 있기 때문입니다.
심할 경우 트라우마로 자리 잡고 있습니다.

발표에서의 실수로 인한 두려움
자영업 실패로 자신감 위축
사내커플의 헤어짐으로 퇴사
영어 스펠링 오자로 창피
고백 거절로 수동적 표현
익지 않은 요리로 난 배탈

모든 시도에 따른 경험은 모두 다른 감정과 신념들을 남깁니다.
실수를 해도 대수롭지 않기도 하며
적당함에도 불구하고 예민하게 반응하기도 합니다.
익지 않은 요리의 경험으로 태울 때까지 익힌다든지
고백 거절의 경험으로 상대가 표현해야지만 고백을 한다든지
영어 스펠링 오자로 타인 앞에서는 영어를 사용하지 않거나
사내커플의 헤어짐으로 사내커플은 차단한다든지
대답을 통해 무엇을 피하고 싶은지
무엇을 추구하는지를 알 수 있습니다.

질문 7

 **100조의 재산이 있고 하고 싶은 것을 다 한 그대,
그래도 하고 싶은 것이 있다면?**

100조! 참 말도 안 되는 어마어마한 금액입니다.

질문은 현실감이 중요한데

현실감 없는 100조라는 터무니없는 금액으로 된 사연이 있습니다.

처음에는 로또복권, 100억이라는 질문으로 시작했습니다.

이 질문의 핵심은 돈의 구애받지 않는다면 무엇을 하는가입니다.

그런데 요즘은 로또복권에 당첨되어도 강남 아파트 전세금밖에 되지 않아서 100억 원으로 금액을 높이게 됐습니다.

'100억 원이 있다면 무엇을 하고 싶습니까?'라는 질문에

100명 중 100명이 똑같은 답변을 합니다.

집 사고, 차 사고, 세계 여행하고….

그리고 그다음의 이야기들이 나옵니다.

100명 중 100명이 하는 똑같은 답변을 듣다 보니 말도 안 되는 금액 1,000억으로 높이게 됐습니다.

그런데도 불구하고 100명 중 98명은 100억 원과 똑같은 대답을 하고 2명만이 조금 다른 답변을 하는 것이었습니다.

차이는 집을 사는 대신 건물을 산다는 것입니다.

'1,000억 원이 있다면 무엇을 하시겠습니까?'라는 질문으로

공감과 대화를 푸는 방법도 좋습니다만

상대와의 공감대가 이루어져 있고 효율적인 시간과

핵심적인 대화를 바로 나누고 싶다면 이 질문을 사용하십시오.

모든 욕구를 충족시킨 후에 나오는 질문의 대답에서

진정 자신이 원하고 바라는 의도를 알 수 있습니다.

질문 8

10살 때쯤 가장 행복했던 기억은 무엇입니까?

1) 인생에서 가장 행복했던 기억은 무엇입니까?
2) 최근 가장 행복했던 기억은 무엇입니까?
3) 지금까지 가장 행복했던 기억은 무엇입니까?
4) 10살 때 가장 행복했던 기억은 무엇입니까?

위의 질문들은 비슷한 질문입니다.
그 질문이 그 질문인 것 같고 별 차이도 없어 보입니다.
맞습니다. 그래도 이 중에서 가장 좋은 질문을 선택하라고 한다면 몇 번일까요?
저는 단연 4번이라고 생각합니다.
심리학적으로 8세 이전에 자아가 평생 자아의 토대가 된다는 사실은 이제는 상식이 되어 버렸습니다.
만 7세 이전에 사람은 자신이 평생을 관통할 가치관과
삶에 대한 태도, 정서를 대부분 완성합니다.
이에 반박할 분이 있을 수도 있습니다.
코칭이나 상담으로 체험하지 못했기에 그럴 수 있습니다.
만약 반박하고 싶다면 지금까지의 심리학의 근간을 뒤집는 것이기에 그만큼 대단하신 분이라면 증명하시면 될 것입니다.
4번의 질문이 좋은 이유는 성격과 별개로
환경적인 순간의 대답을 피할 수 있고
어릴 때(10살 때)를 묻는 것이기에 간접적이고 무난하기 때문입니다.
어쨌든 10살 때를 알게 되면 지금을 알 수 있으니까요.

질문 9

 당신이 생각하는 첫 번째 기억은 무엇인가요?

처음 시작!
첫 번째 경험!
첫사랑!
무엇이던 처음에 대해서 이야기를 나누다 자연스럽게 질문해 보세요.
'그런데 맨 처음을 기억해?'
'내 첫 번째 기억은 3살 때…. 네가 생각하는 첫 번째 기억은 뭐야?' 등
자연스럽게 질문을 해 봅니다.
세상은 의미가 없지만 세상을 사는 인간이기에 의미를 부여합니다.
그 의미가 추구하는 기쁨과 행복은 무엇인지
그 의미로 회피하는 슬픔과 고통은 무엇인지를
알 수 있는 중요한 기준선이 됩니다.
이 기준선은 평생의 이슈이며
끊임없는 사건과 이슈
끊임없는 성공과 실패
끊임없는 천국과 지옥을 맛보게 하는 것입니다.
이 질문의 풀이가 조심스러울 정도로
중요한 것을 알 수 있는 단서가 됩니다.
의식을 지배하는 무의식의 근간일 정도로 말이죠.
상대가 첫 번째로 기억하는 사건이 가진 의미의 키워드를 찾으세요.
그리고 그 키워드의 속성을 끊임없이 충족시켜 주세요.
당신을 벗어나기란 쉽지 않을…. 아니, 무척이나 어려울 것입니다.

질문 10

 반려동물을 키우고 싶다면 어떤 동물인가요?
- 동물을 좋아하는지 모를 경우 -

요즘은 애완동물조차 가족으로 포함하는 경우가 많습니다.
그런데 함께하고픈 반려동물을 묻습니다.
결혼을 통한 상대. 즉 배우자를 '반려자'라고도 합니다.
가족의 구성원이라 할 수 있는 반려의 짝을 들이고
함께하고픈 짝을 들인다고 합니다.
그렇다면 평생 함께할 구성원을 선택할 때
사람마다 기준이 모두 다를 것입니다.

누구는 기쁨을
누구는 경험을
누구는 감정의 나눔을
누구는 활력을 위해서
누구는 외롭지 않기 위해서
누구는 함께 있어 주는 존재라는 것만으로도 선택할 수 있습니다.

함께하고픈 욕구, 결핍을 채우기 위해서든
함께하고픈 만족과 의도를 채우기 위해서든
충족되길 바라는 방향을 알 수 있습니다.
'너는 지금 어떤 감성이 채워지면 만족하겠어?'라고 질문을 한다면
질문 자체도 생뚱맞으며 어렵습니다.
진지하게 답변해 주려는 상대라 할지라도 쉽지 않을 것입니다.
흔하게 보는 또는 키우고 있는 애완동물로 질문하세요.
충족하고 있거나 충족하고픈 욕구를 알아차릴 수 있습니다.

질문 11

 # 내가 생각하는 천국은?

천국은 사람마다 모두 다르게 정의됩니다.
사전적일 필요도 없고 하나의 정의로 정립할 필요도 없습니다.
각자가 생각하는 이상세계, 영혼이 축복받는 나라, 어떤 제약도
받지 아니하는 자유롭고 편안한 곳 또는 종교적이든 말이죠.
상상하는 낙원을 그리게 하고 맞장구치며 확장시키도록 합니다.
그 분위기로도 충분하며 상대의 그런 모습에 기분이 좋아집니다.

상대의 대답을 듣다 보면
끊임없이 펼쳐진 대자연 속에서 느끼고 싶은 '휴식'인지
금은보화 속에 파묻혀 기뻐하는 '자산증식'인지
악당을 물리치는 영웅의 '정의구현'인지
이성에게 큐피드 화살을 마구 쏘고 있는 '소유욕'인지
환생해서 가족들이 다시 만나는 '화목함'인지
나라의 왕이 되어 좌지우지하는 '장악력'인지
큰 공연장에서 무대를 펼쳐 얻는 '인기'인지
전 세계인이 열광하는 강연자로 '선한 영향력'인지
이상적인 열망을 유추할 수 있습니다.
상대의 열망을 지지하는 것만으로도 깊은 공감을 공유할 수 있습니다.

질문 12

 ## 나와 100% 똑같은 성격의 사람을 만난다면 어떻게 느껴질까요?

참으로 재미있는 질문입니다.
많은 재미있는 대답도 나오며 많은 이야기를 나눌 수 있습니다.
대체로 사람들은 자기 자신을 좋아합니다.
구린내 나는 방귀 냄새조차 자신의 냄새는 구수하게 받아들이니까요. 자기 자신을 좋아하고 관대한 이유는 자신의 성향이 당연하기에 자연스럽게 받아들여지기 때문입니다.
상대의 비난을 받아도 나에겐 그만한 이유가 있고 합당한 일이기 때문입니다.
그렇다면 이해가 안 되는 상대 스스로는 어떨까요?
상대 또한 그만한 이유가 있고 합당한 일이라고 생각할 것입니다.

우선 기본적으로 이 질문의 대답으로 크게는
긍정적인 대답과 부정적인 대답이 나올 것입니다.
부정적인 대답을 한다면 그다지 좋은 성격이라고 할 수는 없을 것입니다.
구린내 나는 방귀 냄새를 구수하게 받아들이는 자신마저도
스스로 부정적인 평가를 내리는 것이 돼 버리는 것이니까요.
물론 부정적인 대답을 하는 이유로는 스스로 엄격하며
높은 기준을 가지고 있기에 채찍질하는 심정으로 말할 수도 있습니다.
상대의 대답은 크게는 긍정적, 부정적으로 나뉘지만
세밀하게 그 이유로 관련된 문장이나 키워드가 나올 것입니다.
사회생활, 인간관계에서의 자신의 모습을 평가할 수 있는 계기가 될 것입니다.

질문 13

 지인으로부터 가장 많이 듣는 잔소리는?

가장 많이 듣는 잔소리라는 것은 듣기 싫은 소리이고 참견을 당한다는 뉘앙스가 있습니다. 가장 가까운 주변 사람들이 하는 많은 말 중에 잔소리라고 느끼는 것에서 2가지를 추정할 수 있습니다.

표면적으로 드러나는
'씻지를 않는다'
'정리정돈을 하지 않는다'
'폭음으로 필름이 자주 끊긴다' 등이나

내적으로는
'잘못을 인정하지 않는다'
'집중해야 할 때 회피한다'
'원하다가도 막상 기회가 오면 다음 기회로 넘긴다'라는
대답들이 나올 수 있습니다.

지인으로부터 가장 많이 듣는 잔소리는 자신을 객관적으로
파악할 수 있는 부정적 패턴일 확률이 높습니다.
상대는 칼라꽃을 좋아하는데 자신이 좋아하는 해바라기를
상대는 로맨스 영화를 좋아하는데 자신이 좋아하는 SF 판타지를
상대는 파스타 요리를 좋아하는데 자신이 좋아하는 순대국밥을
그러고는 꽃 선물도 하고 영화도 보고 밥도 먹는데
무엇이 불만인지를 모르겠고 왜 상대와 오래 사귀지 못할까 하며 상대를 비난할 수 있습니다. 상대의 부정적 패턴을 추정할 수 있는 질문이라 할 수 있습니다.

질문 14

 # 나의 좋은 습관은?

오랫동안 되풀이하는 과정에서 익혀지는 습관은 중요합니다.
습관이란 생각에서 행동으로 나타난 행위이며
행동이 원인이 되어 반드시 결과로 나타나게 됩니다.
좋지 않은 습관은 좋지 않은 생각에서 나온 것이며
좋지 않은 결과가 삶으로 드러납니다.
좋은 습관은 좋은 사고에서 나온 것이라
좋은 결과가 삶으로 나타납니다.
습관은 목표 없이 목표를 이루어지게 하고
습관은 좋은 사고를 노력 없이 유지시켜 줍니다.

생각이 바뀌면 행동이 바뀌고
행동이 바뀌면 습관이 바뀌고
습관이 바뀌면 성품이 바뀌고
성품이 바뀌면 운명이 바뀐다는
윌리엄 제임스의 유명한 명언이 있습니다.

자기계발, 심리학에서도 이를 바탕으로 각각의
수많은 서적, 연구결과, 프로그램으로 발전되고 파생되었습니다.
좋은 습관을 묻는 이 평범하고 애매한 질문으로
상대의 사고와 삶까지도 유추할 수 있습니다.

질문 15

 # 내 인생의 은인은?

우리는 살아가면서 많은 사람에게 도움과 은혜를 받습니다.
도움을 받아도 도움으로 치부하지 않는 사람이 있고
도움이라 할 수 없는 것에도 도움과 감사함으로 받아들이는 사람이 있습니다.
'내 인생의 은인은?'이라는 질문은 경우에 따라 누구에게
도움을 받았나가 중요할 수 있지만 그것보다 더 중요한 것이 있습니다. '무엇에 도움을 받았나'이거나 '무엇이 도움으로 느껴져 은인으로까지 생각하는가'입니다.
'힘들 때 따뜻한 말 한마디였는지'
'사람을 연결하고 소개시켜 준 것인지'
'생활비를 보태 준 것인지'
'감사함을 표현한 것인지'
'기쁠 때 진심으로 기뻐해 준 것이었는지' 등을 듣습니다.
표면적으로 드러난 답변에 범주를 구분할 수 있다면 더욱 좋습니다.

상대의 대답이 일반적이거나 표면적이기만 할 때
대답의 범주가
감성적-이성적이어서인지
이상적-현실적이어서인지 등을 구분하다면
상대의 가장 효율적인 공감과 커뮤니케이션을 할 수 있습니다.
상대가 가장 중요시하게 생각하는 도움을 넘어 은혜로움의 핵심을 알고 적용할 수 있기 때문입니다.

질문 16

 # 가장 존경하는 인물은 누구인가요?

상대가 가장 존경하는 인물을 알면 상대에 대해 많은 것을 알 수 있습니다.
'가장 존경한다'는 것은 인물의 인격, 사상, 행위들을 공경한다는 뜻입니다.
정확히 말하면 인물이 아닌, 인물이 가지고 있는 속성입니다.
그런데 그 속성이라는 것도 결국 당사자의 투사로 나타난 요소입니다.
가장 존경하는 인물이 '이순신 장군'이라고 가정해 보겠습니다.
5천만 국민에게 가장 존경하는 인물이라고 한 뒤
'이순신 장군'이라는 답변이 1만 명이 나왔다고 가정합니다.
그 1만 명의 답변은 사람마다 모두 다르게 나타나
'리더십이 있기 때문에 존경합니다'
'인내심이 있어 존경합니다'
'충절에 대한 마음을 존경합니다'
'추진력에 존경합니다'
'배려에 존경합니다' 등 한 명 한 명 다른 답변을 할 것입니다.

같은 대답이 나왔다 할지라도
각자가 생각하는 의미와 색깔은 전부 다르기에 괜찮습니다.
존경한다는 그 의미 속에 상대가 추구하는 인격, 닮고 싶은 사상,
이루고 싶은 열망을 느낄 수가 있을 것입니다.
상대가 말한 그 대답의 속성이 있는지 유심히 관찰해 봅니다.
그러한 속성을 발견했다면 언급하여 칭찬하고 지지해 주시기 바랍니다.

질문 17

 **만약 신비한 은인이 당신의 학비를 전액 지불하고
박사과정에 등록해 준다면 당신은 무엇을 공부하고 싶나요?**

박사과정은 사회적으로 가장 높은 학문의 과정입니다.
그렇기에 비유적으로 어느 분야에서든 똑똑한 사람에게
'박사'라는 표현을 사용하기도 합니다.
공부를 싫어하는 사람도 있습니다.
하지만 학사-석사-박사는 금액으로 봐도 1억 원이 넘는 데다가
사회적으로라도 가장 높은 학문의 과정입니다.
단순히 '뭐 공부하고 싶은 거 있어?'라고 묻는다면
답변으로 '별로', '그런 거 없는데'라고 할 수 있지만
'만약'이라는 가정과 '신비한 은인'이라는
간접적이고 스토리의 형식을 띠고 있습니다.
그로 인해 제한 없이 상상력을 발휘해 내면에 집중하게 됩니다.
알고 싶고, 배우고 싶고, 전문성을 갖추고 싶고,
끝장을 보고 싶은 분야에 대해 듣게 되는데….
물론 우리는 그 대답의 의미를 파악해야 합니다.
단순한 취미, 호기심, 재미로 가려져 있을 테지만
그 의미 속에는 상대의 욕구와 열망이 자리 잡고 있습니다.
해결하고 싶은 의문, 이슈, 갈증 등을 해소할 답변이 될 수 있기 때문입니다.
어마어마한 돈이 들어가고 사회적으로 인정받는 그리고 개인이 끝장으로 알고 싶은
무엇이니까요.
이러한 질문은 한 번도 생각하지 못한 대답을 통해서 알게 된 깨달음을 질문하는 자와
대답하는 자가 동시에 인식하여 공유하기에 깊은 관계로 발전, 유지할 수 있습니다.

질문 18

 **나를 첫사랑이라고 생각했던 상대는
어떤 면에서 그랬을까요?**

참으로 재미있는 질문입니다. 그렇지요?
내가 예쁘고 잘생기지 않았다고 할지라도 나를 좋아한 사람은 있습니다.
그것도 처음으로, 첫사랑으로 말이지요.
이 질문을 통해 굳이 생각해 보지 않았던 생각을 굳이 해 보게 됩니다.
행복한 상상입니다.
행복한 상상을 통해 기분이 좋은 상태가 되며
이런저런 생각의 대답으로 가능성을 나열하게 됩니다.

공부를 잘해서
운동을 잘해서
예체능을 잘해서
엉뚱해서
유머 감각이 있어서
상대의 이야기를 잘 들어줘서 등
많은 이야기가 나올 것입니다.

그런데 더 재미난 것은
나를 첫사랑이라고 생각했던 상대의 생각을 묻는 것처럼 들리지만
그 생각조차도 스스로의 생각의 관점에서 말한다는 것입니다.
이 질문은 부담 없이 재미있는 대화로 할 수 있으며
많은 상대의 긍정적 특성을 듣게 됩니다.

질문 19

 **당신이 소유하고 있는 물건 중
가장 중요하게 생각하는 3가지는?**

소유하고 싶은 물건이 아닌 소유하고 있는 물건 중
중요하게 여기는 베스트 세 가지를 묻는 것입니다.

물론 우리는 그 세 가지의 물건이 갖는 의미와 해석에 집중해야 합니다.

오토바이인 이유는 '자유'를 느끼기 때문입니다.
노트북인 이유는 '자신을 표현'할 수 있는 도구이기 때문입니다.
공구 세트인 이유는 '무언가 창조'할 수 있기 때문입니다.
광택기인 이유는 '환경을 개선'할 수 있기 때문입니다.
안마 의자인 이유는 '온전한 휴식'을 취할 수 있기 때문입니다.
홈트레이닝 기구인 이유는 '자신감'을 가질 수 있기 때문입니다.
무선 청소기인 이유는 '성취욕'을 느끼기 때문입니다.
노트인 이유는 '생각의 자유로움'을 느끼기 때문입니다.
볼펜인 이유는 '상상을 표현'할 수 있기 때문입니다.

소유한 물건과 그 물건이 갖는 가치와 의미를 알 수 있습니다.
관련 제품의 대해서 이야기함으로써 친밀감을 쌓을 수 있고
자연스럽게 상대의 취향을 알게 됩니다.
기회가 된다면 선물로도 해 줄 수 있을 것입니다.
아무래도 가장 중요한 것은 소유한 물건의 키워드를 활용하는 것입니다.

질문 20

 **어렸을 때 하던 활동을 더 이상 하지 않지만
다시 시작하면 즐길 수 있을 것 같은 일은 무엇인가요?**

어렸을 때 하던 활동을 더 이상 하지 않는 이유로는
부정적, 육체적, 트라우마, 환경, 처지, 조건 등이 있을 것입니다.
그런데 어렸을 적 하던 활동을 지금은 하지 않지만
다시 시작하면 즐길 수 있을 것 같은 일을 부담 없이
어쩌면 조심스럽게 묻습니다.

누구는 축구의 이유로 육체적 희열을
누구는 동호회의 이유로 다양한 사람들과의 교류로
누구는 자격증 공부로 노후 대비를
누구는 사내연애의 이유로 눈치 보지 않는 감정의 솔직함을
누구는 지금의 분야에 빠른 진입으로 일의 성공을
누구는 예전의 그만두었던 분야를 선택한 이유로 삶의 돌파구를
다양한 답변이 나올 것입니다.

이 질문으로 알 수 있는 것은
현재의 이슈, 지나간 시간의 아쉬움,
성장의 의미, 극복의 마음 등
지금은 못하지만 마음만은 아직 남아 있는 가치와 의미 등을
끄집어내어 직면할 수 있는 좋은 기회가 될 것입니다.

질문 21

 ### 지금으로부터 3시간 후에 죽는다면 무엇을 가장 후회하게 될까요?

주어진 삶이 1년이라면 그동안 많은 것을 할 수가 있습니다.
가지고 있는 재산을 전부 처분하여 세계 여행을 다니거나
사랑하는 가족, 지인들과 함께 뜻깊은 시간을 가지거나
드림카를 과감히 구매한다든가
자연인으로 살아 본다든가
고마운 사람들을 만나 고마움을 표시하고
미안했던 사람들을 만나 용서를 구할 수도 있습니다.
기쁨의 삶이든 분노의 삶이든 무언가를 할 것입니다.

그런데 시간이 고작 3시간이라고 합니다.
흥청망청하고 막 살아 볼 시간도 없습니다.
재미있고, 기쁘고, 성취하고, 만족할 무언가를 느낄
시간도 감정도 없는 듯합니다.
하지만 무언가를 해야 합니다.

작별인사, 고백, 용서, 당부, 사랑의 표현 등
그 와중에 가장 후회할 무엇도 떠오릅니다.
재산도, 성공도, 욕망의 물건들도, 그 무엇도
덧없어지는 그 순간에 느끼는 원초적인 의도를 캐치합니다.

질문 22

 # 먼 훗날 당신의 장례식에서 사람들에게 듣고 싶은 말은?

화장에 신경 쓴 날
헤어스타일에 신경 쓴 날
의상에 신경 쓴 날
그것을 알아보고 긍정적인 반응은 보인다면 당연히 좋을 것입니다.
쉽게 알아차릴 수 없는 일처리, 행실, 배려부터
남 모르게 노력한 부분들을 알아준다면 고맙기까지 할 것입니다.
먼 훗날 생을 마감하고 주변 사람들에게 듣고 싶은 평판에는
자신의 모든 삶에 대한 의도가 있습니다.
노력, 과정, 성과, 위로, 교훈, 가치, 의미, 영향력 등
큰 방향의 의도 말입니다.

이 사람은 정말 노력하는 사람이었지.
이 사람은 정말 사랑이 많은 사람이었어.
이 사람은 정말 배려하고 헌신하는 사람이었지.
이 사람은 인생을 즐길 줄 아는 멋진 사람이었어.

상대가 아무리 큰 칭찬과 찬양을 한다 해도 다 좋은 것은 아닙니다. 경우에 따라 갸우뚱할 수 있고 고마운 일이지만 정말로 알아줬으면 하는 부분이 있습니다.
자신의 삶을 마무리하며 인정받고 싶은 부분을 관찰합니다.

질문 23

 ## 인기 있는 사람의 비결은?

사람들의 뜨거운 관심과 함께 자신을 열광하며 좋아해 주는데
아무리 인기에 관심 없는 사람이라 할지라도 기분은 좋을 것입니다.

키가 커야 해.
유머감각이 있어야 해.
잘생기고 예뻐야 해.
학벌이 뛰어나야 해.
돈도 많고 많이 베풀어야 해.

인기 있는 사람을 보면
키가 커서 인기 있는 사람도 있고
유머 감각이 있어 인기 있는 사람도 있고
잘생기고 예뻐서 인기 있는 사람도 있고
학벌이 뛰어나서 인기 있는 사람도 있고
돈도 많고 많이 베풀어서 인기 있는 사람도 있습니다.

중요한 것은 인기 있는 사람의 비결을 자신의 기준으로
무엇을 말하고 있는가입니다.
상대가 인기가 있을 거라는 생각의 기준
자신의 결핍, 방향성 등을 알 수 있습니다.

질문 24

 # 내가 잘하고 싶은 일은?

살면서 겪는 가장 크고 흔한 이슈는 바로 일과 관련됩니다.
하고 싶은 일
해야만 하는 일
할 수밖에 없는 일
잘하고 싶은 일이 그렇습니다.

내가 잘하고 싶은 일에는 양면성을 동시에 가지고 있습니다.
결핍의 욕구와 이상의 의도입니다.
질문의 답변에 먼저 결핍의 욕구를 말하고 있는지
이상의 의도를 말하고 있는지 먼저 분류를 할 필요가 있습니다.
회피성인지 추구성인지를 말이지요.

'먹고살려면 해야지.'
'어차피 일하는 거 최고가 되고 싶어.'
'인생을 살면서 한 번은 해 봐야 될 거 같아.'
'나도 잘되고 싶어. 멋질 거 같아.'
'되든 안 되든 후회가 없을 거 같아.'
'완전하게 느껴져. 나다울 수 있는 일이야.'

이 질문의 의도는 잘하고 싶은 일의 이유와
현실과 이성, 회피와 추구 중 어느 범주에 포함되는가입니다.

질문 25

 애정을 받는 가장 좋은 방법은 무엇인가요?

사랑을 받는 여러 방법이 있습니다.
사람마다 모두 다르거니와 누구나
의식적, 무의식적으로 전략을 가지고 있습니다.
중요한 것은 사랑을 거부하기 위해 태어난 것처럼 보이는 사람도
무의식적으로 전략을 사용하고 있다는 것입니다.

어떤 경우에는
사랑받기 위해 무관심하거나
사랑받기 위해 비판하거나
사랑받기 위해 치부를 드러내거나
사랑받기 위해 자해를 하기도 합니다.

처음 만난 이에게 단점을 나열하며 보이거나
엉뚱한 짓을 하고 치부를 드러내 보이기도 합니다.
그러함에도 자신을 사랑해 줄 수 있냐는 것입니다.
상담을 받으러 온 고객 중 오피스텔 10채를 가지고 있는
30대 초반의 준수한 남성은 사람들이 창피할 정도의 과한
분장(?)과 옷차림으로 나타나 자신의 치부를 여성에게 퍼붓습니다.
과한 경우이긴 하나 의외로 상담 중 부적절한 전략을 펼치는
경우가 많습니다. 상대의 애정 전략을 알 수 있습니다.

질문 26

 ## 당신이 싫어하는 부모님의 특성은 무엇인가요?

우리는 부모님으로부터 지대한 영향력을 받습니다.
7살 이후로 부모님을 뵌 적이 없다 해도
사이가 좋지 않아서 어렸을 적부터 왕래가 없었다 해도
16살 때 빠른 독립을 했다고 해도 말이지요.

최면 상담을 하면 원했든 원치 않았든, 긍정적이든
부정적이든 지대한 영향력을 받았음을 알 수 있습니다.
조금만 깊이 있게 들여다보면 의식적으로도 감지할 수 있습니다.

'부모님은 간섭이 너무 심해.'
'부모에게 난 버려졌어. 무책임한 사람들이야.'
'우리 부모님은 사회적 능력이 전혀 없어.'
'뭐가 그리 화와 짜증이 많은지.'

싫어하는 부모님의 특성을 알게 되면
반대로 긍정의 의도를 자연스럽게 알게 됩니다.

'부모의 간섭이 싫기에 자유로운 삶을 살 거야.'
'내가 가정을 이루게 되면 자식은 사랑으로 돌볼 거야.'
'부모처럼 가난하게 살지 않아. 성공할 거야.'
'어떤 상대라도 존중할 거야.'

부모의 영향으로 긍정적인 영향과 부정적인 영향이
어떻게 발휘되고 있는지를 알 수 있습니다.

질문 27

 당신의 파트너가 직장을 그만두고 유튜버가 된다면 무엇에 관련한 유튜버일까요?

이 질문을 통해 정말 많은 이야기들이 나올 수 있습니다.
우선 이 질문은 직장을 그만둔다는 것이 전제되어 있습니다만
'왜 멀쩡한 직장을 그만두려 하느냐?'부터
'정 하고 싶으면 겸업하면서 구독자 수가 늘어나면 그때 직장을 그만둬'까지 질문의 맥락을 벗어난 답변도 많이 듣게 됩니다.
물론 이것은 당사자가 아닌 말하는 대상의 필름으로 말하는 것입니다.

질문은 '당신의 파트너가 직장을 그만두고 유튜버가 된다면 무엇에 관련한 유튜버일까요?'입니다. 이 질문에서는 크게 3가지의 포인트가 있습니다.
첫 번째로 여기서 '파트너'는 직장의 동료일 수 있고, 애인, 배우자, 친구, 가족일 수 있습니다.
상황과 상대에 맞게 적용하여 질문하면 되겠습니다.
두 번째로 봐야 할 것은 '직장을 그만두고'입니다.
직장을 그만둔다는 것은 많은 주제의 거름망이 될 것입니다.
왜냐하면 취미로 하거나 그냥 하는 것이 아닌
생활에 막대한 영향을 끼칠 수 있기 때문입니다.
셋째로 '무엇에 관련한 유튜버일까요?'는 내 것이 아닌 상대의 것입니다.

직장을 그만두고 유튜버가 되겠다는 파트너의 이야기를 듣는 것이 아니라 바라보는 관점에서 이야기를 하는 것입니다. 정작 상대는 어이없어하더라도 말입니다. 이 질문의 대상자를 두고 10명에게 똑같은 질문을 하면 10가지의 대답, 10가지의 관점을 듣게 됩니다.
물론 대상자에 대한 이야기 같지만 말하는 사람의 관점을 듣는 것입니다.

질문 28

 **당신이 직장을 그만두고 유튜버가 된다면
무엇에 대해 말하겠습니까?**

이 질문은 직접적이면서도 자유스러운 질문입니다.
이 하나의 질문으로 반나절을 이야기한 경우도 있었습니다.

간혹 관심이 없다거나 자신을 노출시키기 싫어 안 하겠다는 대답이 나올 때가 있지만 본인의 콤플렉스나 제한하는 것이 있는 경우가 많습니다.
이런 경우 스킬이 필요하지만 '직장을 그만두고'라는 전제로 평상시의 재미있는 대화의 분위기 속에서 꺼내면 될 것입니다.
공감, 인기, 관심, 성향, 영향력, 존재감 등 인간인 이상 본능과 욕구가 있기에 자유스러운 편안한 분위기 속에서 자연스럽게 대답이 나올 것입니다. 우리는 그 대답의 의미를 통해 상대의 욕구와 의도의 방향성을 알 수 있습니다.

전문성을 드러내고 싶은 것인지
인기를 얻고 싶은 것인지
존재를 드러내고 싶은 것인지
편안함을 얻고 싶어서인지
영향력을 끼치고 싶어서인지
상대에게 재미를 주고 싶어서인지
성공을 하고 싶어서인지를 말이지요.

아무리 내성적이고 겸손한 사람일지라도 자신만의 목소리를 나타내게 됩니다. 가능하다면 대답을 통해 나오게 된 욕구와 의도를 간접적이거나 다른 방식으로 해소하는 대화까지 잇는다면 더욱 좋을 것입니다.

질문 29

 **인스타그램에 팔로잉되어 있는
주된 공통점은 무엇인가요?**

이 질문이 가진 전제에 대해 이해를 하는 것이 중요합니다.
아는 사람들과 사진, 동영상을 공유하고 메시지를 보내는 앱
페이스북이 있습니다.
그런데 인스타그램이라고 지정한 이유가 있습니다.
페이스북은 팔로잉을 수락할 경우 개인이 가진 정보를 공유할 수 있습니다.
물론 전체 공개로 설정을 했다면 상관없지만요.
사진, 동영상, 소셜 미디어 플랫폼인 인스타그램의 특징은
상대의 수락 없이 팔로잉하여 내용과 정보를 알 수 있다는 것입니다.
더 개인적인 것을 알 수 있는 지표가 되는 것입니다.
가까운 사이임에도 인스타그램의 팔로잉을 꺼리는 경우가 의외로 많습니다.

표면적으로 드러나는 것과 내면적으로 의미를 구분해야 하는 것을 이제는 완전히 이해하셨으리라 생각됩니다.
한 남자분은 글래머스한 여성의 팔로잉이 대부분이라 수영복과 운동 사진, 야한 사진만 본다 하여 주변의 오해를 살까 봐 꺼리는 경우가 있었습니다.
남성이 팔로잉한 이유는 다이어트와 몸매를 관리하는 데에 동기부여가 더 잘되기 때문이었습니다.
남성이지만 남성의 거대하고 우락부락한 근육 몸매가 아닌 탄탄하고 슬림한 사진을 보면서 '여성도 저 정도의 근육인데 남자인 내가 모자라면 안 되지'라며 더 자극이 잘 되는 경우가 있었습니다.
표면적으로 드러나는 단순한 개인적인 팔로잉에서 내면적인 이유를 알게 된다면 상대의 현재 이슈를 이해하고 공감할 수 있습니다.

질문 30

 원치 않지만 계속 발생되는 사건은 무엇인가요?

원하는 결과를 발생시키기 위해 노력을 해도 원하는 결과가 일어나기엔 쉽지 않습니다. 그런데 원치 않은데 계속 발생되는 사건들이 일어납니다.

'친구가 이용해요.'
'사기를 계속 당해요.'
'사람들이 저를 배신해요.'

하소연과 함께 한마디씩을 덧붙입니다.

'주위에 만류에도 믿었건만….'
'내가 얼마나 잘해 줬는데….'
'참고 참고 다 받아 줬건만….'

상담을 하면서 고객의 이슈를 듣다 보면 마치 내가 당사자인 고객만큼이나
분노와 안타까움을 느낄 때가 있습니다. 그러나 냉정하게 봐야 할 부분이 있습니다.
복합적이긴 하지만 결과라는 것은 원인이 있기 때문입니다.
원치 않는 결과의 핵심 원인은 사실 자기 자신입니다.
그것에 관심을 가지고 결정, 행동, 그 환경으로 간 것은 본인이며
그런 사람인 줄 몰랐다고 해도 그 사람을 허용한 사람은 본인이며
남들은 관심도 없고 가지 않은 곳에 간 사람은 본인입니다.
원치 않았지만 분위기상 어쩔 수 없이 응한 사람은 본인입니다.

원치 않지만 반복되는 결과의 사건들을 듣고
일, 관계, 사고에 관련된 것인지 이슈의 범주화를 확인합니다.

질문 31

 **지나가는 100명이 나와 같은 경험을 100% 하기 위해서는
어떤 사고방식을 가져야 할까요?**

이 질문은 심층적인 질문으로
'원치 않지만 계속 발생되는 사건은 무엇인가요?'와 연결하여
사용할 수 있습니다. 원치 않지만 계속 발생된다는 것은
자신이 원인으로 작용될 확률이 높습니다.
그러나 정작 자신이 그것을 알아차리기란 쉽지 않습니다.
왜냐하면 자신의 성향으로는 그것이 당연한 것이니까요.

그것이란 무엇일까요?
생각하는 관점이자 기준입니다.

독특성의 관점
호기심의 관점
성취적인 관점
사회적인 관점

의미의 관점 외에도 많은 심리적인 근거들이 존재합니다.

많은 관점과 심리적인 요소들로 일에 사용되거나, 인간관계,
자신의 생활방식에 적용되면서 원치 않은 많은 일들이 일어납니다.
이 질문으로 알게 되는 것은 자신의 최대 이슈의 원인을 알게 되기도 하며
키워드 또는 문장으로 명확해진다는 것입니다.
그 이유는 질문에 전재된 100명과 100%에 있습니다.
100명에게 100%가 먹힐 만한 일반화가 일어나기 때문입니다.

질문 32

 # 이상적인 휴가는?

휴가에 관련된 질문은 누구와도 쉽게 나눌 수 있는 주제입니다.
이 질문은 단순히 상대가 이상적으로 생각하는 휴가에 대해
즐겁게 대화할 수 있습니다. 그리고 자연스럽게 상대의 반응 또한
관찰하며 라포를 형성할 수 있습니다.
더불어 우리는 상대가 이상적인 휴가의 의미 또한 알아챌 수 있습니다.

한 여성은 애인이 생기면 낭만 가득한 유럽의 도시를 돌며
두오모 성당에 꼭 갈 거라고 합니다.
이러한 대답은 표면적인 대답입니다.
이 대답에서 굳이 우리가 새겨들어야 할 일은 없습니다.
이상적인 휴가라는 질문에 이상적인 휴가에 대해 말했을 뿐입니다.
우리는 표면적으로 드러나는 이상적인 휴가를 말하는 상태의 모션이나
몸의 언어를 체크하는 것에 만족해야 합니다.
이 여성의 이상적인 휴가의 진정한 의미는 '공유'였습니다.
경험과 좋은 감정을 '공유'하는 것에 최고의 가치를 두기에
우리는 '공유'하며 말하고, 감정이 최고치에 달하며 표출된
몸의 언어를 또는 그 단어를 활용하여 대화할 것이기 때문입니다.

단순한 휴가가 아닌 '이상적인 휴가'라는 질문은 조금이나마
불순물이 제거된 깨끗한 대화를 하기 위해서입니다.
가장으로서, 부모로서, 자식으로서 등 해야 되는 연례행사가 아닌
주관적이고 개인적인 이상적인 휴가가 가리키는 방향을 알기 위함입니다.

질문 33

 당신에 대해 내가 정말 알아야 할 것은 무엇인가요?

보통은 이 질문에
'특별한 것은 없어요'라는 식의 대답이 반이고

'약속 시간은 잘 지켜야 해요'
'배고프면 예민해져요' 등의 표면적인 대답이 대부분입니다.

그렇다면 이 질문이 왜 삽입되었을까요?
단순한 이 질문에 정작 깊이 생각해 본 적이 없기 때문입니다.
아니 생각은 많이 합니다. 하지만 명료하게 자신에 대해
상대에게 말해 줄 만한 대답을 못 하는 경우가 대부분입니다.
그렇기에 이 질문은 보통 이렇게 진행됩니다.

A: 당신에 대해 내가 정말 알아야 할 것은 무엇인가요?
B: 하하. 특별히는 없는 거 같아요.
A: 당신에 대해 내가 정말 알아야 할 것을 알면 좋겠어요.
B: 음…. 약속 시간은 잘 지켰으면 좋겠고 배고프면 예민해요.
A: 당신에 대해 진짜 알아야 할 것은 무엇인가요!
B: 사실 저는….

보통은 첫 질문에 형식적인 대답을 하고,
두 번째 질문에 떠오르는 좋아하거나 싫어하는 것을 말합니다.
세 번째 질문에 '진짜'를 넣어 질문을 하면 내면에 집중하여
진짜 정보를 노출할 가능성이 커지게 됩니다.

질문 34

만약 속마음이 드러나 보인다면
내 마음은 어떤 색일까요?

속마음은 드러나지 않는 마음입니다.
원치 않거나 상관없다는 경우도 있지만
상관없다고 하더라도 어떤 부분에서는 꺼려지는 부분도 있습니다.
제일 중요한 것은 대답이 쉽지 않고 대답을 듣기도 어렵습니다.
그렇기에 '만약'이라는 가정을 썼고 간접적인 '색'으로 질문합니다.
색상을 질문하였기에 대답을 쉽게 들을 수 있습니다.

'하얀색이요'
'짙은 파랑이요'
'윗면은 검정인데 아래로 내려가면서 붉은 색상인 것 같아요'
등의 대답을 듣게 됩니다.
색상을 말했다면 그 의미까지 듣게 될 것입니다.

'윗면은 검정인데 아래로 내려가면서 붉은 색상이라는 게 무슨 말인가요?'란 물음에

- 평상시엔 차갑지만 보이지 않는 곳에서는 많이 노력하고 예민해요.
- 겉으로는 차분해 보이지만 사실 속으로는 승부욕이 강해요.
- 겉으로는 포커페이스로 의중을 나타내지 않지만 속으로 많이 계산해요.
- 사회생활을 하기 위해서는 속마음을 숨겨야 해요.

자신에 대한 가치, 신념, 의미, 태도 등의 정보를 들을 수 있습니다.
그 외에도 많은 대답의 종류에서 긍정적으로 표현하는지,
부정적으로 표현하는지를 체크하여 대화의 방향을 잡도록 합니다.

질문 35

 가장 비싼 대가를 치른 일은 무엇인가요?

대가는 긍정적인 뜻과 부정적인 뜻이 있습니다.
보상과 보수를 의미하거나 희생, 노력을 의미하기도 합니다.
하지만 뉘앙스도 그렇거니와 대부분은 '대가를 치르다'로 해석합니다.

그때 공부를 해야 했어.
그때 투자를 해야 했어.
그때 그 일을 시작해야 했어.
그때 그 사람을 놓치지 말아야 했어.

슬프고 아까운, 소중히 여기지 못한 이슈를 들을 수 있습니다.
우리는 그 이야기에 집중하고 공감하면서 그 속뜻을 알게 됩니다.

공부를 언급한 이유가
학벌, 지적 호기심, 내적 만족 등에서 무엇인지
투자를 언급한 이유가
현실적 어려움, 성취, 자신감 등에서 무엇인지
일을 언급한 이유가
명성, 안정적 생활, 자아실현 등에서 무엇인지
그 사람을 언급한 이유가
동반자, 사회적 평판, 외로움 등에서 무엇인지
가장 애석하게 묻어 둔 이야기와 그 실제를 알게 됩니다.
그 이후에도 애석한 일을 반복하고 있는지
다시는 그 대가를 치르지 않기 위해 바뀐 부분에 대해
대화를 나눈다면 깊은 공감을 나눌 수 있을 것입니다.

질문 36

하루 중 최고의 컨디션을
발휘하는 시간대는 언제인가요?

도서 《레버리지: 자본주의 속에 숨겨진 부의 비밀》을 읽고
하루 24시간 중 가장 컨디션이 좋은 순위를 적어 본 적이 있습니다.
가장 좋아하는 시간은 밤 시간인데,
가장 컨디션이 좋은 시간은 아침이라는 것을 알게 됐습니다.

보통은 '이 질문에 나는 언제 최고의 컨디션을 발휘하지'란
내적 탐색을 거친 뒤 대략적인 시간대나 정확한 시간을 말합니다.
그러다 가끔 제가 그랬던 것처럼 가장 좋아하는 시간대와
가장 컨디션이 좋은 시간이 다르다는 것을 알아채고 말하는 경우가 있습니다.
두 가지를 알게 된다면 더욱 유익한 일입니다.

《최면언어로 커뮤니케이션하라》에서는 상대의 키워드를 활용하여
제안하거나 의견을 요청하기에 거부하기란 사실상 쉽지 않습니다.
왜냐하면 상대의 최고 가치와 신념을 활용하여 연결하였기에
거절하기 위해서는 자신의 가치와 신념, 존재까지도 외면해야 하기 때문입니다.
《AI 커뮤니케이션》에서 질문을 하면서 해야 하는
라포 5가지, 정의한 나의 키워드, 내적 표상(무의식적 심벌)과
상대를 내적 상태와 표현 방식을 나타내는 생각하는 체계,
눈동자 움직임, 빔어, 모션 등을 관찰하는 것에 포커스되어 있습니다.
하지만 질문으로 알게 된 정보로 일상생활에서 쉽게 적용할 수 있습니다.
일의 관련된 일이라면 가장 컨디션이 좋은 시간대에 요청하거나
관계에 관련된 일이라면 가장 좋아하는 시간대를 활용하면 될 것입니다.

질문 37

 하루 중 컨디션이 저조한 시간대는 언제인가요?

하루 중 최고의 컨디션을 발휘하는 시간대는 언제인가요?
의 반대 질문입니다.
이 질문의 대답을 알아야 하는 이유는 분명합니다.
언어에는 표면적으로 알 수 있는 것과 비언어적인 요소가 있습니다.
먼저 표면적으로 나타나는 시간대는 가급적 피해야 할 것입니다.
아침잠이 많아 아침에 오는 메시지나 전화는 싫다는데
긴급을 요하지 않는 내용이라면 굳이 연락하거나 약속을 피하는 것입니다.
밤 시간에 예의 없이 전화하는 사람은 이해를 못 한다는 이야기를 듣고도 생각나서 전화했다며 이런저런 수다는 삼갑니다.
당연한 이야기입니다. 그렇지요?

《AI 커뮤니케이션》에서는 표면적 대답에 가려진 의미를 알아차리는 것 이외에 더 많은 부분에서 잠재의식의 언어, 즉 비언어적인 요소에 할애한다는 것을 알 수 있습니다.
함축된 키워드, 키워드를 인식하는 감각의 양식을 알아채는 것과 상대가 질문을 받고 생각하는 방식, 상태 그리고 그것을 표현할 때 같이 나타나는 비언어적인 빔어, 자세, 모션 등을 말이지요.
그렇기에 표면적으로 표현한 그 시간대를 피하는 것과 비언어적으로 표현한 표정, 모션 등을 캡처해 두어야 합니다.

대화 중 저조한 컨디션 시간대에 나왔던 표정이나 모션이 보일 경우 그 주제를 피하거나 그 자리를 마무리하는 것도 상황에 맞게 고려해야 합니다.

질문 38

 ## 창업을 한다면 1순위로 영입해야 할 사람은 누구인가요?

질문의 대답은 대상의 따라 바뀝니다.
표면적으로 같은 대답이라 해도 의미는 다릅니다.
같은 대상이라 해도 시간과 환경, 상황, 기분에 따라 바뀌기까지 합니다.
그렇기에 대답은 지극히 주관적이라는 것입니다.
우리가 상대에게 객관적으로 다가가는 것이 아닌
상대의 주관성에 맞추어야 한다는 이유입니다.
마찬가지로 무엇인가를 할 때 1순위로 영입해야 할 사람은
누구인지를 알게 될 때 상대의 주관성이 드러납니다.

친구, 선배, 후배, 아는 지인, 관련 전공자 및 종사자 등
누군가를 말할 것입니다. 그 이유로

편해서
꼼꼼해서
내 말을 잘 들어서
추진력이 있어서
전문가여서

등 많은 대답을 통해 우리는 많은 부분을 유추할 수 있습니다.
일에 관련해서도 일보다는 감정과 관계에 신경 쓴다든지
현실적이고 체계적인지, 이상적이고 가능성에 초점이 맞춰져 있는지,
결핍에 치중되어 있는지, 의도에 치중되어 있는지 등
상대 방식의 정보를 얻을 수 있습니다.

질문 39

 매력적인 사람이란 어떤 사람인가요?

우리는 일상적으로 사용하는 단어의 뜻이
사전적인 뜻, 통용되는 의미, 나만의 의미 등이 모두 다르다는 것을 알고 있습니다.
2020년 연말 BTS(방탄소년단)가 무대에서 캐럴을 불렀습니다.
캐럴의 가사 중 '소복소복'이란 표현에 외국의 팬들은 무슨 뜻인지를 알고 싶어 번역기를 돌렸습니다.
그럼에도 알지 못하자, 커뮤니티에 번역도 안 되는 '소복소복'이 무슨 뜻인지 물어보기도 했습니다.
재미있는 것은 이 뜻을 알고 싶어 한국인 친구에게 물어봐도
한 시간째 설명을 듣고 있지만 무슨 뜻인지 모르겠다는 것입니다.
한국인 입장에서는 '소복소복'이 '소복소복'이지 난감하기도 합니다.
'매력' 또한 이와 같이 비슷할 수 있습니다.
매력적인 사람을 많이 사용해 왔음에도 불구하고 막상 정의된 표현을 하려니 막막해질 수 있습니다.
4~5명 중 1명꼴로 나타나는데 굳이 키워드를 얻기 위해
세세할 필요는 없습니다.
우리는 대화 속에서 자연스러워야 하기 때문입니다.
하하 호호 유쾌한 분위기에서 미시적이 아닌 거시적인 범주만으로 충분합니다.

크게는 외적인 것인지, 내적인 것인지
사회적인 평판, 능력에 범주인지
인성, 성격, 언행 등 개인성의 범주인지
생각, 가치관, 사상의 범주인지
몸매, 패션, 미적인 범주인지
상대가 표현하는 언어적인 범주와 비언어적인 범주를 확인합니다.

질문 40

 ## 무엇이 효도일까요?

아시다시피 효도의 정답은 없습니다.
수많은 해답이 있을 뿐입니다.
그리고 효도를 하는 입장과 받는 입장은 또 다릅니다.
마음을 갖고 있는 것과 실제로 하고 있는 것도 다릅니다.
시간상, 거리상, 환경상, 형편상, 상황상 등 복합적일 것입니다.

어쨌든 각자가 생각하는 효도의 사고, 방식 등이 나올 것입니다.

하루에 한 번 전화 드리는 것 (감성과 현재)
한 달에 소정의 용돈을 드리는 것 (현실과 현재)
1년에 두 번 설과 추석에 찾아뵙는 것 (현실과 현재)
나중에 잘되면 세계 일주시켜 드리는 것 (감성과 미래)
미래에 성공하면 집 사 드리는 것 (감성과 미래)

우리는 수많은 대답에서 두 가지 영역을 분류하도록 합니다.
현실과 감성의 영역, 현재와 미래의 영역입니다.
무엇이 더 좋고 나쁨은 없습니다.
현실의 영역은 이성적이고 사회적인 부분입니다.
감성의 영역은 주관적인 사고와 마음에 관한 부분입니다.
현재의 영역은 1년 미만의 시간입니다.
미래의 영역은 1년 이상의 시간입니다.
이제 상대의 대답에 따라 분류하여
상대의 사고방식의 영역을 알아차릴 수 있습니다.

질문 41

 ## 부모님이 우리의 자녀로 태어난다면 양육방식은?

'만약'으로 하는 질문은 이렇게 생각해 보지 못한 생각의 관점을 갖게 합니다. 이렇게 스토리를 활용하여 상상의 이야기들을 나누지만 그 어디서도 듣지 못할 직접적인 메시지를 얻을 수 있습니다.

한번 생각해 볼까요? 직접적으로 질문하여
부모님은 당신을 어떻게 훈육했나요?
부모님의 교육방식이 마음에 들었나요?
부모님과의 사이는 객관적으로 어떻게 생각하나요?
이런 질문에 대답을 듣지 못하거나 일반적인 단답형이 대부분일 것입니다.

스토리를 활용하여 간접적인 적절한 질문을 한다면
잠재의식이 갖는 진짜 대답을 들을 수 있습니다.

내 모든 것을 헌신해서 잘해 줄 거야.
배우고 싶은 거 다 배우게 해 줄 거야.
따끔하게 훈육할 거야.
경제관념만큼은 꼭 갖게 할 거야.
부모는 나에게 그렇게 해 주지 못했지만 난 존중할 거야.

대답 속에서 부모와의 관계, 사랑의 방식, 화해의 방식, 마음의 방식 등을 들을 수 있습니다.

질문 42

 # 내 삶에서 결별하고 싶은 것은?

질문의 분위기는 편안하고 자연스러워야 합니다.
코칭이나 상담가도 그럴진대 일반적인 대화에서는 더더욱 그래야 합니다.
상대의 대답 또한 편안하고 자연스러운 분위기여야 합니다.
질문의 대답이 항상 진지하고 깊을 필요는 없습니다.
질문을 하는데 분위기 형성을 위한 약간의 기술이 필요하기도 합니다.

스토리를 활용하는 것으로 지인 이야기-내 이야기-네 이야기의 흐름입니다.

지인 이야기: 한남동에서 동거하는 내 친구 알지?
　　　　　　　동거 끝내고 결별하고 싶은가 봐.
내 이야기: 난 아침잠도 많고 10시간 이상 자는 내 게으름과 결별하고 싶어.
네 이야기: 넌 결별하고 싶은 게 뭐야?

이런 방식의 흐름으로 맥락적으로 이야기한다면 수월한 대화가 될 것입니다.
이때 대답 또한 크게 3가지의 반응으로 나타납니다.

가벼운 일반적인 대답
묻어 두었던 진지한 대답
일반적인 대답 후 묻어 두었던 진지한 대답

특정 대답, 원하는 대답에 집착할 필요는 없습니다.
《AI 커뮤니케이션》의 질문 편은 질문을 통해 상대의 정보를 얻거나
깊은 공감을 공유할 수 있습니다.
그리고 대화의 '이야깃거리'로도 훌륭한 역할을 합니다.

질문 43

 무엇인가 그렇게 해야 할 것 같은데
절대 안 할 것은?

질문이 참으로 오묘합니다. 그렇지요?
무엇인가 그렇게 해야 할 것 같은데 절대 안 한다고 합니다.
절대로 안 할 것이지만 무엇인가 그렇게 해야 될 것 같다고 합니다.
우리가 이 질문에서 알아야 하는 것은 두 가지입니다.
갈등과 의도입니다.
갈등이 일어난다는 자체가 긍정적인 의도가 있기 때문입니다.
어느 한쪽이 월등하거나 좋다면 갈등은 일어나지 않습니다.
덧붙이자면 긍정적인 의도는 개인에게 적용되는 것이지
사회적인 잣대로 판단되지 않습니다.

'결혼을 해야 되는 게 아닌가 싶지만 못 할 거 같아.'
이러한 표면적인 대답이 나왔다고 가정해 보겠습니다.
의도는 나타나지 않았지만 결혼에 대한 갈등이 표출되었습니다.
의도는 사회적인 평판일 수 있고, 외로움일 수 있습니다.
의도는 자기계발, 자유로움, 개인성일 수 있습니다.

우리는 이 질문을 통해 상대의 갈등과 의도를 파악할 수 있습니다.
더 중요한 것은 갈등은 하지만 더 센 것.
이것도 중요하고 저것도 중요하지만 더 중요한 것.
다중성향 중에서 가장 강하게 작동하는 성향을 알 수 있습니다.

질문 44

대부분의 사람들이 당신에 대해 과대평가하거나 과소평가하는 것은 무엇인가요?

가능하다면 두 가지의 대답을 다 듣는 게 좋습니다만
한 가지의 대답을 듣는 경우도 많습니다. 그래도 좋습니다.
상대는 두 가지의 질문에서 가장 쉽게 떠올라 주로 느꼈던 정보를 말하는 것이니까요.
우선은 두 가지로 분류해야 합니다.
과대평가에 대해 말했는지, 과소평가에 대해 말했는지를 말이지요.
과대평가에 대한 부분으로 서류 작성, 포토샵, 요리 실력, 디자인 감각, 재테크, 언변, 아이디어, 운동 감각, 글쓰기, 응대 등 다양한 주제에 대해 들을 수 있을 것입니다.

우리가 조금 더 집중해야 할 부분은 과소평가에 대한 부분입니다.
과대평가에 대해 말한다면 그것을 알게 되는 것이고
동의한다면 사례를 이야기하면서 인정하게 될 것입니다.
과대평가는 어쨌든 알아주고 인정해 주는 것이지만
과소평가를 받고 있다는 건 알아주지 못하는 부분입니다.
그런데 과소평가라고 생각한 사람은 누구인가요?
바로 대답을 하는 당사자입니다.
수많은 과소평가를 받는 것 중에서 하필 그것을 언급했을까요?
누구도 언급하지 않았는데 과소평가받고 있다고 느낀 이유는 무엇일까요?
상대가 알아줬으면 하는 부분, 인정받고 싶은 부분, 재대로 평가받고 싶은 부분으로 인식하여 필요시 대화에서 활용하도록 합니다.

질문 45

 ## 당신이 즉시 세 가지 기술을 습득할 수 있다면 그것들은 무엇이 될 것인가요?

어르신들이 '기술을 배워라'라고 흔히 말씀하실 때가 있었습니다.
예전만큼은 아니더라도 지금도 그렇습니다.
판매, 영업, 직장인 등 많은 직업군에서 열심히 한다 해도 대체할 수 있는
인력이 많기에 대체하기 힘든 기술을 가지라는 뜻입니다.
'기술을 가지고 있으면 밥은 굶지 않는다'는 것입니다.

코칭과 상담을 하면서 많은 사연들과 이야기들을 듣게 됩니다.
나이가 들어 빠른 퇴직으로 일자리를 구하지 못할 때
생각지도 못한 도움을 받거나 연결이 되는 경우입니다.
3년 동안 구직을 못 했지만 30년 전에 공업 고등학교를 졸업하면서
취득했던 자격증으로 연봉 4,000만 원 일에 취업을 한다든지,
35년 전에 원예학과만 졸업했을 뿐이지
다른 업종에서 일을 했지만 인맥으로 공원조경 소장이 되어
70대에도 연봉 5,000만 원 이상을 받는다든지.
40대의 한 남성은 고등학교를 자동차정비학과를 졸업하자마자
10년간 다른 일을 하다 다른 일을 구하기 전까지 자동차 정비 일을 하게 됩니다.
어떻게 하다 보니 수입 자동차 정비소를 개업하게 됐고
지금은 웬만한 월급쟁이 한 달 월급을 하루에 벌고 있습니다.
옛말 그른 거 없다며 '기술을 배워야 돼'라고 합니다.

세 가지의 옵션을 전제한 이유는 쉽게 대답을 듣기 위함입니다.
중요한 한 가지를 위한 것이니 꼭 세 가지 대답에 집착할 필요는 없습니다.

질문 46

'그 사람'과 관계가 끝난다면, 당신은 어떤 세 가지를 가장 그리워할 것인가요?

커플, 부부, 파트너에 대한 코칭, 상담을 하면서
처음과는 달리 파트너에게 소홀해서 생기는 이슈가 많습니다.
이별 통보를 받고 나서야 상대의 소중함을 알고 붙잡으려거나
헤어지고 나서야 어리석음을 한탄하며 그리워합니다.
보통 그럴 때 흔히 하는 질문 중 하나입니다.

만약 (   )과 관계가 끝난다면
당신은 어떤 세 가지를 가장 그리워하게 될까요?

막상 생각해 보니, 생각만으로도 끔찍한 일이라든가
좋은 사람인데 내가 너무 소홀했다든가
내가 나쁜 생각을 했다며 우는 경우도 흔한 일입니다.
당연한 것에 대한 고마움과 감사함을 알게 하는 질문입니다.

꼭 배우자나 사랑하는 사람이 아니더라도 응용해서 사용할 수 있습니다. 비즈니스 관계를 유지하느냐? 청산하느냐? 로 고민할 때가 있습니다. 그리워할 이유가 부정적인 부분을 덮을 수 있나 없나가 포인트입니다.
덮을 수 있다면 비즈니스 관계를 유지하는 것이고
덮을 수 없다면 비즈니스 관계를 청산할 수 있는
기준이 될 수 있습니다.

질문 47

 ### 만약 당신이 마법 지팡이를 가질 수 있다면 당신의 생활에서 무엇을 더 원하게 될까요?

가정하여 질문하는 방법이 좋은 이유는 대답을 쉽게 들을 수 있기 때문입니다.
현실적인 질문은 현실을 방영하기에 대답의 폭은 줄어들고 움츠러듭니다.
지니 디츨러의 말처럼 우리는 자신의 한계를 사랑하기 때문입니다.
자신의 한계를 절대 놓고 싶지 않아 합니다.

지금의 내 월급으로는 안 돼.
지금의 내 자산으로는 안 되잖아.
내 성격을 그렇지 못하잖아.
이제 배우기 시작해서 언제 해.
지금의 나이로는 무리잖아. 더 젊었으면 모를까.

현실적인 꼬리표가 덕지덕지 붙으며 수많은 조건들로 생각의 폭도 좁아지며 많은 제약이 붙습니다.
그런데 '만약'이나 '마법 지팡이' 같은 상상력을 발휘하게 하는 질문을 한다면 꼬리표와 조건들을 걷어내고 제약받지 않은 자유로운 대답들을 하게 됩니다.
자유로운 대답을 할 때 상태의 내적 상태는 긍정을 발휘하게 되고
내적 상태가 밖으로 드러나는 빔어를 관찰하면 단번에 변화하고 있음을 알아차릴 것입니다.
대답의 이슈는 오랫동안 축적된 것일 수 있고, 지금 당장의 이슈일 수 있습니다.
그리고 그 이슈가 일에 대한 것인지, 관계에 관한 것인지, 자신의 관한 것인지 크게 분류하여 알아차리도록 합니다.

질문 48

 **당신이 당신의 인생의 1년을 다시 할 수 있다면
당신은 몇 년도를 선택할 것인가요?**

질문을 크게 나누어 보면
과거에 대한 이야기
현재에 대한 이야기
미래에 대한 이야기입니다.
이 질문은 과거에 대한 이야기입니다.
현재의 상황을 노출하기 싫은 대상에게도 무난하며
이 질문에 의외로 깊은 대화가 일어납니다.
보통은 아쉬움, 한탄, 한이 많은 주제이기도 합니다.

2006년에 그 일을 했어야 했어.
2009년에 그 일을 그만뒀어야 했어.
2013년에 그 사람과 결혼을 했어야 했어.
2020년에 그 의뢰를 받아들여야 했어.
2021년에 그 모임에 가입했어야 했어.

상대가 선택한 사건과 그 사건이 가진 의미를 알 수 있습니다.
돈에 관한 것인지, 개인 성취에 관한 것인지, 명예에 관한 것인지,
안정에 관한 것인지, 자유에 관한 것인지, 내적 만족에 관한 것인지….
이 질문은 단순한 이야기 소재로도 좋습니다.
인생에서 가장 아쉬운 한 해를 말한다는 것은 상대의 개인적인 이야기에서
큰 부분을 공유하는 것이기 때문입니다.
그리고 이것은 과거에 대한 질문이지만
현재와 이어지며 미래와도 연결되어 있습니다.

질문 49

 **영화나 소설에서 나온 인물처럼
경험하고픈 삶은 무엇인가요?**

이번 질문은 평상시에도 영화, 소설 등의 이야기를 하다 자연스럽게 대화할 수 있는 주제입니다.
단순한 대답이 나온다면 그런대로 대화를 나누면 됩니다.
또는 질문을 하는 사람이 먼저 방식(?)을 보여 주는 것도 좋습니다.

- 영화 '타짜'에서 난 이상하게 맨 마지막 장면이 기억에 남더라.
  주인공 고니(조승우)가 해외로 도피해서 카지노에서 포커 하는 장면.
  언어도 안 되고 돈도 없이 도피했으면서도 기술이 있으니까 먹고살잖아.
- '내 슬픈 창녀들의 추억'을 보면 '서글픈 언덕'이라는 노인이 나오는데 염세적이었던 그가 70살이 넘어서 사랑 때문에 죽을 수도 있구나 하는 진정한 사랑을 알게 돼. 늙어서도 나도 사랑을 앓고 싶어.
- '세상에서 가장 빠른 인디언'은 3번 봤는데 실화래. 꿈을 이룬 장면도 멋졌지만 그냥 꿈을 향해 묵묵히 가는 모습이 너무 멋졌어.
- '더 울프 오브 월 스트리트'에서 주인공 디카프리오의 말발은 죽여줘. 주식을 파는 CEO의 연설도 멋졌지만 망하고 나서도 세일즈 강좌로 유명해. 나도 말 좀 잘했으면.

이렇듯 좋아하는 영화나 소설의 주인공의 삶, 또는 한 장면을 말합니다. 그리고 왜 주인공의 삶이나 장면을 말했는지의 이유를 말함으로써 방식의 시범을 보여 주는 것입니다.
상대도 그렇게 말하도록 말이지요.
그 대답 속에는 자신의 욕구의 방향성이나 결핍의 주제가 있습니다.

질문 50

당신의 오감 중 사랑을 나눌 때
당신에게 어떤 것이 가장 중요한가요?

저희는 성향검사, 코칭, 상담, 최면상담에서 꼭 하는 검사 중에 선호감각을 꼭 확인합니다.
인간은 오감의 정보를 받아들이기에,
받아들일 때 어떤 감각을 선호하고 인지하는지의 검사입니다.
우선 기본적으로는 상대의 감각을 알게 되면 해당되는 감각의 언어를 많이 사용합니다.
특히나 이 부분은 최면을 할 때 굉장히 중요한 요소입니다.
최면상태에서 특정한 상태를 만들 때 커뮤니케이션이 잘 이루어지지 않으면 최면 전 단계인 트랜스 상태가 깨져 버립니다.

조금 더 세밀하게 사용할 때에는 시각적- 청각적- 촉각적, 청각적- 촉각적- 시각적, 촉각적- 시각적- 청각적. 우선순위대로 메시지를 전달합니다. 후각, 미각은 %(퍼센트)가 낮아 특수한 경우가 아니라면 제외합니다.

그런데 질문이 참으로 재밌습니다.
사랑을 나눌 때 가장 중요한 오감을 묻습니다.
상식적인 질문이라면 '너는 어떤 감각을 주로 사용하거나 좋아하니?'라고 할 수 있겠지만 그런 질문에 답변할 수 있는 사람은 거의 없을 것입니다.
'사랑을 나눌 때'를 가정한 것은 인간의 본능에 관한 것인 동시에 좋은 내적 상태로 작동되기 때문입니다.
특수한 상태의 질문이긴 하나
본능적으로 중요하게 생각하거나 사용했던 감각을 알게 된다면
역설적이게도 보편적으로 사용하고 있는 선호감각을 알게 되는 것입니다.

질문 51

 **당신이 자신의 삶의 장애물을 선택할 수 있다면
어떤 장애물을 가지겠습니까?**

장애물을 없애도 모자랄 판에 장애물을 선택한다니요!
질문이 부정적이고 어둡다고 생각할지 모르겠지만
사실 긍정적이고 밝음을 이야기하는 것입니다.
투지를 불태우는 대화가 될 것입니다.
장애물이라고 생각하는 건 현실적이거나 스스로 정한 틀입니다.
장애물을 선택한다는 건 역설적이게도 뛰어넘을 수 있는 것을
선택하거나 뛰어넘을 수 있을 것 같은 무언가를 선택하게 됩니다.
그러니 생각과 현실을 뛰어넘으려는 투지의 긍정적인 방향으로 갑니다.

남성이 주류인 이 분야에서 여성이기에 더 돋보일 수 있어.
너무나 가난하게 살아왔지만 그랬기에 더 성공할 거야.
내가 부유한 집에서 태어났다면 나태했을 거야.
예민하고 걱정이 많은 편이야. 이제라도 의연하게 살 거야.
부모에게 학대받았기에 지금의 가정과 자녀에게 충실할 수 있었어.
무력감을 느꼈기에 능력을 가질 수 있었어.
무력하고 게으른 시간을 가진 덕분에 지금과 같이 재미있게 살고 있잖아.
가난을 끌어안기로 했어. 벗어날 거야. 잘살 거야.

긍정을 말하려고 긍정을 말하는 것이 아닌 부정을 말함으로써
긍정을 느끼고 말하게 합니다.
스스로 양극성을 깨닫고 표현하는 것이므로 파워가 강력합니다.
빔어를 확인하세요. 그리고 변화를 감지하세요.

질문 52

 **누군가에게 사과를 해야 할 때
가장 좋은 방법은 무엇일까요?**

누군가에게 사과하는 것은 쉽지 않습니다.
특히 사과를 못 하는 사람이 있습니다.
상대에게 잘못했고 미안하지만 사과는 못 하겠답니다.
부끄럽고, 쑥스럽고, 창피하고, 용기가 나지 않고….
많은 이유들이 있습니다.
또한, 생각했던 사과와 실제 행동하는 사과는 또 다릅니다.
정중하게 해야 하지만 슥~ 지나가듯이 한다든가
진중하게 해야 하지만 분위기상 어물쩍 넘어가려고 한다든지
생각은 100이지만 행동은 80%, 60%, 30%밖에 못 하듯이 말입니다.

사과는 사회적인 보편적인 사과와 개인적인 주관적 사과가 있습니다.
이 두 가지를 활용할 수 있습니다.
제일 중요한 것은 본인이 할 수 있는 최선의 방식입니다.
자신의 기준에서 가장 적절한 기준일 테니까요.
스스로가 사과를 해야 할 때 가장 좋은 방법을 말했기에
그 방법대로 사과를 하는 것이 큰 힌트가 될 것입니다.
그런데 간혹 개인적인 주관적 사과가 너무나 미미할 경우가 있습니다.
그때는 개인에서 사회적으로 확장된 사고를 갖도록 해야 합니다.
'사회적으로 보편적인 사과는 어느 정도여야 사과라고 받아들일까?'라며
균형을 갖게 합니다.
미시적에서 거시적으로 확장합니다.

질문 53

 사람들은 나의 어떤 점을 가장 두려워할까요?

재미있기도 하고 약간은 무서운 느낌도 드는 질문이군요.
외향적으로 강한 성격을 가진 분들은 화가 나거나 한 성깔 하는 것을 쉽게 말할 수 있습니다.
내향적이고 순한 분들은 사람들이 무서워하지 않을 거라고 말하기도 합니다.
우선은 말이지요.
이러한 질문을 받아 본 적이 없기에,
이러한 생각을 해 본 적이 없는 분들은
시간이 조금은 걸리는 질문이기도 합니다.
'경쟁자가 저의 실력을 두려워할 겁니다'와 같은 대답을 할 때가 있습니다.
우리는 대략적인 부분만 알아도 될 것입니다만,
이렇게 덩어리가 큰 대답이라면 조금은 잘게 만들 필요가 있습니다.
'어떤 실력을 두려워한다는 건가요?' 정도로 말이죠.

- 감정기복이 심한 거요.
- 원칙을 중시하기에 가짜 영수증, 가짜 보고서 등을 처리해 주지 않아요.
- 제가 참고 있는 것을 다 알아요. 제가 터질까 봐 주변에서 두려워해요.
- 갑질을 하거나 존중해 주지 않으면 똑같게 이야기해 줘요.
- 가끔 똘기를 나타내는데 중요한 회의에서 사고 칠까 봐요.
- 사실 중심으로 말하다 보니 단계를 건너뛰고 임원이 저에게 물어봐서
  상사가 불안해해요.

대답 속에 중요한 정보와 정답이 대부분 나타납니다.
스스로 생각하는 강점과 단점들을 말이죠.

질문 54

작년 이맘때와 비교할 때 무엇이 얼마나 변화했나요?

'몸이 예전 같지가 않아.'
'작년하고 올해가 또 달라.'
'다이어트는 계속하고 있지.'
'프로젝트 계속하고 있어.'

우리는 평상시의 대화에서도 안부 인사나 넋두리처럼 흔히 말합니다.
생활할 때 대화에서 사용할 수 있는 무난한 질문입니다.
넋두리나 안부 인사 중에 '잘되고 있어', '잘 안 되네', '그냥 하고 있어' 등의 대답에서
'작년 이맘때와 비교했을 때 어때?', '작년과 비교해서 어떤 차이가 있어?', '작년과 비교해서 무엇이 얼마나 바뀌었어?' 등 맥락에 맞게 사용할 수 있습니다.
약간의 tip이 필요하다면 '잘되지', '힘들지'와 같이 단답형 대답을 피할 수 있게 묻는 것입니다.

이 질문은 상대가 안부인사 중에 넋두리로 또는 근황에 말을 듣고 응대 차원에서의 질문입니다.
그러기에 대답을 할 수밖에 없는데 대답을 하기 위해서 상대 또한 생각과 정리를 해야 합니다. 이 질문으로 인한 대화의 장점으로 크게 두 가지가 있습니다.
관심을 가지고 깊게 물어봐 준다는 것에서 대화가 풍부해지기도 하지만 막연하게 이야기했던 부분을 구체화하면서 스스로 깨닫게 된 것을 공유하게 될 때 긍정적 상태가 됩니다.
긍정적인 답변에는 칭찬과 인정을 부정적인 답변에는 격려와 응원을 할 수 있습니다.

질문 55

 인맥이 나의 운명을 바꾼다면 어떤 전략이 필요할까요?

우리는 모두에게 인맥, 기술, 돈, 회사, 의미 등이 중요하지만
특히나 더 중요하게 작용하는 성향이 있습니다.
선택적 사교성과 자아실현의 욕구가 강한 부류에게 적절한 질문입니다.
사색적이고 독특하며 이상주의가 강한 자유로운 성향으로 자신만의 방식대로 조절하길 원하고 경쟁, 대립보다는 배려와 안녕에 바탕을 둡니다.

인맥을 중요하게 생각하는 사람이나 인맥을 중요하게 생각하지 않는 사람이라도 인맥은 중요하며 막연한 생각을 개인적인 정의와 전략을 수립합니다.
인맥의 정의로 풍요로움, 도움, 필요한, 함께 성장, 외롭게 하지 않는 등 각자의 정의가 나오도록 합니다. 인맥이나 인망을 쌓기 위해 해야 할 것들도 나오도록 합니다.

동호회에 가입하겠다.
동호회 모임에 참석하겠다.
연락책의 역할을 하겠다.
솔선수범하여 도와주겠다.
선택적으로 잘 보여야 할 대상에게 우선적으로 협력하겠다.
도움을 받으면 보답하겠다 등 작은 변화라도
일어날 수 있도록 인맥의 정의와 전략을 짜도록 합니다.

작은 변화라도 일어나게끔 해야 합니다. 하지만 운명이 바뀔 정도의 큰 변화의 생각과 전략이 되도록 획기적인 관점의 변화가 일어날수록 좋습니다.
나의 운명을 바꿔 줄 인맥은 누구인가요?
그런 운명을 위해 내가 해야 할 노력은 무엇인가요?

질문 56

 **'기술'로 나의 운명을 바꾼다면
어떤 전략이 필요한가요?**

한 번은 꼭 생각해 보아야 할 물음입니다.
특히나 적절한 부류에게 맞는 질문이기도 합니다.
이런 성향이 강한 타입이라면 반드시 짚고 넘어가야 할 질문입니다.
재능을 발휘해서 재미있게 살아야 하는 부류로
선택에 개방적이고 혁신과 다양성 열정적으로 개척하는 성향이 강하다면 말이죠.

우선 여기서 '기술'에 대해 넓은 관점이 필요합니다.
사전적 의미로는 사물을 잘 다룰 수 있는 방법이나 능력 또는
이론을 실제로 적용하여 유용하도록 가공하는 수단입니다.
기계나 정비의 기술을 벗어나 큰 관점의 기술을 뜻합니다.

누구에게는 헤어디자이너, 네일아트, 피아노 조율사, 보컬, 안무가, 웹툰, 웹 디자인,
카피라이터, 바리스타, 재봉, 포토샵, 엑셀, 목수, 자동차 정비, 세차, 광택, 의류 수선,
악기 연주, 제빵, 편집 등 다양한 이야기들이 나올 것입니다.

진짜 나의 운명을 바꿔 줄 기술은 무엇일까?
내가 이 기술만 습득하면 운명이 바뀔 만한 것은 무엇일까?
운명이 바뀌기 위해서 어떤 기술을 습득해야 할까?
그 기술을 습득하려면 어떠한 과정을 거쳐야 할까?

자신에게 또는 상대에게 적절히 질문하세요.
만약 '기술'로 내 운명을 바꾼다면 어떤 재능을 발휘할 것인지를 말입니다.

질문 57

 ## 돈이 나의 운명을 바꾼다면 어떤 전략이 필요한가요?

돈은 누구나 많이 갖고 싶어 하고 벌려고 합니다.
그런데 돈 버는 것을 싫어하고 돈을 벌기 시작하면 바로 포기하려는 사람들이 있습니다.
인간의 모든 심리를 100으로 봤을 때 극단적인 20의 돈 버는 것을 싫어하는 사람들에 대해 알 필요가 있습니다.
돈을 중요시하게 생각하지만 갈등은 하되 순위에서 밀어내는 사람들입니다.

이번 질문에서 꼭 생각해 보아야 할 두 부류가 있습니다.
물질적인 성취욕이 강한 부류와 물질적인 성취욕을 가지려고 하지만
막상 그 상황이 닥쳐서는 후순위로 미루는 부류입니다.
소유욕이 강하고 결과물을 중요시하는 부류는 자연스럽게 돈을 성취하려고 합니다.
그것을 더 명확하게 목표를 이루기 위한 전략입니다.
또 하나의 부류로 돈이 중요하지 않고 물질적인 집념이 약하다면
굳이 이 질문에 답변을 하지 않거나 부담 없이 대화의 거리로 사용하면 됩니다.
그런데 돈이 나의 운명을 바꿀 수 있다, 바꾸고 싶다, 돈을 벌고 싶다는
생각이 들거나 의욕이 생겼다면 반드시 전략을 알아차리고 수립해야 합니다.
생각해 볼 수 있을까요?
만약 돈이 나의 운명을 바꾼다면,
어떤 방식으로 운명을 바꿀 것인가?
어떻게 돈을 벌 것인가? 를 말이지요.

질문 58

회사가 나의 운명을 바꾼다면
어떤 전략이 필요한가요?

'내 인생이 고작 직장생활하려고 태어난 것은 아니다'며
자아실현을 강조하기도 합니다. 맞습니다.
하지만 직장생활을 좋아하는 부류가 아주 많습니다.
명예와 안정을 중시하며 좋은 회사에 들어가려고 하는 것이 보편적 사회현상입니다.
그리고 꼭 회사를 다닌다고 해서 자아실현을 못 할 것도 아닙니다.
안정적인 수입으로 가정을 유지하기도 하며 자신의 취미생활을 하는
원동력이 되는 사람들도 많습니다.

회사를 다녀야 할 사람들은 회사를 다녀야 하고
회사를 다니고 싶어 하는 사람이라면 다녀야 하는 것이 좋을 것입니다.
이 질문은 크게 직장인의 영역과 전략적으로 직장인을 해야 하는 부류입니다.

'회사'는 말 그대로 영리를 목적으로 설립된 기업입니다.
더 포괄적으로는 나를 나타내거나 보호해 주는 단체로 봐도 좋습니다.
학생이라면 학교가 될 수 있습니다.
누구나 아는 좋은 이미지의 학교, 성인이라면 누구나 알고 있는 기업, 안정적으로 돈을 받는 단체입니다.

만약 회사가 나의 운명을 바꾼다면 나는 어떻게 해서 그 회사에 들어갈 것인가요?
회사에 재직 중이라면 어떤 요건을 갖출 때 안정을 더 확보할 수 있을까요?
만약 회사가 나의 운명을 바꾼다면 어떤 전략이 필요한가요?
사회적인 안정을 추구하려는 부류나 자아실현을 위해 잠시 거쳐 가려는 부류라 해도
이 질문에 명확한 답변을 한다면 자신의 운명에 긍정적인 영향을 끼칠 것입니다.

질문 59

공부가 나의 운명을 바꾼다면 어떤 전략이 필요한가요?

공부가 나의 운명을 바꾼다면 어떤 공부를 해야 할까요?

공부가 나의 운명을 바꾼다면 어떤 전략을 펼쳐야 할까요?

여기서 공부는 크게 두 가지입니다.

사회적인 공부와 개인적인 공부입니다.

사회적인 공부란 학벌과 관련된 공부, 자격증, 수료증과 관련된 공부입니다.

개인적인 공부란 사회적이거나 돈과 전혀 관련이 없는 순수학문입니다.

알고 싶고, 배우고 싶고 지적 추구와 탐색을 하는 것입니다.

사회적인 공부와 개인적인 공부 둘 중에 하나이거나 둘 다여도 좋습니다. 내가 이것만 알게 되면, 공부하게 되면, 수료하게 되면, 깨닫게 되면…. 이론적으로 통달하게 되면 운명이 바뀔 것 같은 공부는 무엇일까요?

알아가는 게 너무 재미있고 즐겁고 시간 가는 줄 모르는 공부는 무엇일까요?

남들보다 우월한 앎을 느끼게 하는 분야의 공부는 무엇일까요?

특정 분야의 독보적인 품격을 나타낼 수 있는 공부는 무엇일까요?

내적 성장과 발전을 경험할 수 있는 공부는 무엇일까요?

취미적인 공부, 기술을 습득하기 위한 공부, 돈을 벌기 위한 공부,

직장에 들어가기 위한 공부, 지적 호기심의 공부로 인해

결과가 드러나는 공부나 드러나지 않는 내적 만족으로만 끝나는 공부라도 좋습니다.

측정 가능한 것이든 측정 불가능한 것이든 상관없습니다.

이것만 공부하면 내 운명이 바뀔 것 같은 공부는 무엇인가요?

질문 60

 삶에서 줄여야 할 것과 늘려야 할 것은 무엇인가요?

줄여야 하는 체지방과 늘려야 하는 근육량
줄여야 식사량과 늘려야 하는 산책 시간
줄여야 하는 소비와 늘려야 하는 소득
줄여야 하는 게으름과 늘려야 하는 부지런함
줄여야 하는 음주와 늘려야 하는 채소 섭취량
줄여야 하는 잡동사니와 늘려야 하는 면적
줄여야 하는 모임과 늘려야 하는 개인 휴식
줄여야 하는 개인 시간과 늘려야 하는 관계 모임
줄여야 하는 동호회와 늘려야 하는 가족 간의 시간
줄여야 하는 TV 시청과 늘려야 하는 글쓰기

개인마다 줄여야 할 것과 늘려야 할 것을 잘 알고 있습니다.
정답은 없습니다. 거창할 필요도 없습니다.
생각하면서 알아차리고 말하면서 인식하는 것만으로도 충분합니다.
아는 것을 확인하는 것이든 새롭게 깨닫게 되는 것이든 말이죠.
가능하다면 먼저 개수를 많이 늘려서 상대 또한 많이 대답하도록 하는 것이 좋습니다.
그리고 '그중에서 하나만 선택해서 해 볼까' 한다면 실행할 확률도 올라가며 대화의 질이 풍부해집니다.
한두 개만 말할 경우 하냐? 안 하냐? 로 갈등할 수 있지만
많은 것을 말한 뒤에 하나는 해야 될 것 같은 심리적 착각에 빠지기 때문입니다.
이 기회에 상대가 갖고 있었던 계획들을 실행하게 된다면 유익한 관계의 인식이 더욱 짙어질 것입니다.

질문 61

 기회가 주어진다면 어떤 무대에 서 보고 싶은가요?

보통은 적극적인 반응과 소극적인 반응으로 나타납니다.
평소에 바랐던 상징적인 무대나 이상적인 무대를 나타냅니다.
월 매출 1등 사원으로 간단한 시상이나 소감 자리부터
4만 명이 꽉 찬 경기장에서 시상이나 강연무대를 말하기도 합니다.
소극적인 성향의 경우 나서는 것을 싫어한다며 그런 것이 없다는 분들도
간혹 있습니다만 대개의 경우는 스스로 제한한 경우입니다.
이런 분들이 제한한 것을 탈피할 때의 모습이란, 경이로움과 설렘을
동시에 가져다줍니다.
제한하던 것에서 탈피할 때의 카타르시스가 발생되기 때문입니다.
억압되었던 감정이 자유롭게 표출되면서 비언어적인 요소가 폭발적으로 드러나게
됩니다.

실현 가능한 무대부터 실현 불가능한 무대까지 다양한 대답이 나올 것입니다.
취미로 사이클을 타지만 세계 최고 권위의 일주 사이클 대회인 투르 드 프랑스에
참여하고 싶다든지,
40대 회사원이 BTS(방탄소년단)와 같은 무대에 서고 싶다든지 말이죠.

이 질문의 의도는 실현 가능한 현실적인 무대라 긍정적인 내적 상태로 전환된다는 점.
실현 불가능한 이상적인 무대라 할지라도 긍정적인 내적 상태로 전환된다는 것입니다.
어떤 대답이라도 즐겁고 유익한 대화를 할 수 있습니다.
대답에 따라 상대의 목표, 추구하는 의도와 욕구를 알 수 있습니다.

질문 62

 ### 내 물건 5가지만 빼고 모두 버려야 한다면 5가지 물건은 무엇인가요?

요즘은 미니멀 라이프, 물건 노예 벗어나기 등 물건을 버리거나 정리하는 것이 중요해졌습니다.
소유하고 있는 수많은 물건 중에서 5가지만 선택할 수 있다면 어떤 물건을 남길 것인가요?

우리는 여기서 언어적인 요소만 하더라도 3가지를 알 수가 있습니다.

- 개인 취향
- 물건이 가진 의미
- 실용적: 감성적의 비율

대상자는 질문에 답변을 하기 위해 나름대로 선택한 5가지를 말하게 됩니다.
그리고 5가지 선택한 이유를 묻게 되면 5가지를 선택한 이유를 찾아 의미를 듣게 될 것입니다.
생각난 대로 대답한 내용을 우리는 한 번 더 분류할 필요가 있습니다.
그 물건이 실용적인 물건인지, 감성적인 물건인지를요.
또 그 비율은 2:3, 3:2인지, 5:0, 0:5로 치우쳐 있는지도요.
우리는 재미있고 단순한 이 질문에서 적지 않은 정보를 얻게 됩니다. 친하게 지내고 싶거나 세일즈의 대상일 경우 전략적으로 사용할 수 있습니다만 대화의 거리로도 즐거운 시간을 가질 수 있습니다.

질문 63

사랑의 유효기간은?
유효기간이 끝나고 내가 노력해야 할 것은?

이 질문은 한 가지 질문이지만 잘게 쪼개면 2가지의 질문입니다.
먼저 사랑의 유효기간부터 살펴볼까요?
이론적으로 말하거나 감성적으로 말하거나 일반적으로 말할 수 있습니다.
사랑의 호르몬 '옥시토신'이 분비되어 눈에 콩까지를 씌게 되지만 항상성을 유지하기 위해 약 3년 정도 후에 소멸하므로 3년 이래라는 이론파부터 난 1년밖에 안 되던데 등 경험파, 난 영원히 사랑할 거야 감성파까지 많은 대답들이 나오게 됩니다.
전문가의 내용을 인용하든, 일반적인 내용을 인용하든, 개인의 경험을 이야기하든 그 대답을 한 대상이 왜 그 내용을 이야기했냐는 것입니다.
어떤 이유를 대고 이야기를 했든 상대가 제시한 유효기간은 그 사람의 기준에 가장 가까운 것입니다.
그렇기에 유효기간은 중요하면서 중요하지 않고, 중요하지 않지만 중요합니다.
상대에게 호감이 있거나 잘 보여야 하는 경우 등 내용을 조작할 수가 있고 연애를 시작한 연인들이나 신혼부부의 경우 특수성이 있기 때문입니다.
그런데 정말 중요한 것은 그다음 질문이기에 집중할 필요가 있습니다.

열정과 감성이 이성과 현실로 바뀌었을 때 어떤 의도적인 노력을 할 것인가입니다.
이 질문의 유익함은 지금의 대상에게 잘해 줘야겠다는 미안함일 수 있고 고마움일 수 있지만 어떤 것이든 이 자체에 인식을 했다는 것입니다.
미리 전략을 짤 수 있고 전략을 바로 실행할 수 있습니다.
이미 상대가 말한 유효기간이 끝난 상태라면 지금 적용이 가능하며 아직 상대를 만나지 못했거나 유효기간에 있다면 미리 인식하고 준비할 수 있습니다.

질문 64

 나에게 도움을 준 냉철한 판단은 무엇인가요?

이 질문은 냉철한 판단(원인)이 도움이 된 결과에 대한 내용입니다.
'어떤 냉철한 판단이 나에게 도움이 되지'가 아닌
도움이 됐든 과거의 경험이며 결과가 나타났든 이야기여야 합니다.
생각, 사고, 감성, 습관 등에서 너무 힘들기도 했지만 냉철한 판단으로 좋은 결과가 났던 이야기도 평범한 이야기일 수 있고 성공 스토리일 수 있습니다.

30대에 10년 동안 꿈을 좇았지만 연봉 1,000만 원 수준을 벌다 포기하고 직장에 들어가 연봉 3,000만 원을 받게 돼 만족한다는 이야기,
40대 후반에 능력남으로 20대 여성에게 충분히 어필할 수 있다며 연애를 못 하다 연령대를 30대로 높여 연애를 하게 됐다는 이야기,
5년 이상 강사의 직업을 가졌지만 강의 능력(발음, 말투, 내성적)이 약하다는 지속적인 평가를 받아들여 과감히 포기하고 부서를 이동한 이야기,
대한민국 최고 부자 삼성전자 이건희 회장과 같은 동네에 살면 장기적으로 집값이 상승될 거라며 관악구, 중랑구의 집을 보다 용산구 한남동으로 이사하여 이익을 본 이야기 등 많은 사연들을 듣게 됩니다.
당연한 이야기지만 상대의 대답은 상대의 주관적인 대답으로 옳고 그름을 판단하거나 작고 사소한 이야기라고 의미를 축소해서는 안 됩니다.

도움을 준 냉철한 판단의 질문은 감성적인 사람들에게 적절한 질문입니다.
'냉철한 판단'은 냉철하지 못한 판단을 하는 것이 많이 전제되어 있습니다.
그렇기에 과거의 판단으로 얻은 이익, 유익함을 다시 상기시키기 위함입니다.

질문 65

 하루가 40시간이라면 당신의 생활계획은?

하루는 24시간입니다.
수면시간, 출퇴근 준비시간, 이동시간, 업무시간 등을 제외하다 보면
개인의 시간이 그리 많지 않습니다.
퇴근 후 집에서 씻고 저녁 먹으면 늦은 시간이 되고
다음 날을 위해 잘 준비를 하거나 겨우 1~2시간 갖는 것이
일반적인 직장인의 삶일 것입니다.
이 질문의 좋은 점은 2가지입니다.
하루 24시간에서 16시간이 늘어난 하루 40시간 생활계획을 말하기 위해서는
지금의 생활패턴을 말해야 된다는 것입니다.
특히 관심이 있는 상대라면 더욱 유익한 질문일 것입니다.
또 하나는 어떤 생활을 하고 싶은지 상대의 욕구를 알 수 있다는 것입니다.

운동을 하고 싶은지
모임활동을 하고 싶은지
휴식을 취하고 싶은지
투잡으로 돈을 더 벌고 싶은지
자격증 공부나 승진시험에 집중하고 싶은지

시간의 한계상 하지 못했던 욕구들이 이러한 질문을 통해
필터 없이 그대로 노출됩니다.
표면상으로는 재미있는 가상의 질문이지만
내면적으로는 상대의 생활패턴, 욕구, 의도, 전략 등이 그대로 표현됩니다.
나와 상대의 욕구를 자연스럽게 공유, 공감할 수 있습니다.

질문 66

세계 최고가 될 수 있다면
어떤 분야에서 최고가 되고 싶은가요?

이 질문의 최대 장점은 자신의 한계를 넘어서는 사고의 경험입니다. 이 질문은 가상의 질문으로 질문에 자연스럽게 떠오르는 생각을 자유롭게 주고받습니다. 대개는 말이죠.
그런데 현실과 한정 지은 자신의 능력을 대입해
'저는 욕심 없어요'
'제가 뭘 그렇게까지…'
'저는 그냥 제가 하는 일의 보통만 되면 만족해요'
등 소극적인 반응을 보이기도 합니다.
소극적이고 내향적인 상대에게는 '꼭 1등을 해 보고 싶은 일은 무엇인가요?'라는 조금은 작은 질문으로 대체하기도 합니다.

똑같은 일을 한다 해도 성향에 따른 성질은 모두 다릅니다.
관심과 인기를 얻기 위해, 자랑할 수 있는 성취, 좋은 평판이나 명예, 개인이 원하는 존재, 자신의 신념과 의도가 일치해서 등 말이지요.
세계 건축대상을 타고 싶은 이유가
누구에게는 자신의 상상을 현실로 나타내서이고
누구에게는 그로 인해 일들로 이어져 부자가 될 수 있어서이고
누구에게는 100년 뒤에도 존경을 받고 싶어서입니다.
우리는 사회적인 존재로서 사회적인 일을 통해 얻고 싶은 마음을 과장된 질문을 통해 나타나게 됩니다.
더불어 자신의 사고를 탈피하는 경험은
당신의 삶에 긍정적으로 발휘되어 문제의 돌파구 역할을 할 것입니다.

질문 67

 **내가 할아버지, 할머니라면 지금
나와 같은 또래에게 어떤 말을 해 주고 싶나요?**

3인칭 관찰자 시점에서 생각하게 하고 3인칭 화법으로 말하게 합니다. 표면상으로는 다른 사람 입장에서 생각하고 다른 사람을 통해 말하는 태도를 취합니다.
하지만 본질은 자신의 입장에서 생각하고 말하는 것입니다.
우리는 대부분 자신의 한계를 사랑합니다.
그래야 내가 시도하지 않는 이유, 실패한 이유들이 합리화되기 때문입니다.
자신이 성공하지 못한 힘든 이유와 사회적 시스템과 조건 등
지금의 시점에서는 돌파구나 해답을 찾기 힘들 때가 있습니다.
'내가 할아버지 또는 할머니라면'이란….
지금의 시간이 지나 많은 도전에서 얻게 된 성과와 실패, 안정적이고 불안전했던 모든 것에서 벗어난 입장에서 편하게 생각하게 합니다.
욕구와 조건들이 벗어난 상태에서 지금의 나에게 조언을 하는 것도 아닙니다.
'나와 같은 또래'로 에둘러 표현합니다.
불명료한 '나와 같은 또래'란 표현은 누구의 시점에서의 또래일까요?
현재 자신이 생각하고 경험하고 있는 시점의 또래입니다.

대답 속에는 지금의 상태와 이슈, 관점이 녹아 있습니다.

긍정: 단단한 자신감과 긍정의 에너지를 말하는가 하면
부정: 막막한 현실의 어려움 등을 받아들이는 부정적인 대답, 정면돌파나 솔루션 등을
말할 수 있고 위로와 위안을 원할 수도 있습니다.

자신의 해답은 자신만이 알 수 있고 할 수 있습니다.
이 질문의 유익함은 완벽한 자신만의 해답을 자신이 내놓게 한다는 것입니다.

질문 68

한 번쯤 도전해 보고 싶다고
생각만 하는 무모한 일이 있다면

간단한 이 질문에 의외로 30% 정도는 답변을 어려워합니다.
이유는 간혹 나쁜 일이기에 답변을 꺼리거나 그런 것이 없다는 것입니다.
그런데 정작 대화를 나누다 보면 도전이 없어서가 아니라 도전에도 등급을 정해 놓기 때문입니다.
그것은(?) 당연히 도전할 수 없는 것이기에 도전 목록에서 삭제시키는 것입니다. 즉 도전할 수 있는 것만 도전하겠다는 것입니다.

답변을 잘하는 경우 전부터 있던 생각들이 끄집어 나온 것이어서 유쾌한 대화를 나눌 수가 있습니다.
허무맹랑한 대답부터 진지하고 심각한 이야기가 나오기도 하는데
평범한 것인데도 의외로 도전으로 생각하고 시도 못 하는 것들이 많습니다.
단발로 머리 자르기, 이마 드러내기, 드림카 할부 지르기, 자전거 구매하기, 자동차 튜닝하기, 귀농체험, 캠핑, 차박, 짝사랑하는 상대에게 고백하기 등 당장 오늘이라도 도전할 수 있는 일이 많습니다.

도전을 한다는 것은 단순히 시도를 하는 것일 수 있지만
본능을 발산하고 생각을 깨끗하게 행동으로 시도하는 것입니다.
감추어졌거나 미뤄진 욕구를 드러내면서 감정의 해소를 도와줍니다. 운이 좋다면 행동으로 옮겨지는 상황도 볼 수 있을 것입니다.
만약 대답이 위험하거나 불법적인 일이거나 실행할 수 없는 일이라면 행동 속에 숨겨진 의도를 파악하도록 합니다.

질문 69

 무엇이든 살 수 있다면 무엇을 사고 싶나요?

이 질문은 제한이 없다면 무엇을 이루고 싶은가 하는 결핍의 범주화가 목적입니다.
물론 대답은 제한이 없는 상상 속에서나 가능한 일이거나
보너스 수준의 소박한 현실을 말하기도 합니다.

중요한 것은 먼저 답변에서 형이상학적인 것과
형이하학적인 두 가지로 나누는 것입니다.

상대의 마음을 사고 싶다. (형이상학적)
행복을 사고 싶다. (형이상학적)
자유를 사고 싶다. (형이상학적)
리조트에서 살고 싶다. (형이하학적)
공무원 합격증을 사고 싶다. (형이하학적)
삼성전자 주식 1만 주를 사고 싶다. (형이하학적)

물론 우리는 지금껏 그래 왔던 것처럼 답변의 의미를 통해
상대의 욕구를 알아차릴 것입니다.

질문 70

내가 가진 것 중에서
절대 바꾸고 싶지 않은 것은 무엇인가요?

나의 소유물로 양보할 수 없는 꼭 지키고 싶은 것을 묻습니다.
'내가 가진 것'은 불명료한 표현으로 자유로운 대답을 들을 수 있습니다. 우리가 분류해야 할 것은 유형적인 것인지 무형적인 것인지 구분하는 것이 첫 번째고 두 번째는 그것을 선택한 이유, 즉 의미일 것입니다.

자유로운 성향: 자유롭게 시간을 낼 수 있는 생각과 행동 (무형)
안정적인 성향: 중상 이상의 사회적 안정감 (무형)
양면성: 긍정에서도 부정을, 부정에서도 긍정을 보는 관점 (무형)
습관 만들기: 필요한 습관은 반드시 습관을 만듦 (무형)
클래식카: 유지비가 많이 들지만 사람들의 관심과 존재감 (유형)
자전거: 1,500만 원의 고가 제품, 라이딩의 매력과 힐링 (유형)
게임룸: 게임 룸으로 세팅한 나만의 독립된 공간 (유형)
목공 세트: 가구, 건축 무엇도 만들 수 있는 창조 (유형)

상대의 대답 속에서 가장 소중히 여기는 것을 알 수 있습니다.
거기서 유형적인 것과 무형적인 것을 나누지만 결국 가장 소중히 여기는 것의 의미를 알게 되므로 중요한 정보를 알게 됩니다.
유형적인 대답으로 클래식카나 신형 또는 자동차에 관해 대화를 나눌 수 있을 것입니다.
무형의 경우 그것의 반대 신념의 이야기를 피하거나
동의하는 신념이라면 그 주제에 대해 대화를 나눌 수 있습니다.
대화의 질은 높아질 것입니다.

질문 71

 **당신의 인생을 한 편의 영화로 만든다면
제목은 무엇인가요?**

우리의 인생은 여전히 ing…입니다.
연령에 따라 앞으로 30년, 50년, 70년 그 이상의 날이 존재할 것입니다.
한 사람의 인생이 얼마나 다양하고 파란만장하며 독창적인지 아실 겁니다.
단 하나의 키워드 또는 한 문장으로 담을 수는 없을 것입니다.
하지만 하나의 키워드, 한 문장으로 표현될 경우 특색을 띠게 됩니다.

날개 없는 추락, 절망에 관하여, 쳇바퀴 도는 인생, 삶의 그늘이라면 그 사람의 인생이 어느 정도 짐작이 가실 겁니다.
다행스럽게도 이런 대답을 들어 보진 못했습니다.
왜냐하면 우리의 인생은 아직 남아 있고 기대와 희망이 있기 때문입니다.
대답은 지금의 현재 상황 그리고 앞으로의 계획, 목표, 꿈, 의도 등 전체성을 담고 있습니다.
불굴의 의지, 결국 이루는 삶, 영향력 있는 삶, 전설적인 여의도 투자자, 노숙자에서 400억 자산가가 되기까지, 디자인의 뮤즈 되다, 행복전도사, 즐거운 아티스트의 삶, 1,000명의 아이를 지원한 봉사의 아버지, 목사의 길 등 제목을 통해 인생의 전체성이 명료하게 나타납니다.
나타나는 정체성으로 콘셉트가 드러나고 콘셉트에 따라 전략이 정해지기도 하며 세우기도 합니다.
그 제목에 맞게 핵심 가치로 연결됩니다.
만약 상대가 책을 좋아하는 사람이고 음악, 노래 등을 좋아한다면
'당신의 인생을 책으로 출간한다면 제목은 무엇인가요?'
'당신의 인생을 음반으로 발매한다면 제목은 무엇인가요?'로
유연성 있게 사용해도 좋습니다.

질문 72

 **내 인생이 영화로 상영되었습니다.
가장 많은 박수를 받은 장면은 무엇인가요?**

누군가의 인생이 영화로 상영되었습니다.
콘셉트나 관점, 편집에 따라 같은 영상이라도 큰 차이가 납니다.
예능, 희극, 리얼리티로 미화하거나 폄하할 수도 있습니다.
각자의 관점과 장르로 자신의 인생을 상영하였습니다.
그런데 거기서 가장 많은 박수를 받은 장면을 묻습니다.
'가장 많이 박수 받은 장면'이란 질문은 평범해 보이지만 광범위한 질문으로 무궁무진한 대답을 도출시킵니다.
콘셉트나 관점, 편집에 따라 또는 액션 신, 러브 신, 영상미 등 장면의 관점이 모두 다르기 때문입니다.
누군가의 100년의 인생에서 한 장면을 선택한다는 건 어마어마한 일입니다.
그 장면의 의미를 안다는 것은 상대의 중요한 정보를 얻는 것입니다.

전교생이 박수 치는 단상에 올라 우등상을 받는 공식적인 인정
리더십으로 팀원을 이끌어 우승을 이끈 환희
퇴사를 하고 열정으로 시작한 인생의 전환점
뜻하지 않은 임신이었지만 가정을 이룬 책임감
부모님의 병간호를 하며 묵묵히 이겨 냈던 일상
3대를 이룬 가족 간의 식사 장면
동료의 배신으로 전 재산을 날리고 재기를 다짐했던 노을 진 강변
아무도 관심을 가지지 않던 상가 인수로 큰 성취의 계기가 됐던 안목과 결단
한 장면은 대개 성향, 신념과 연결된 경우가 많습니다.
그리고 인정받고 싶은, 인정해 줬으면 하는 자랑스러워하는 한 면의 욕구를 알 수 있습니다.

질문 73

내 인생이 영화로 상영되었습니다.
사람들의 반응이나 리뷰는 평점은?
평점을 올릴 방법은 무엇일까요?

영화로 상영된 사람들의 반응, 리뷰, 평점에 대해 즐겁게 대화를 나누십시오.
이 질문의 포인트는 '평점을 올릴 방법은 무엇일까요?'입니다.
자신의 인생을 긍정적으로 자신이 원하는 방향으로 영화는 상영되었습니다. 그 영화로 만족스러운 결과와 사람들의 반응이나 리뷰, 평점에서 충분히 누릴 것입니다.
다 끝난 줄 알았던 피날레에 한 가지 질문이 슬쩍 껴들었습니다.
'평점을 올릴 방법은 무엇일까요?'

인간이라면 적용받는 무의식의 주요 원리 중 '더 많은 것을 추구한다'입니다.
부족했던 욕구를 이루고 충분히 원하는 결과를 이루었다 해도 더 많은 것을 추구하고 요구하게 됩니다.
더구나 평점은 만점을 받지 못합니다.
만점을 주었다 해도 이 질문으로 만점을 부족하게 만듭니다.
만족하고 큰 호응을 받았던 결과물에 더 큰 도전, 더 큰 관점을 요구받습니다.
자동차 튜닝의 세계에 이런 말이 있습니다. '나만 아는 튜닝.'
남들은 전혀 모르지만 본인만 큰돈을 들여 만족하고 그 차이를 아는 것입니다.
이 질문이 파워풀한 것은 자신만이 알고 해야 하는 개선사항들,
더 보태고 싶은 옵션들, 솔루션을 스스로 말하게 하기 때문입니다.
누군가가 '넌 이게 바뀌어야 해, 넌 이걸 해야 돼'라고 말하지 않고 스스로 말하게 되는데 이것이 가장 파워풀합니다.
자유의지의 직관적인 자신만의 대답으로 당시에 낼 수 있는 가장 좋은 최적의 옵션과 솔루션이기 때문입니다.

질문 74

 **지금, 저승사자가 나타나 당신을 데려가려 합니다.
마지막으로 누군가에게 남기고 싶은 말은 무엇인가요?**

참으로 재미있는 질문입니다.
1년 후, 하루, 1시간 뒤도 아닌 지금, 저승사자가 당신을 데려가려 합니다.
지금, 지금 말이지요.
무엇도 챙길 수 없습니다.
마지막으로 누군가에게 남길 수 있는 말 정도의 시간뿐입니다.
우리는 긍정의 욕구나 부정의 욕구가 해소되길 바랍니다.
우리는 욕구를 해소하려는 행태를 취하게 되는데 긍정이나 부정의 성질을 띱니다.
이때 조만간, 언젠가는, 기회 될 때 하려고 했던 마음이 드러나는데 부모님에게 감사함을, 배우자에게 사랑의 감사함을, 지인에게 용서를 빌거나 용서하는 것으로 해소하려고 나타나는 것입니다.
이 부분에 대해 충분한 대화를 나누었을 때 기회가 된다면
한마디를 덧붙이길 바랍니다.
"지금 그 사람에게 그 말을 해 보는 건 어떨까요? 지금이요!"

이러한 방법은 코칭이나 상담에서 1회기로 할애합니다.
그 대상에게 하고 싶은 말을 글로 쓰게 하고
읽게 하고 가상으로 대상자의 역할이 되어 반응을 해 줍니다.
그리고는 눈빛을 바라보며 "이제 그 사람에게 진짜로 해 줍시다"라고 합니다.
'30분의 시간을 드릴 테니 통화 후 상담실로 다시 오십시오.'
대부분은 환희의 찬 감동의 눈물을 흘립니다.
그동안 미루어 왔던 찌꺼기처럼 남아 있던 감정이 해소된 카타르시스가 일어나기 때문입니다.
가능하다면 당신도 이 작업을 꼭 해 보길 바랍니다.

질문 75

저승사자에게서 도망친 당신!
보너스로 얻게 된 삶! 어떤 인생을 살 것인가요?

축하합니다.
저승사자에게서 도망쳐 계속해서 삶을 유지할 수 있는 축복을 받은 당신, 축하합니다.
모든 것이 끝날 처지에서 다시 영위하게 되었습니다.
이제까지 없던 것이었는데 보너스로 얻게 되었습니다.
완전한 무에서 무한하고 유한한 유를 창조할 수 있게 되었습니다.
이 질문에서 '어떤 인생을 살 것인가요?'는
'어떤 다른 삶으로 살 것인가요?'가 전제된 질문입니다.
즉 티 나지 않게 '이제 어떤 다른 삶을 살 것인가요?'를 묻습니다.

자신이 원하는 삶에 집중하겠다.
도전과 즐거움을 위해 1년간 세계여행을 떠나겠다.
집 안에 있는 물건 70%를 버리겠다.
꿈에 매달리지 않고 현실적으로 취직하겠다.
형편 때문에 미루어 왔던 프러포즈를 하겠다.
투덜대기만 했는데 직장생활을 이제부터 잘하겠다.
배우고 싶은 강좌에 등록하겠다.
아파트를 처분하고 건축사무소에 전원주택을 의뢰하겠다.

이 질문의 의도는 조건 때문에 하지 못했던 긍정적인 변화에 대해 생각하게 합니다.
결핍, 욕심, 조건, 상황 등 때문에 하지 못했던 묶어 왔던 제한들이 사라졌을 때 순수한
의도를 알게 하고 긍정적인 삶을 상상하게 합니다.

질문 76

함께하고픈 반려동물은?
- 동물을 좋아하는 경우 -

동물은 사람과 같이 생활하지만 사람에게 즐거움을 주기 위해 기르는 뜻으로 '애완동물'이라 불렸습니다.
그런데 어느샌가 '반려동물'이란 네이밍이 그 자리를 차지해 버렸습니다. 이제는 사람에게 즐거움을 주는 외에 더불어 사는 동물로 존중하며, 더불어 살아가는 존재의 의미가 되었습니다.
자녀를 대신하거나 대체하여 키우기도 하고
가족과 동등하게 인식하기도 합니다.
심지어 우선순위가 아이, 노인, 여성, 반려동물, 남성의 순이라고도 합니다.

'함께하고픈 반려 동물은 무엇인가요?'란 질문에 많은 종류의 동물과 많은 종류의 품종을 이야기할 것입니다.
아시다시피 이제 우리는 표면적인 동물과 품종보다도
반려동물에게 두고 있는 의미에 집중해야 한다는 것을 알고 있습니다.

- 일관적이다.
- 나를 반기는 존재다.
- 본능에 충실하다.
- 내일 일을 걱정하지 않는다.
- 조건 없이 따르고 좋아한다.
- 부지런하게 해 준다.

우리는 상대의 대답에서 좋아하는 이유,
앞으로 채워졌으면 하는 욕구와 바람 등 다양한 잠재적 이슈를 알 수 있습니다.

질문 77

 당신의 미래를 색으로 표현하자면?

《최면언어로 커뮤니케이션하라》가 나온 첫날
신간 서적에 사인 중이었습니다.
그 자리에 '갑빠오'라는 아티스트와 자리를 함께하게 됐습니다.
분위기가 범상치 않다고 생각하는 와중에 소개를 받게 됐습니다.
이탈리아에서 예술을 전공했고 때마침 있던 그의 작품에 감탄하던 중 사인을 요청받았습니다.
뭐라고 쓸까 망설이다….
'아티스트 갑빠오 님은 어떤 색상을 좋아해요?'란 질문에 대답을 듣고 바로 다음 질문을 합니다.
'자신의 미래를 색으로 표현한다면 어떤 색상일까요?' 하자
'노란색이요. 밝고 편안하게 느껴지거든요' 하는 것이었습니다.
자신의 의도를 잘 나타낸 색이어서일까요.
그의 가방도 노란색이었습니다.
이야기를 마치고 자연스럽게 '밝고', '편안함'의 키워드를 활용하여 사인을 마친 후 책을 건넸습니다.
하나의 팁을 드리자면 처음 '가장 좋아하는 색은 무엇인가요?'의 대답에 이유를 묻지 않았습니다.
다음 질문으로 넘어가 자신의 미래를 색으로 표현해 달라고 물었을 때 대답이 자연스럽게 바로 나올 수 있었던 것은, 이유를 묻지 않았기에 두 번째 질문에 자연스럽게 답변이 나온 것입니다.

이를 통해 밝음과 편안함을 추구하는 의도를 알아차렸고
상대와의 커뮤니케이션에서 밝으면서도 편안한 흐름으로 대화하면 될 것입니다.

질문 78

생을 다하고 신에게 갔을 때
신은 당신에게 어떤 말씀을 해 주실까요?

신은 종교를 믿는 사람이나 믿지 않은 사람이나 차이는 있습니다만 초인간적, 초자연적 위력을 가진 절대적인 존재의 관념은 비슷하게 가지고 있습니다.
모든 삶이 끝나고 신에게 갔을 때, 신에게 말씀을 듣는다면
인정, 칭찬, 위안, 꾸지람 그 무엇이 되었든 평가를 받기 원합니다.

대답을 들어 보면
- 수고했다.
- 잘 살았구나.
- 난 네가 자랑스럽구나.
- 많이 애썼다.
하며 안아 주셨으면 좋겠다고 합니다.

하지만 이런 대답은 신의 입장이 아닌 자신의 입장, 자신이 원하는 평가입니다.

우리는 열심히 했지만 티가 나지 않아 상대가 몰라주면 서운해합니다. 인성을 칭찬하는 상대에게 인성보다 실력을 칭찬해 주기를 바라기도 하고 섬세함을 알아주는 상대에게 리더십을 알아주기를 바랄 때가 있습니다.
더구나 전지전능하신 절대적인 존재가 인생을 평가하는 데에 있어 부족한 부분을 덮어 두고 잘한 부분을 알아봐 주시기를 바랍니다.
자신의 인생에서 어떤 평가, 어떤 방식, 어떤 요소를 인정받고 싶은지 욕구와 관점의 방향을 알 수 있습니다.

질문 79

 **내가 알고 있는
행복한 사람들의 공통점은 무엇인가요?**

행복한 사람들의 공통점을 물어 일반적인 대답을 요구하지만
이 대답은 일반적인 행복한 사람들의 공통점이 아닌
자신의 행복의 정의가 나오는 것입니다.

걱정을 하지 않는 사람이요.
주변에 좋은 사람이 많은 사람이요.
유쾌한 사람이라고 생각합니다.
감사함이 많은 사람이더군요.
확실한 취미가 많은 사람이요.

이러한 상대의 대답 속에는
본인만의 행복 솔루션의 단서가 드러납니다.
주변에 좋은 사람이 행복한 사람들의 공통점이라면
주변에 좋은 사람과 친분을 교류하거나
자신이 좋은 사람이 되어 주면 됩니다.
유쾌한 사람이 행복한 사람들의 공통점이라면
의도적으로 유쾌하게 지내면 됩니다.

확실한 취미가 행복한 사람들의 공통점이라면
확실한 취미를 가지려고 노력하면 될 것입니다.
내가 알고 있는 행복한 사람들의 공통점은
내가 알고 있는 행복의 열쇠입니다.

질문 80

단 한 발의 큐피드 화살이 있다면
누구에게 사용하고 싶은가요?

로마 신화에는 사랑의 신으로 큐피드가 나옵니다.
사랑의 화살이라는 큐피드의 금 화살을 맞으면 처음 본 사람을
사랑하게 된다고 합니다.
젊은 남녀에게나 어울릴 듯한 질문으로 느껴집니다.
하지만 여기서 나오는 큐피드 화살은 상대에 따라 광범위하게 사용되길 바랍니다.
수업 중 질문카드에서 이 질문이 나왔습니다.
상대는 50대 중반이라 다른 질문으로 바꿀까 하다 재미로 해 보았는데 뜻밖의 대답과
많은 이슈들이 터져 나왔습니다.

- 잘 돌보지도 못한 결혼을 앞둔 딸에게 아버지로서 용서를 구하고 아버지로서 사랑을
  받고 싶다는 이야기
- 은둔형 아들과 대화다운 대화를 나눈 지 10년이 넘었지만 이제라도 관계를 회복하고
  싶다는 이야기
- 배우자가 자녀들에게만 관심을 보이고 대답조차 잘 하지 않는 상황과 자신에게도
  관심을 바란다는 이야기

많은 관계에서의 이야기로 발전됩니다.
그렇기에 사랑의 신 큐피드의 화살은 누군가의 관심, 사랑을 받을 수 있는 화살로
광범위하게 해석하여 사용하도록 합니다.
가장 신경 쓰이는 관계, 껄끄러운 관계, 개선하고픈 관계, 관심 있는 관계 등 상대의
화살 사용처의 용도와 의도를 알 수 있습니다.

질문 81

 ## 다른 사람이 나의 마음을 얻기 위한 전략은 무엇인가요?

마음에 드는 이성, 직장상사, 거래처 담당자, 친하게 지내고 싶은 학우 등
우리는 상대방에게 호감을 얻고 잘 보이려는 무의식적 전략이 있습니다.
안타깝게도 자신이 자신의 전략을 쉽게 알아차리지 못합니다.
어쩌면 '전략'이라는 단어가 정서적으로 방해를 해서인지도 모르겠습니다.
전략은 나쁜 것이 아닙니다.
과거에 지속적으로 어떤 특정 결과를 냈던 내적, 외적 경험들을 모아 놓은 것으로
우리가 하는 모든 일이 포함됩니다.
전략에 따라 일상 활동을 만들어 내고 유지합니다.
일을 끝내느냐의 여부는 의식적, 무의식적인 전략이 좌우합니다.
그런데 가장 중요한 자기 자신에게 효용적인 적용될 전략 질문에 대답이 쉽지 않기도
합니다. 전략을 짜는 주체자의 역할만 해 왔기 때문입니다.

'예의가 있어야 한다', '먹을 것을 잘 사 주면 된다', '순수한 의도가 있어야 한다',
'리액션을 잘 해 주어야 한다', '적극적으로 호감을 표시해 줬으면 좋겠다' 등의 대답이
나오기도 하며 의외로 잘 모르겠다는 대답도 흔하게 나옵니다.
해답을 못 찾을 경우 '싫어하는 것을 안 했으면 좋겠다'의 대답으로 대체되기도
합니다.
'약속 시간은 절대 늦어선 안 된다', '투덜투덜대는 사람은 싫다', '말을 막 하는 사람',
'습관처럼 중간중간 욕을 섞어 쓰는 사람' 등으로 말이죠.
질문을 통해 알게 된 자신만의 전략(좋아하는 성향, 관점, 방식, 취향)을 인식하고
대화에서 좋아하는 것이라면 맞추고, 싫어하는 것이라면 피하면서 상대방에게 맞는
주관적 커뮤니케이션을 이어 나가도록 합니다.

질문 82

 **가장 싫어하는 사람의 마음을 얻어야 한다면
당신의 전략은 무엇인가요?**

가장 싫어하는 사람이라면 안 보면 될 것입니다.
그러나 그것은 사회적, 현실적으로 불가능한 일일지도 모릅니다.
군대선임, 직장 동료와 상사, 심사위원인 논문교수, 거래처 담당자 등 계속 볼 수밖에 없는 환경이 있습니다.
대개는 사무적으로 대하기, 무반응하기, 싫은 티를 나타내기 등
나름대로의 전략을 구사하고 있습니다.

가장 싫어하는 상대라도 사랑을 받고 존경을 받고 그를 아끼는 주변 사람이 있습니다.
인정하기는 싫겠지만 나를 가장 싫어하는 사람도 분명히 존재합니다. 어쩌면 생각보다 그 수가 많을지도 모릅니다. 그런 의미에서 우리는 똑같습니다.
어쨌든 가장 싫어하는 사람의 마음을 얻도록 전략을 구상하여 마음을 얻어 봅시다.

우리는 사회적이고 복합적인 관계 속에서 좋아하는 사람하고만 관계를 맺을 수 없습니다. 오죽하면 항상 어디에도 존재한다는 '또라이 질량보존의 법칙'이란 말이 있을까요.
그렇다고 그 또라이 때문에 관계 파괴, 모임 불참, 퇴사, 계약 무산 등 계속해서 피하는 것이 아닌 정면돌파도 필요합니다.
나의 방식은 나의 것이지 상대나 어떤 단체의 것도 아닙니다.
가장 싫어하는 대상의 마음을 훔쳐 낼 수 있다면 그 무엇도 가능하지 않을까요?

질문 83

 부모님에게 했던 가장 큰 효도는 무엇인가요?

우리는 학교 선배, 직장 선임, 후임, 거래처 담당자, 모임의 사람들…. 주변 사람들에게 좋은 평판을 얻으려 합니다.
하지만 정작 부모님에게는 마음과 달리 쉽지 않습니다.
코칭, 상담, 수다에서도 같은 동성끼리 있을 때엔 못된 인성을 가지고 있어도 이성을 만났을 때 착한 척, 친절한 척, 올바른 척을 하는 사람이 있습니다. 그런 의미에서 이 질문은 인성을 가늠할 수 있는 힌트가 될 수 있습니다.

- 틀니 할 때 500만 원 드린 거요.
- 2~3년 주기마다 해외여행 보내 드려요.
- 자동차를 바꾸어 드렸어요.
- 신축 빌라 해 드렸습니다.
- 특별히 해 드린 건 없고 매달 소정의 용돈을 드리고 있습니다.
- 적적해하셔서 반려견을 입양해 드렸습니다.
- 일주일에 5번 정도 문안 전화합니다.
- 주일마다 교회에 모셔다드립니다.
- 결혼을 하고 손자 손녀를 안겨 드렸습니다.

꼭 거창한 효도가 아니더라도 우리는 효도에 대해 생각해 보는 좋은 기회를 가질 수 있습니다.
사실 우리가 아무리 부모님에게 잘해 드린다 해도
우리가 받은 사랑에 비하면 그것은 너무나 보잘것없는 것들입니다.
이 질문으로 인해 부모님의 대한 감사함, 앞으로의 노력, 상대의 인성 등 다양하고 풍요로운 커뮤니케이션이 가능합니다.

질문 84

 TED에서 강의 의뢰가 온다면 주제는 무엇인가요?

정확한 뜻은 Technology Entertainment Design 비영리 기술, 오락, 디자인 강연회입니다.
주제를 제한하지 않고 세상에 퍼뜨릴 만한 아이디어
지식과 경험을 나누는 강연회입니다.
18분 안에 강연을 마무리해야 하는 특징이 있습니다.

세계적인 강연회로 수억 명이 보는 플랫폼에서 강연을 한다면
어떤 주제로 할 수 있을까요?
인간의 본능은 누구나 자기 이야기를 하고 싶어 합니다.
선한 영향력을 끼치길 바랍니다.
각자 고유의 독창성과 아이디어로 독특한 표현력을 가지고 있습니다. 나는 내성적인 데다가 글솜씨도 없고 말솜씨도 없고 그렇게 나서고 싶지 않다는 분도 계시지만 이것은 개인의 욕구가 아닌 인간의 본능입니다.

- 습관은 운명을 바꾼다.
- 더 나은 사람이 되기 위한 방법
- 생활 아티스트가 되자.
- 관계중독을 끊는 법

강연의 주제는 대단한 것일 수 있고 평범한 것일 수 있습니다.
간혹 대답을 어려워하는 경우, 상대가 편하고 자신 있게 이야기할 수 있도록 평범해(?) 보이는 예시를 드는 것도 도움이 될 수 있습니다. 자신의 지식, 경험, 아이디어를 생각해 보고 표현해 보는 것만으로도 유익한 경험과 시간이 될 것입니다.

질문 85

 **당신과의 식사경매가 10억 원에 낙찰되었습니다.
낙찰자에게 어떤 말을 해 줄 건가요?**

이 질문은 약 10년 전부터 사용한 것 같습니다.
워런 버핏 식사 경매가 10억쯤 낙찰되어 해외 토픽을 보고 영감을 얻었습니다.
고등학생부터 기업의 CEO까지
호응과 효용성과 관련된 훌륭한 질문이라 할 수 있습니다.
워런 버핏의 식사경매는 점차 올라 35억, 54억 원까지 낙찰되었습니다.
점심식사 시간으로 54억을 지불하게 되면 듣는 입장이 아닌 말해야 하는 입장이
궁금해졌습니다.
어떤 마음가짐, 생각, 메시지를 준비할까? 라는 생각을요.
상대가 시시하게 생각하고 돈이 아깝지 않게 하려면 54억의 값어치가 있는 메시지가
필요할 듯하니까요.

생각해 볼 수 있을까요?
누군가 당신과의 식사로 10억에 낙찰되었습니다.
당신은 10억을 낸 사람과 식사를 하며 이야기를 해야 합니다.
상대는 기대하고 있고 설레하고 있습니다.
식사를 마치고 만족스러운 상태로 돌아가길 바랍니다.
자신이 가진 사고, 경험, 아이디어, 노하우, 솔루션 등이
상대에게 10억 원의 가치 그 이상의 값어치를 느끼게 하고 싶다면
낙찰자에게 어떤 말을 해 줄 것인가요?
이 대답을 찾기 위해 당신은 보석과 같은 내적 자원을 탐색하게 될 것이고 어렵지 않게
발견하게 될 것입니다.

질문 86

 나의 사회성 점수는 10점 만점에 몇 점인가요?

우리는 국가에 속해 있고 사회에 속해 있습니다.
우리는 사회를 살아가는 사회인입니다. 사회성은 반드시 필요합니다.
독일의 철학자 L.A 포이어바흐의 "인간의 본질은 인간과 인간을 연결하는 공동체 안에 있는 것이다"라는 말을 빌리지 않더라도 우리는 사회 속에 구성되었다는 것을 알고 있습니다.
사회성이 좋다는 것은 동의어로 '적응을 잘한다'는 것이고 '잘 살아간다'라고 할 수 있습니다. 모든 것에는 양면성이 있고 또한 삐딱하게 표현할 수 있습니다.

- 상대가 좋아할 만한 말만 하는구먼.
- 상대가 좋아할 만한 짓만 하는구먼.

회사원이 회사의 방침을 따라야 할까요?
회사가 회사원 개개인의 요구를 다 따라 주어야 할까요?
팀원이 팀장의 업무지시를 따라야 할까요?
팀장이 팀원 개개인에 맞추어 업무를 주어야 할까요?
이론적으로도 이것이 가능은 한 것일까요?

우리가 살고 있는 사회는 '너' 없이 '내'가 존재할 수 없고
'우리'가 없이는 '내'가 존재할 수 없다는 것이 엄연한 사실입니다.
개인성은 개인에게 적용하고 사회적인 환경에서는 사회성을 발휘해야 합니다.

정답은 없습니다만 심리학적으로 주관적 점수는 60%. 6점 이상은 되어야 합니다.
더 높은 점수에 가기 위한 개인의 방법을 물으면 될 것입니다.

질문 87

 나의 사교성 점수는 10점 만점에 몇 점인가요?

우리가 살아가면서 느끼는 중요한 일반적인 영역은
일에 대한 영역과 관계에 대한 영역입니다.
지금까지 모든 걱정, 고민, 나의 이슈부터 지인들 이슈까지 생각해 보길 바랍니다.
결국 이 두 가지 영역이 대부분일 것입니다.
사교성은 개인의 인간관계뿐만 아니라 일의 영역에도 영향을 끼칩니다.
직장상사, 동료, 후임, 협력사, 거래처까지 말이지요.

기본적으로 사교성이 좋은 사람은 일반적으로 삶의 질이 높습니다.
잠깐 생각해 보실까요?
사교성이 있는 사람과 무뚝뚝하고 내성적인 사람 중에
누가 더 연애를 잘할까요?
누가 더 화해를 잘할까요?
누가 더 밝고 유쾌한 분위기를 잘 만들까요?
누가 더 많은 도움을 받을 수 있을까요?
누가 더 좋은 평판을 받을 수 있을까요?
누가 더 사람과의 관계에서 만족을 느낄 수 있을까요?
다양한 이름으로 불리는 붙임성, 사귐성, 사교술은 대단히 중요합니다. 물론 부정적인 사교성은 제외한 긍정적인 사교성을 말하는 것입니다. 나쁘고 부적절한 사교성, 감당이 되지 않는 무분별한 사교성은 제외합니다.
개인성은 유지하되 필요시 사교성을 얼마나 잘 발휘하느냐는 중요합니다. 자신의 사교성을 측정 가능한 점수로 말할 수 있으며 직관적으로 알 수 있어 유용합니다.

질문 88

 ## 지금 당장 10년이 젊어진다면 무엇을 시작하시겠습니까?

가벼운 질문으로 상상만 해도 행복한 질문이군요.

초기 대화에서 분위기 전환용으로 좋습니다. 그렇지요?

이 질문은 지금은 어렵거나 하지 못하는 욕구를 나타내도록 합니다. 스스로 제한하는 생각, 조건과 환경부터 터무니없고 재미있는 이야기 속에서도 개인의 이슈가 나올 확률이 높습니다.

재미있는 이야기대로 대화를 하거나 이슈가 나온다면 그것을 캐치해 상황에 맞추어 건강하게 욕구를 채워 주도록 할 수 있습니다.

그때부터 운동해서 몸 관리를 했었어야 해:

'요즘 PT 받는 게 대세잖아. PT 끊어서 운동 시작하자.'

집중 잘 될 때 그 자격증을 취득했어야 했는데:

'1년이 아니라 2~3년 잡고 준비해 보자.'

마음에 드는 이성에게 막 대시할 거야:

'결혼정보회사나 데이트 앱부터 시작해 보는 건 어때?'

더 넓은 질문으로 '10년 뒤에 오늘을 이야기한다면 무엇을 시작했었어야 해'라며 지금 할 수 있는 일에 집중하게 할 수도 있습니다.

미루어 왔던 것을 앞당기거나 실행할 수 있는 가능성이 만들기도 합니다. 부담 없는 질문으로 기분이 좋기에 좋은 상태, 긍정적인 내적 상태가 되도록 합니다.

질문 89

 **내적이나 외적으로 이것만 바꾸면 완벽해질 당신,
이것은 무엇인가요?**

이 질문의 의도는 크게 두 가지입니다.
첫째는 외적인 편인가? 또는 내적인 편인가? 입니다.
외적인 경우 관심 분야가 광범위합니다,
다른 사람과 함께하길 원하고 사교적이고 표현을 잘합니다.
내적인 경우 깊은 관심에 의해 선택하고 차분한 분위기를 선호합니다.
혼자 시간 보내기를 좋아하고 생각이 정리되길 원합니다.

둘째는 선택한 부분이 부족함을 채우는 균형에 초점되어 있는지
이미 충분한데도 충분한 것에 집중되어 있는지를 체크하는 것입니다. 이미 겉모습은
충분히 화려함에도 외적인 헤어스타일, 패션, 미용 등을 선택했는지 균형적인 사고,
마인드와 같은 내적인 것을 답변했는지를 분류합니다.
또는 반대의 경우인지를 말이지요.
대화 속에서 자신 있어 하는 부분과 콤플렉스가 노출되기도 합니다.

탈모가 콤플렉스인 상대에게 '정말 탈모가 심하구나' 하며
콤플렉스의 경우 장난이나 언급은 되도록 피하도록 합니다.
피부에 자신 있어 하는 상대라면 '피부가 백옥 같아. 부러워.
어떻게 관리해? 나도 알려 줘'라며 칭찬을 할 수 있습니다.
다이어트의 의지가 강하고 계획이 있는 답변이라면
계획을 지지하거나 응원, 소개, 안부 인사 등으로 활용할 수 있습니다.
답변을 외적, 내적으로 나누고 의지, 계획, 자랑, 콤플렉스 등으로 분류하여 대응하며
대화합니다.

질문 90

10년 후 당신의 이름 앞에 수식어를 붙인다면 어떤 말을 쓰고 싶나요?

10년 후에 바람은 목표, 미션, 의도의 결정체라 할 수 있습니다.
관계에서 되고 싶은 의도나 일에 관해서 추구하고 싶은 수식어는
인간의 최고 욕구라 할 수 있는 존재와 연결되어 있습니다.
보이는 것이고 측정이 가능하고 현실적인 형이상학적 답변과
보이지 않는 측정이 불가한 감성적인 형이하학적 답변으로 나뉩니다.

인간의 사회적 욕구는 닥터 그레이브의 8가지 욕구 이론에서처럼
생존-관계-배움-승진-성공-존중-해결-기여로 거치게 되는데
이번 질문으로 모든 단계를 뛰어넘는 맨 마지막, 상위의 방향성을 알 수 있습니다.

기여: 인류에 도움이 되는 영향을 생각하고 의사결정을 한다.
해결: 공동의 문제를 해결하기 위해 개인적인 돈, 시간, 에너지를 사용한다.
존중: 다른 사람들을 존중하고 피해가 되는 행동은 하지 않는다.
성공: 자신의 판단력과 능력을 믿고 외부에 의존하지 않으며 자립적이다.
승진: 존중받고 가치 있는 사람이 되기 위해 협동한다.
배움: 개인의 발전을 위해 공부, 훈련, 경험에 집중한다.
관계: 자신이 속해 있는 공동체에서 관계 개선에 노력한다.
생존: 먹고사는 것에 큰 관심을 가지고 있다.

상대의 욕구에서 상위의 단계, 최고의 단계, 궁극적인 의도의 정보를 알 수 있고,
그것이 형이상학적, 형이하학적 어느 영역에 포함되었는지를 알 수 있습니다.

질문 91

 ## 이성이나 배우자를 선택할 때
가장 고려하는 사항은 무엇인가요?

생각이 맞아야 해, 성격이 맞아야 해, 간섭을 안 했으면 좋겠어, 즐거워야지, 재미있는 사람, 잘생김, 예쁜, 능력, 재산, 성실함, 직업, 회사, 학벌, 내 말을 잘 들어주는 사람 등….
개인의 취향이기에 판단 없이 상대의 대답을 경청합니다.
우리는 여기서 하나의 질문이 필요합니다.
"그러한 사항은 자신과 비슷해서인가요? 아니면 자신과 달라서인가요?"

비슷해서라면 상대가 말했던 부분을 받아들이는 것이고
달라서라면 반대로 쉽게 추정할 수 있습니다.
춥다면 따뜻한 것을 원한다는 것이고
낮 시간을 좋아하지 않는다면,
밤 시간을 좋아할 확률이 높듯이 말입니다.
서로 달라서라면,
내 말을 잘 들어줬으면 좋겠다는 것은 상대가 주도적이라는 것이고
사회적으로 안정적이었으면 좋겠다는 것은 상대가 안정적이지 않다는 것이고
상대가 재미있었으면 좋겠다는 것은 상대가 조용하거나 차분하다는 것으로 해석해도 큰 무리는 없습니다.
이러한 답변으로 상대의 이성관, 주요 성격, 원하는 상대의 성격을 쉽게 알 수 있습니다.
즉, 나와 상대의 유사성을 선호하는지,
다름과 보안성을 선호하는지를 말이죠.

질문 92

 당신이 대통령 선거에 나가게 된다면 핵심공약 3가지는 무엇인가요?

이번 질문은 사회 전반적인 관심 분야와 상대의 탁월성(남보다 두드러지게 뛰어난 성질)을 알 수 있습니다.

사회적 관심 분야로 의료, 여성, 고용, 주거, 교육, 인권 분야부터 외교, 국방무기, 국방비 협상, 투기를 막는 것, 집값 억제정책, 공권력 강화, 산업 분야, 경제 분야, 사회복지 분야 등 많은 분야의 대답이 나올 것입니다.
그 공약들은 표면적인 이야기일 뿐이고 공약이 나온 핵심요소를 말이지요. 청렴성, 규칙성, 시스템, 투명성, 신뢰성, 성장성, 안정성 등 무엇이 그 공약들을 나오게 했는지를 말입니다.
그것은 곧 그 사람의 탁월성과 연결되어 있기 때문입니다.
그런데 각자마다 가지고 있는 이 탁월성이 좋게 나타나기보다는
수동적 공격성으로 나타나는 경우가 많습니다.

떨어진 쓰레기를 보고 그냥 스쳐 지나갑니다:
　이슈가 없고 탁월성이 없습니다.
떨어진 쓰레기를 보고 그냥 주어 쓰레기통에 버립니다:
　이슈가 처리되었고 탁월성이 발휘되었습니다.
떨어진 쓰레기를 보고 짜증을 내거나 화를 냅니다:
　이슈가 발생되었고 탁월성이 공격성으로 나타납니다.

상대의 관심 분야, 어느 분야와 특성에서 탁월성이 발휘되는지
또는 수동적 공격성으로 나타나는지를 알 수 있습니다.

질문 93

 생애 처음으로 들었던 칭찬은 무엇인가요?

AI 커뮤니케이션 100가지 질문 편은 여러분이 생각하는 것 이상으로 심오하며 많은 것들과 활용할 수 있는 것입니다.
'질문 편'에 이어 '활용 편'의 공개 여부를 고심하고 있는데 악용될까 하는 우려 때문입니다.
간단하게 보이는 질문과 질문의 설명으로 보이시겠지만
심리와 최면적 요소를 활용하여 나쁘게 사용할 경우
누군가의 인생을 망치게 할 수도 있습니다.
평범해 보이는 이번 질문은 특히 가장 중요한 질문 중 하나입니다.

생애 처음으로 들었던 칭찬으로 기억한다는 것은 그 대상에게 강력하게 작동합니다.
3살, 7살, 9살 등 다양하게 기억할 수 있는데,
어린 나이이기에 사건은 그리 대단하지 않습니다.

- 6살인 형에게 과자를 나누어 준 경우
- 4살 때 고무공을 차 골대에 골인을 시킨 경우
- 7살 때 길을 잃었지만 집을 찾아온 경우
- 5살 때 단어 맞추기에서 100점을 맞은 경우

물론 이 사건이 아닌 이 사건이 지닌 대상의 의미입니다.
중요한 것은 이러한 사건으로 어떤 칭찬을 들었는지입니다.
그리고 칭찬을 듣고 내가 어떻게 느꼈는지,
정의한 키워드를 아는 것이 중요합니다.
이 키워드를 알았다면 최대한 긍정적으로 활용하세요.
원하는 상대와 친해질 수 있는 가장 강력한 무기가 될 것입니다.

질문 94

 내가 성공했다는 것을 무엇으로 알 수 있을까요?

이번 질문은 약간의 스킬과 구분이 필요합니다.
구분이라면 내적(상태), 외적(목표)을 구분하는 것과
대답이 추상적(가치나 상태)일 경우 구체적(목표나 성과)으로 묻는 것, 대답이 구체적(목표나 성과)일 경우 추상적(가치나 상태)으로 변환합니다.

내적은 가치나 상태의 형태로 추상적입니다.
추상적으로 진술하고 단계 없이 당장 소유할 수 있습니다.
마음만 먹으면 되는 것이니까요. 그렇기에 측정할 수는 없습니다.
외적은 목표나 성과로 구체적입니다.
구체적으로 진술하고 현실적인 부분이라 시간이 걸립니다.
측정할 수 있습니다. 목표나 성과는 눈에 보이는 것이니까요.

외적인 대답
한강 강변이 보이는 아파트 마련, 벤츠 자동차 소유와 같이 구체적인 경우 가치나 상태를 느끼게 할 경우 목표나 성과는 더욱더 탄력을 받습니다.

내적인 대답
세계 일주를 끝낸 뿌듯함, 행복한 가정을 이룬 일상의 만족과 같이 추상적일 경우 단계를 측정하여 목표를 정하고 성과를 이루어 나간다면 원하는 성공을 단축할 수 있을 것입니다.

올드한 표현으로 음양의 조화가 일어나게 하는 심리 스킬입니다.
성공했다는 것을 상상하는 과정에서 상대를 관찰하게 되면 표정, 모션, 긍정적인 상태의 변화를 알아차리는 것 또한 흥미로울 것입니다.

질문 95

 내가 다른 사람에게 주는 스트레스는 무엇인가요?

우리는 스트레스의 대부분을 누군가에게 받듯,
나 또한 누군가에게 스트레스를 주고 있습니다.
내가 다른 사람에게 주는 스트레스를 아는 방법은 상대로부터 이야기를 들어 보고,
스스로 생각해 보며 추정하는 것입니다.
상대로부터 투덜댐, 부정적인 이야기를 많이 함, 표현을 애매하게 함, 적당히 하려고 함, 이기적임 등의 이야기를 들을 수 있고
내가 내 생각에 그럴 것이라며 추정해 보는 일의 과정이 느림, 미루는 경우가 많음, 감정 기복이 심함, 게으름 등을 말할 수 있습니다.

재미있는 이야기의 주제로 충분합니다만 재미난 것은
상대로부터 듣는 이야기와 내가 생각해 낸 이야기가 겹쳐지는 부분에 대해 필요에 따라 정보를 기억해야 합니다.
스스로도 그 이야기를 듣는 상대도 말이죠.
이해관계가 없는 상대와 이야기를 하다 보면 남들에게는 말하지 못하는 치부마저 자연스럽게 노출되는 경우가 있습니다.
상대를 악의적으로 골탕 먹이거나 사기, 계약서 악용, 지불 거부, 성추행 등 충격적인 이야기도 들을 수 있습니다.
경계가 필요할 수 있습니다.

스트레스를 준다는 것은 특정 부분에서 충족되기 원하는 반복적이고 집요한 표현입니다.
부정적으로만 볼 것이 아니라 반드시 긍정적 의도가 있기에
직접 물어보는 것도 좋은 방법입니다.

질문 96

 # 나의 단점을 장점으로 표현한다면

모든 이치에는 양극성을 다 가지고 있습니다.
동의어로 상반성, 양면성, 긍정과 부정이라 할 수 있기에
고통에 사건에도 교훈이 있으며,
기쁨이 있는 곳에도 손해가 있습니다.
즉 마이너스 없이 플러스가 존재할 수 없으며,
플러스가 있기에 마이너스가 있는 것입니다.

본인이 생각하는 단점.
겁이 많고, 걱정이 많고 망설임이 많아 손해가 많다 해도
그 단점이, 단점이 아닐 수도 있습니다.
더불어 단점이지만 어떤 상황에서는 장점으로 바뀌기도 합니다.
겁이 많기에 음주운전이나 나쁜 짓은 안 하거나
걱정이 많기에 위험한 투자를 하지 않고 안정한 투자를 한다거나
망설임이 많기에 창피함이 일어날 수 있는 환경에 덜 노출됩니다.
또는 누군가에게 내가 단점이라 생각하는 것들을 장점으로도 봅니다.
내향적인 성격이라 사람을 적게 만나고 휴일에는 대부분 쉬기만 하기에 외향적인 사람을 보면 많은 사람을 만나 즐거운 시간을 보내고 많은 일을 하는 것처럼 보입니다.
그런데 정작 외향적인 사람이 '나도 당신처럼 내향적이었으면 좋겠다'고 합니다.
많은 사람을 만나다 보니 돈, 시간, 에너지 소모가 많고
피로하다는 말도 듣게 됩니다.
단점으로만 알고 있었던 착각에서 벗어나 완전한 의식의 변화가 일어나기도 합니다.
의식의 전환과 경험으로 스스로 제한했던 틀을 넓히는 계기가 됩니다.

질문 97

 나의 장점을 단점으로 표현한다면

햇볕을 쐬면 그늘지는 자리가 있듯 양면적인 상반성을 가지고 있습니다.
디즈니 애니메이션 '레고 배트맨'을 보게 되면 악당 조커가 배트맨을 이길 수 없자 부하들을 데리고 스스로 감옥에 들어갑니다.
그러자 배트맨의 행복지수가 급락하며 존재의 의미를 잃습니다.
'메가 마인드'에서는 악당 메가 마인드가 영웅 메트로맨을 없애고 도시를 입맛대로 주무르지만 곧 무료함에 빠져 싫증을 내어 자신을 막아 줄 대체 영웅을 트레이닝시키기까지 합니다.
영웅으로 만들려 했지만 더 나쁜 악당이 되면서 오히려 적당한 악당(?)이 영웅의 역할을 하게 됩니다.
단점이 생각이나 환경에 따라 또는 다른 사람 입장에서 얼마든지 장점으로 변환될 수 있고 장점이 단점으로도 변화될 수 있는 양극성을 알아차려야 합니다.

자신의 장점이 솔직해서 바로 모두 말해 버린다고 하지만 상대에게는 당혹함, 놀람, 상처가 될 수 있습니다.
추진력이 독선으로, 리더십이 꼰대로, 도전이 안정을 해치고,
이상적이란 말은 현실적이지 않음을 이야기합니다.

이 질문은 일상에서도 쉽게 활용할 수 있습니다.
주변 사람들은 단점으로 생각하는데 본인만 강점으로 생각할 경우 리마인딩할 수 있는 계기가 될 수 있습니다.
내가 생각하는 강점이 때로는 단점의 반대급부로 나타나 손해, 손실, 부정적 상황을 만들어 내는 원인이 될 수 있다는 균형을 갖추게끔 도와줍니다.

질문 98

 ## 현재의 내가 과거의 중대한 사건으로 가서
나에게 조언을 한다면

누군가의 인생을 다큐멘터리 영화처럼 방영한다고 가정해 보겠습니다. 그 영화를 본 사람들에게 '가장 중대한 사건은 무엇이었습니까?'라고 묻는다면 모든 사람이 동일하게 하나의 사건을 말하지 않을 것입니다.

8살 때 부모를 잃은 사건이다.
16살 때 서울로 상경한 사건이다.
22살 때 모은 돈을 전부 사기당한 사건이다.
29살 때 사업을 시작한 사건이다.
35살 때 지인에게 사기당해 막대한 손해를 입은 사건이다.

각자의 기준대로 다 다를 것입니다.
그런데 상대는 왜 그 사건을 이야기하게 될까요?
왜 하필 그 사건일까요?
상대의 이야기를 통해 그 사건이 갖는 의미를 아는 것이 중요합니다.

두 번째는 나에게 어떤 조언을 하냐는 것입니다.
조언의 핵심 키워드가 무엇인지 알아야 합니다.
걱정만 많이 했기에 의연함인지, 손실을 많이 봤기에 손절하기인지,
회피했기에 직면하기인지, 인정을 바라는 것이 아닌 자기어필인지,
중대한 사건과 조언 부분을 특히 경청하여 듣습니다.
자연스럽게 이어 '그 조언을 현재에는 잘 적용하고 있나요?'를 덧붙여 대화를 이어 나가십시오.

질문 99

 **가장 성공하고 현명한 미래의 내가,
지금의 나에게 조언한다면 어떤 조언인가요?**

우리가 현실을 잘 살아가며 힘듦을 잘 버티고 힘찬 미래로 발길을 옮기는 것은 어쩌면 기대와 희망 때문일지 모릅니다.
어떤 일을 이루거나 하기를 바라면서, 앞으로 잘될 수 있는 가능성에 원하는 대로 이루어지기를 바랍니다.
만약 이러한 부분들이 없다면 너무 삭막할 것 같습니다.
과거는 지나갔고 지금과 다가올 미래만 있습니다.
미래는 더 나을 것이란 기대와 희망을 가지고 있습니다.
미래에서 가장 성공하고 현명한 정점일 때가 있을 것입니다.
그 정점인 미래의 내가 지금의 나에게 조언을 한다면 어떤 조언일까요?

우선 가장 성공하고 현명한 미래의 나를 생생하게 느끼게 해 주어야 합니다.
그때는 언제쯤일 것 같아? 몇 살 때일 것 같아?
어디에 있어? 무엇을 입었어? 무엇이 보여? 시각적인 표현으로.
가장 성공한 기분은 어때? 가장 현명한 마음 상태는 어때?
촉각적인 표현으로 최대한 몰입하게 하고 감정적으로 업시키도록 합니다.
그때 '그런 네가 지금의 네게 어떤 조언을 해. 잘 들어봐' 하며
청각적인 표현을 더한다면 쉽게 몰입할 수 있습니다.
이를 통해 상대가 갖는 성공과 현명함은 어느 정도인지 가늠할 수 있으며 조언을 통해 지금의 이슈, 필요한 솔루션이 저절로 나타나게 됩니다.

질문 100

 10년 후의 나는?

tvN '유 퀴즈 온 더 블록' 100회 특집으로 가수 아이유가 출연했습니다.
MC 유재석은 2000년 인터뷰 때 "10년 후의 아이유는?"의 인터뷰 답변을 기억하는지 물어봤습니다.
아이유는 '아니요. 전혀 기억나지 않아요'라고 합니다.

2000년 당시 아이유는 10년 후의 모습은 아주 먼일로 치부했을 것입니다. 그런데 그 10년이 지난 11년이 흘렀고 인터뷰한 자료가 있었습니다.
그녀는 '좋은 음악으로 사람들이 편해질 수 있는 공연을 하고 싶어요'라고 했는데 다른 인터뷰에서도 서정적인 편한 음악을 하고 싶다고 했습니다. 아이유는 신나는 댄스곡에 3단 고음의 '좋은 날'로 국민 여동생이라는 칭호를 얻었습니다.
그런데 서정적인 편안한 음악이라니요!
한 기자는 '그렇게 하면 쥐도 새도 모르게 없어져~ 너 같은 애 많이 봤어'라는 등 일침을 가하기도 했습니다.
아이유의 팬들은 물론 아이유의 모든 곡들을 좋아하지만 '좋은 날'과 같이 신나는 댄스곡에 고음의 음악을 듣고 싶어 합니다.
그 마음을 아는지 '제가 하고 싶은 음악을 하는데도 들어주시고 좋아해 주셔서 감사합니다'라고 합니다.
아이유는 인터뷰한 이후 얼마 지나지 않은 시점부터 10년 가까이 심심할 수도 있는 서정적인 발라드풍만 줄기차게 하고 있습니다.
그녀는 알고 있을까요? 10년 전의 의도대로 줄기차게 좋은 음악으로 사람들이 편해질 수 있는 공연을 하고 있다는 것을요.
가지고 있던 생각이 표출됐을 때, 그것이 에너지가 되어 방향성을 가지며 힘이 생기게 됩니다.

2부

알고리즘
algorism

빅데이터를 활용하여 문제를 해결하는 집합

- 결과를 만드는 원인
- 현실적 결과
- 예측 가능한 결과

1. 결과를 만드는 원인
- 추구하는 가치관 -

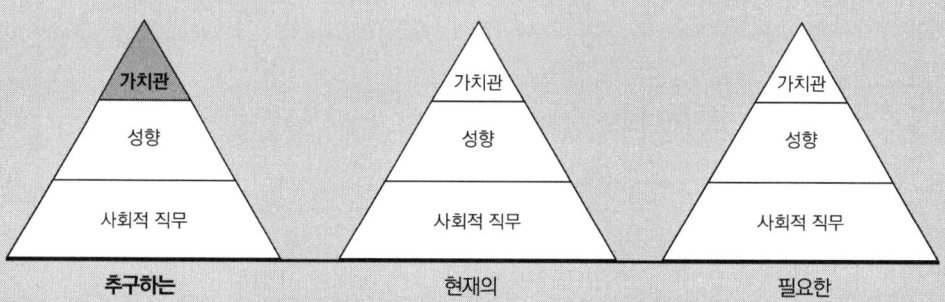

가치관

추구하는 가치관
마음에 와닿는 가치관

가치관이란 가치 + 관으로 되었습니다.

가치: 사람, 사물 등에 가지는 태도입니다.
관: 마음속에 나타나는 표상, 개념의 의식 내용입니다.

가치관이란 옳고 그름을 판별하는 개인의 기준으로 작용합니다.

당신은 어떤 가치관을 가지고 있습니까?
당신이 바라는 기준은 무엇입니까?
여기에 쉽게 답변할 수 있는 사람은 거의 없을지도 모릅니다.
당신이 가진 의식의 내용을 알기 위해 가치관 키워드의 목록을 준비하였습니다.
마음에 드는 키워드를 부담 없이 선택해 봅니다.
부담 없이 마음에 와닿는 대로 직관적으로 체크합니다.
정답이나 무엇이 더 우월한 것도 없습니다.
편하게 체크합니다.

충분한 예시를 보여 드림으로써 쉽게 작성하실 수 있습니다.

〈예시〉 추구하는 가치관 – A 타입

하나의 키워드에 100점 만점입니다.

직관적으로 세세한 점수를 체크합니다.

※ 같은 점수는 피합니다.

앎		분별		자기존중	
관심 가는 흥미로운 일에 대하여 정확하고 깊이 있게 알고자 함		삶에 대한 이해와 그것을 기초로 한 올바른 판단		자존감, 자신에 대한 깨달음	
점수	78	점수	86	점수	77

자기계발		창의성		자율	
개선, 잠재능력 개발		새로운 생각이나 사물을 발견, 상상력을 보여 주는 것		별 제약 없이 독립적으로 행동할 수 있는 능력	
점수	89	점수	80	점수	89

우정		독립성		육체적 건강	
친밀한 관심과 관계, 지원		자립, 통제로부터의 해방		균형 잡힌 영양 섭취로 건강한 신체 유지	
점수	19	점수	69	점수	92

자연		다양한 관점		자신감	
자연에 대한 관심과 감사		독특한 생각과 의견들		자신에 대한 인정과 긍지	
점수	71	점수	82	점수	91

A 타입 총점	1순위/점수	2순위/점수	3순위/점수
920	자율/93	육체적 건강/92	자신감/91

⟨예시⟩ 추구하는 가치관 - B 타입

하나의 키워드에 100점 만점입니다.

직관적으로 세세한 점수를 체크합니다.

※ 같은 점수는 피합니다.

기쁨		도전		다양성	
즐거움, 재미, 웃음, 희열 등이 충족되어 흡족한 마음이나 느낌		가능성의 기회를 찾아 과감하게 시작		다양한 활동과 경험의 추구	
점수	78	점수	86	점수	77

모험		변화와 즉흥		창조성	
힘들지만 도전해 보고 싶은 새로운 기회와 자극		변화무쌍하고 예측 불가능한 것		새로움, 혁신, 실험 등으로 전에 없던 것을 만듦	
점수	89	점수	80	점수	89

예술		영향력		친밀함	
음악, 그림, 기교 등으로 표현하려는 작품 활동		여론이나 의사결정에 의견을 반영하고자 하는 힘		가깝고 애정이 넘치는 관계	
점수	19	점수	69	점수	92

용기		경쟁		인정	
믿는 바를 지키려는 의지		목표를 쟁취하기 위한 대립		잘한 일에 대한 긍정적인 반응과 사람들의 칭찬	
점수	71	점수	82	점수	91

B 타입 총점	1순위/점수	2순위/점수	3순위/점수
326	기쁨/94	창조성/69	도전/30

〈예시〉 추구하는 가치관 – C 타입

하나의 키워드에 100점 만점입니다.

직관적으로 세세한 점수를 체크합니다.

※ 같은 점수는 피합니다.

부		목표		경제적인 안정	
물질적인 번영, 부유함, 풍요		행동을 취하여 이루려는 도달할 곳		재정적인 근심으로부터의 해방	
점수	83	점수	39	점수	88

결과		성취		지배	
주어진 일을 완수함		무언가 해냈다는 느낌		어떤 사람이나 집단, 조직, 사물 등을 자기의 의사대로 다스림	
점수	71	점수	87	점수	7

개인의 발전		승리		소유	
잠재력을 극대화하기 위한 노력		겨루어서 이김		보유하여 가지게 됨	
점수	74	점수	38	점수	90

장악		파급력		풍요	
타인이나 상황에 대해 마음대로 할 수 있는 힘		다른 사람의 태도나 의견에 영향을 끼친 것		높은 소득, 금전적 성공	
점수	26	점수	64	점수	94

C 타입 총점	1순위/점수	2순위/점수	3순위/점수
961	풍요/94	소유/90	경제적 안정/88

⟨예시⟩ 추구하는 가치관 – D 타입

하나의 키워드에 100점 만점입니다.

직관적으로 세세한 점수를 체크합니다.

※ 같은 점수는 피합니다.

명성 타인에게 인정받고 유명해짐		협력 서로 밀접하게 힘을 합하여 서로 도움		의무감 자기가 맡은 역할에 마땅히 하여야 할 일	
점수	6	점수	11	점수	8

발전 업무를 잘해 성장하거나 서열이 더 높은 단계로 나아감		소속감 다른 사람들과의 상호작용, 같은 집단에 소속되었다는 느낌		신뢰성 믿을 만하고 성실하다고 알려지는 것	
점수	43	점수	21	점수	48

충실함 성실하고 꾸준하여 알차고 단단함		권위 상황이나 사람들의 행동을 지휘 하거나 통솔하여 따르게 하는 힘		안정감 든든하고 안정된 고용, 적절한 보상, 낮은 위험	
점수	54	점수	15	점수	39

균형 예측 가능하고 일반적이고 평균의 기준		질서 혼란 없이 순조롭게 이루어지는 순서나 차례		책임감 신뢰할 만한, 결과에 대한 책임	
점수	41	점수	27	점수	51

D 타입 총점	1순위/점수	2순위/점수	3순위/점수
364	충실함/54	책임감/51	신뢰성/48

⟨예시⟩ 추구하는 가치관 – E 타입

하나의 키워드에 100점 만점입니다.

직관적으로 세세한 점수를 체크합니다.

※ 같은 점수는 피합니다.

공헌 타인에게 기여하고 이바지함		지적 능력 지식을 드러내고 전문성을 추구하는 것		배움 지속적 학습	
점수	67	점수	43	점수	19

청렴성 정직, 진실성, 자신의 가치관에 충실함		베풂 다른 사람들을 도와주거나 혜택을 받게 함		내적 조화 행복과 만족, 내적 평화	
점수	13	점수	17	점수	89

공동체 개인적 욕망을 넘어서서 목적을 위해 봉사하는 것		지혜 지식과 경험, 이해력에 근거하여 올바른 판단을 내리는 것		존경 개인적 자질이나 타인에 대한 존경과 동경	
점수	7	점수	94	점수	93

전통 과거를 소중히 여기는 마음, 관습에 대한 존중		영성 영적, 종교적 믿음, 도덕의 실천		정의 공정함, 옳은 일을 하는 것	
점수	3	점수	9	점수	48

E 타입 총점	1순위/점수	2순위/점수	3순위/점수
502	지혜/94	존경/93	내적 조화/89

충분한 예시를 통해 작성방법에서 아이디어를 얻으셨습니다.

가치관과 관련된 키워드와 뜻을 보고 직관적으로 자신에게 있는 부분을 점수화하여 적습니다.
약간의 룰을 알려 드린다면

- 하나의 타입에서 같은 점수를 주는 것을 피합니다.
순위를 정해야 하기에 동점은 피하는 것입니다.

- 점수를 비슷하게 체크하지 말고 편차를 크게 둡니다.
확실히 구분하기 위함입니다.
대부분 50~70점대의 비슷한 점수를 주어 고만고만하게
나타내기보다는 1~100점까지 큰 편차를 주도록 합니다.
1~10점이 아닌 1~100점을 전제한 이유이기도 합니다.

그럼 이제 가치관의 키워드와 뜻을 보고 직관적으로 체크합니다.

추구하는 가치관 - A 타입

하나의 키워드에 100점 만점입니다.
직관적으로 세세한 점수를 체크합니다.

앎 관심 가는 흥미로운 일에 대하여 정확하고 깊이 있게 알고자 함 점수	분별 삶에 대한 이해와 그것을 기초로 한 올바른 판단 점수	자기존중 자존감, 자신에 대한 깨달음 점수
자기계발 개선, 잠재능력 개발 점수	창의성 새로운 생각이나 사물을 발견, 상상력을 보여 주는 것 점수	자율 별 제약 없이 독립적으로 행동할 수 있는 능력 점수
우정 친밀한 관심과 관계, 지원 점수	독립성 자립, 통제로부터의 해방 점수	육체적 건강 균형 잡힌 영양 섭취로 건강한 신체 유지 점수
자연 자연에 대한 관심과 감사 점수	다양한 관점 독특한 생각과 의견들 점수	자신감 자신에 대한 인정과 긍지 점수

A 타입 총점	1순위/점수	2순위/점수	3순위/점수
	/	/	/

추구하는 가치관 - B 타입

하나의 키워드에 100점 만점입니다.
직관적으로 세세한 점수를 체크합니다.

기쁨
즐거움, 재미, 웃음, 희열 등이 충족되어 흡족한 마음이나 느낌
점수

도전
가능성의 기회를 찾아 과감하게 시작
점수

다양성
다양한 활동과 경험의 추구
점수

모험
힘들지만 도전해 보고 싶은 새로운 기회와 자극
점수

변화와 즉흥
변화무쌍하고 예측 불가능한 것
점수

창조성
새로움, 혁신, 실험 등으로 전에 없던 것을 만듦
점수

예술
음악, 그림, 기교 등으로 표현하려는 작품 활동
점수

영향력
여론이나 의사결정에 의견을 반영하고자 하는 힘
점수

친밀함
가깝고 애정이 넘치는 관계
점수

용기
믿는 바를 지키려는 의지
점수

경쟁
목표를 쟁취하기 위한 대립
점수

인정
잘한 일에 대한 긍정적인 반응과 사람들의 칭찬
점수

B 타입 총점	1순위/점수	2순위/점수	3순위/점수
	/	/	/

추구하는 가치관 - C 타입

하나의 키워드에 100점 만점입니다.
직관적으로 세세한 점수를 체크합니다.

부 물질적인 번영, 부유함, 풍요	목표 행동을 취하여 이루려는 도달할 곳	경제적인 안정 재정적인 근심으로부터의 해방
점수	점수	점수

결과 주어진 일을 완수함	성취 무언가 해냈다는 느낌	지배 어떤 사람이나 집단, 조직, 사물 등을 자기의 의사대로 다스림
점수	점수	점수

개인의 발전 잠재력을 극대화하기 위한 노력	승리 겨루어서 이김	소유 보유하여 가지게 됨
점수	점수	점수

장악 타인이나 상황에 대해 마음대로 할 수 있는 힘	파급력 다른 사람의 태도나 의견에 영향을 끼친 것	풍요 높은 소득, 금전적 성공
점수	점수	점수

C 타입 총점	1순위/점수	2순위/점수	3순위/점수
	/	/	/

추구하는 가치관 - D 타입

하나의 키워드에 100점 만점입니다.
직관적으로 세세한 점수를 체크합니다.

명성	협력	의무감
타인에게 인정받고 유명해짐	서로 밀접하게 힘을 합하여 서로 도움	자기가 맡은 역할에 마땅히 하여야 할 일
점수	점수	점수

발전	소속감	신뢰성
업무를 잘해 성장하거나 서열이 더 높은 단계로 나아감	다른 사람들과의 상호작용, 같은 집단에 소속되었다는 느낌	믿을 만하고 성실하다고 알려지는 것
점수	점수	점수

충실함	권위	안정감
성실하고 꾸준하여 알차고 단단함	상황이나 사람들의 행동을 지휘하거나 통솔하여 따르게 하는 힘	든든하고 안정된 고용, 적절한 보상, 낮은 위험
점수	점수	점수

균형	질서	책임감
예측 가능하고 일반적이고 평균의 기준	혼란 없이 순조롭게 이루어지는 순서나 차례	신뢰할 만한, 결과에 대한 책임
점수	점수	점수

D 타입 총점	1순위/점수	2순위/점수	3순위/점수
	/	/	/

추구하는 가치관 - E 타입

하나의 키워드에 100점 만점입니다.
직관적으로 세세한 점수를 체크합니다.

공헌
타인에게 기여하고 이바지함
점수

지적 능력
지식을 드러내고 전문성을 추구하는 것
점수

배움
지속적 학습
점수

청렴성
정직, 진실성, 자신의 가치관에 충실함
점수

베풂
다른 사람들을 도와주거나 혜택을 받게 함
점수

내적 조화
행복과 만족, 내적 평화
점수

공동체
개인적 욕망을 넘어서서 목적을 위해 봉사하는 것
점수

지혜
지식과 경험, 이해력에 근거하여 올바른 판단을 내리는 것
점수

존경
개인적 자질이나 타인에 대한 존경과 동경
점수

전통
과거를 소중히 여기는 마음, 관습에 대한 존중
점수

영성
영적, 종교적 믿음, 도덕의 실천
점수

정의
공정함, 옳은 일을 하는 것
점수

E 타입 총점	1순위/점수	2순위/점수	3순위/점수
	/	/	/

1. 결과를 만드는 원인
- 추구하는 성향 -

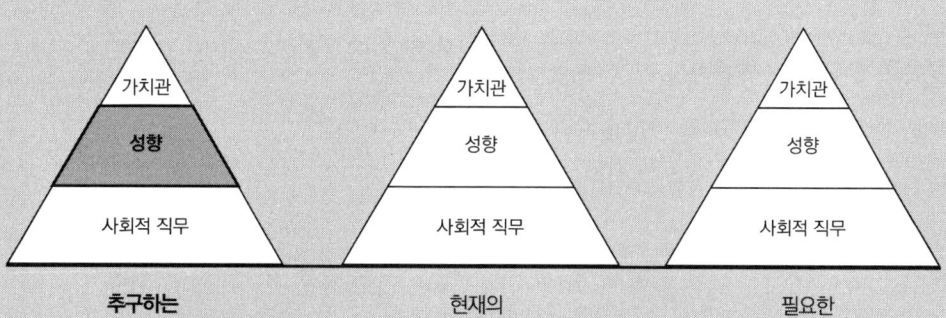

성향

성향
잠재적 형태로 존재하는 성질을 성향이라 합니다.
그것은 경향성, 가능성, 잠재성, 추세 등을 통칭합니다.

성격
개인이 가지고 있는 고유의 성질이나 품성입니다.
개인을 특징짓는 지속적이며 일관된 행동양식으로
어떠한 주어진 상황에서 그가 어떠한 행동을 할 것인가를 우리들에게 예상케 하는 것입니다.

성격의 방향성을 성향이라 할 수 있습니다.
어떤 뜻의 의미를 가져도 괜찮습니다.
여기에서는 성향과 성격을 동의어로 사용하겠습니다.

당신이 가진 의식의 내용을 알기 위해 성향 키워드의 목록을 준비하였습니다.
마음에 드는 키워드를 부담 없이 선택해 봅니다.
부담 없이 마음에 와닿는 대로 직관적으로 체크합니다.
정답이나 무엇이 더 우월한 것도 없습니다.
편하게 체크합니다.

충분한 예시를 보여 드림으로써 쉽게 작성하실 수 있습니다.

〈예시〉 추구하는 성향 – A 타입

하나의 키워드에 100점 만점입니다.
직관적으로 세세한 점수를 체크합니다.

초연함	
현실에 아랑곳하지 않고 의연함	
점수	59

자유	
무엇에 얽매이지 아니하고 자기 마음대로 할 수 있는 상태	
점수	90

순수함	
사사로운 욕심이나 다른 것의 섞임이 없음	
점수	80

독특함	
여러 관점에서 사고하여 특별하게 다름	
점수	66

거시적	
전체를 포괄하여 넓은 안목으로 바라보는 관점	
점수	54

공평성	
동등한 기회	
점수	6

분별	
바른 생각이나 판단을 구별하고 가름	
점수	55

이상주의	
이상을 세우고 이것을 실현시키려는 생활태도	
점수	90

공감	
남의 감정을 예민하게 지각하고 느끼는 감정이나 기분	
점수	66

인간적인 삶	
사람과의 관계에 있어서 지켜야 할 바른 도리	
점수	69

독립성	
남에게 의존하지 않고 스스로를 제어하는 상태	
점수	89

관계 구축	
서로 우호적이고 신뢰할 수 있는 인간관계를 만듦	
점수	33

A 타입 총점	1순위/점수	2순위/점수	3순위/점수
763	자유/96	이상주의/90	독립성/89

〈예시〉 추구하는 성향 – B 타입

하나의 키워드에 100점 만점입니다.
직관적으로 세세한 점수를 체크합니다.

표현 자신의 생각과 감정을 표현함		재능 어떤 일을 하는 데 필요한 재주와 능력		활동성 어떤 일의 성과를 거두기 위하여 활동함	
점수	87	점수	86	점수	88
즉각적인 만족 마음에 흡족함		실용적 실제로 쓰이는 것		생산적 실제적인 결론을 이끌어 내는 능력	
점수	93	점수	90	점수	78
가능성 앞으로 성장하거나 실현될 수 있는 성질		다양한 경험 자신이 실제로 해 보거나 겪어 봄, 거기서 얻은 지식이나 기능		재미 즐거운 느낌이나 마음	
점수	85	점수	84	점수	79
열정 어떤 일에 열렬한 애정을 가지고 열중하는 마음		사교성 남과 사귀기를 좋아하거나 쉽게 사귀는 성질		새로움 전과 다른	
점수	87	점수	80	점수	97

B 타입 총점	1순위/점수	2순위/점수	3순위/점수
1034	새로움/97	즉각적인 만족/90	실용적/90

〈예시〉 추구하는 성향 – C 타입

하나의 키워드에 100점 만점입니다.

직관적으로 세세한 점수를 체크합니다.

목표 어떤 목적을 이루려고 지향해서 얻게 된 의도된 결과		자신감 자신이 있다는 느낌		소유욕 자기 것으로 만들어 가지고 싶어 하는 욕망	
점수	96	점수	97	점수	66

현실적 실제로 얻을 수 있는 이익		통솔력 이끌어 가는 능력		물질욕 재물을 탐내는 마음	
점수	91	점수	38	점수	63

집중력 한 가지 일에 힘을 모음		추진력 목표를 향하여 밀고 나아가는 힘		결과물 어떤 일을 끝맺으며 만들어 낸 물질적인 성과	
점수	88	점수	91	점수	95

뚜렷한 분명한 생각		야망 크게 무엇을 이루어 보겠다는 희망		적극적 대상에 대한 태도가 긍정적이고 능동적인	
점수	70	점수	88	점수	83

C 타입 총점	1순위/점수	2순위/점수	3순위/점수
966	자신감/97	목표/96	결과물/95

〈예시〉 추구하는 성향 – D 타입

하나의 키워드에 100점 만점입니다.
직관적으로 세세한 점수를 체크합니다.

명예		안정		리더십	
훌륭하다고 인정되는 기관이나 단체 또는 문서		바뀌어 달라지지 아니하고 일정한 상태를 유지함		구성원들이 자발적으로 참여하여 달성하도록 유도하는 능력	
점수	5	점수	2	점수	84

책임감		원칙		신뢰	
자신의 역할을 맡은 바 해야 할 의무나 부담		일관된 기본적인 규칙		굳게 믿고 의지함	
점수	79	점수	90	점수	81

성실		규범		의무	
꾸준하게 노력하는 진실한 성향		사회생활을 하는 데 있어 질서나 제도를 유지하기 위한 정해 놓은 틀		마땅히 하여야 할 일	
점수	82	점수	9	점수	49

사회성		높은 퀄리티		신중	
자신의 이익보다 소속, 조직을 지지하고 수용하는 역량		뛰어나고 우수한 역량		결과에 영향을 미치는 부분을 꼼꼼하게 점검함	
점수	51	점수	95	점수	75

D 타입 총점	1순위/점수	2순위/점수	3순위/점수
702	높은 퀄리티/95	원칙/90	리더십/84

⟨예시⟩ 추구하는 성향 – E 타입

하나의 키워드에 100점 만점입니다.
직관적으로 세세한 점수를 체크합니다.

이타주의 사랑하는 마음으로 행복의 목적을 행함		삶의 의미 본질적인 가치		지혜 사물의 이치를 빨리 깨닫고 식별하여 통합하는 정신적 능력	
점수	90	점수	83	점수	91
예의 존경을 표하기 위해 나타내는 말투나 몸가짐		순종 순순히 따름		수용 용서하는 것과는 관계없이 인간적으로 인식하여 받아들임	
점수	68	점수	81	점수	77
겸손 자기를 내세우지 않고 남을 존중함		지성미 지적인 사고를 갖춤으로써 나타나는 아름다움		봉사심 공공이나 남을 위해 애쓰는 마음	
점수	88	점수	92	점수	3
지적 호기심 어떤 분야를 체계적으로 배워서 익힘		배려 자기주장을 굽혀 상대를 위해 마음을 씀		포용력 남을 너그럽게 감싸 주거나 받아들이는 힘	
점수	89	점수	61	점수	69

E 타입 총점	1순위/점수	2순위/점수	3순위/점수
911	지혜/91	이타주의/90	지적 호기심/89

충분한 예시를 통해 작성방법에서 아이디어를 얻으셨습니다.

성향과 관련된 키워드와 뜻을 보고 직관적으로 자신에게 있는 부분을 점수화하여 적습니다.

약간의 룰을 적용하여
- 하나의 타입에서 같은 점수를 주는 것을 피합니다.
- 점수를 비슷하게 체크하지 말고 점수의 편차를 크게 둡니다.

그럼 이제 성향의 키워드와 뜻을 보고 직관적으로 체크하도록 합니다.

추구하는 성향 - A 타입

하나의 키워드에 100점 만점입니다.
직관적으로 세세한 점수를 체크합니다.

초연함	자유	순수함
현실에 아랑곳하지 않고 의연함	무엇에 얽매이지 아니하고 자기 마음대로 할 수 있는 상태	사사로운 욕심이나 다른 것의 섞임이 없음
점수	점수	점수

독특함	거시적	공평성
여러 관점에서 사고하여 특별하게 다름	전체를 포괄하여 넓은 안목으로 바라보는 관점	동등한 기회
점수	점수	점수

분별	이상주의	공감
바른 생각이나 판단을 구별하고 가름	이상을 세우고 이것을 실현시키려는 생활태도	남의 감정을 예민하게 지각하고 느끼는 감정이나 기분
점수	점수	점수

인간적인 삶	독립성	관계 구축
사람과의 관계에 있어서 지켜야 할 바른 도리	남에게 의존하지 않고 스스로를 제어하는 상태	서로 우호적이고 신뢰할 수 있는 인간관계를 만듦
점수	점수	점수

A 타입 총점	1순위/점수	2순위/점수	3순위/점수
	/	/	/

추구하는 성향 – B 타입

하나의 키워드에 100점 만점입니다.
직관적으로 세세한 점수를 체크합니다.

표현	재능	활동성
자신의 생각과 감정을 표현함	어떤 일을 하는 데 필요한 재주와 능력	어떤 일의 성과를 거두기 위하여 활동함
점수	점수	점수

즉각적인 만족	실용적	생산적
마음에 흡족함	실제로 쓰이는 것	실제적인 결론을 이끌어 내는 능력
점수	점수	점수

가능성	다양한 경험	재미
앞으로 성장하거나 실현될 수 있는 성질	자신이 실제로 해 보거나 겪어 봄, 거기서 얻은 지식이나 기능	즐거운 느낌이나 마음
점수	점수	점수

열정	사교성	새로움
어떤 일에 열렬한 애정을 가지고 열중하는 마음	남과 사귀기를 좋아하거나 쉽게 사귀는 성질	전과 다른
점수	점수	점수

B 타입 총점	1순위/점수	2순위/점수	3순위/점수
	/	/	/

추구하는 성향 - C 타입

하나의 키워드에 100점 만점입니다.
직관적으로 세세한 점수를 체크합니다.

목표 어떤 목적을 이루려고 지향해서 얻게 된 의도된 결과	자신감 자신이 있다는 느낌	소유욕 자기 것으로 만들어 가지고 싶어 하는 욕망
점수	점수	점수

현실적 실제로 얻을 수 있는 이익	통솔력 이끌어 가는 능력	물질욕 재물을 탐내는 마음
점수	점수	점수

집중력 한 가지 일에 힘을 모음	추진력 목표를 향하여 밀고 나아가는 힘	결과물 어떤 일을 끝맺으며 만들어 낸 물질적인 성과
점수	점수	점수

뚜렷한 분명한 생각	야망 크게 무엇을 이루어 보겠다는 희망	적극적 대상에 대한 태도가 긍정적이고 능동적인
점수	점수	점수

C 타입 총점	1순위/점수	2순위/점수	3순위/점수
	/	/	/

추구하는 성향 - D 타입

하나의 키워드에 100점 만점입니다.
직관적으로 세세한 점수를 체크합니다.

명예 훌륭하다고 인정되는 기관이나 단체 또는 문서 점수	안정 바뀌어 달라지지 아니하고 일정한 상태를 유지함 점수	리더십 구성원들이 자발적으로 참여하여 달성하도록 유도하는 능력 점수
책임감 자신의 역할을 맡은 바 해야 할 의무나 부담 점수	원칙 일관된 기본적인 규칙 점수	신뢰 굳게 믿고 의지함 점수
성실 꾸준하게 노력하는 진실한 성향 점수	규범 사회생활을 하는 데 있어 질서나 제도를 유지하기 위한 정해 놓은 틀 점수	의무 마땅히 하여야 할 일 점수
사회성 자신의 이익보다 소속, 조직을 지지하고 수용하는 역량 점수	높은 퀄리티 뛰어나고 우수한 역량 점수	신중 결과에 영향을 미치는 부분을 꼼꼼하게 점검함 점수

D 타입 총점	1순위/점수	2순위/점수	3순위/점수
	/	/	/

추구하는 성향 – E 타입

하나의 키워드에 100점 만점입니다.
직관적으로 세세한 점수를 체크합니다.

이타주의	삶의 의미	지혜
사랑하는 마음으로 행복의 목적을 행함	본질적인 가치	사물의 이치를 빨리 깨닫고 식별하여 통합하는 정신적 능력
점수	점수	점수

예의	순종	수용
존경을 표기하기 위해 나타내는 말투나 몸가짐	순순히 따름	용서하는 것과는 관계없이 인간적으로 인식하여 받아들임
점수	점수	점수

겸손	지성미	봉사심
자기를 내세우지 않고 남을 존중함	지적인 사고를 갖춤으로써 나타나는 아름다움	공공이나 남을 위해 애쓰는 마음
점수	점수	점수

지적 호기심	배려	포용력
어떤 분야를 체계적으로 배워서 익힘	자기주장을 굽혀 상대를 위해 마음을 씀	남을 너그럽게 감싸 주거나 받아들이는 힘
점수	점수	점수

E 타입 총점	1순위/점수	2순위/점수	3순위/점수
	/	/	/

1. 결과를 만드는 원인
- 추구하는 사회적 직무 -

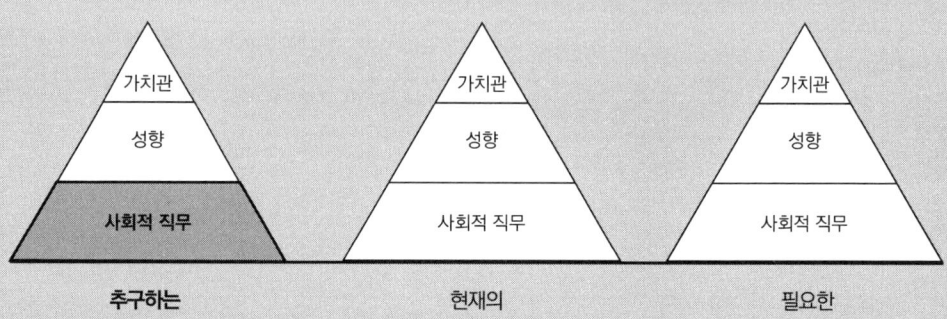

사회적 직무

사회적
사회에 관계되거나 사회성을 지닌 것

직무
직책이나 직업상에서 책임을 지고 담당하여 맡은 사무
담당하여 맡은 사무, 직장으로 삼는 근무

사회적 직무란?
우리는 사회적으로서 사회에서 담당하고 있는 업무에 관련된 일입니다.

당신이 가진 의식의 내용을 알기 위해 사회적 직무 키워드의 목록을 준비하였습니다.
마음에 드는 키워드를 부담 없이 선택해 봅니다.
부담 없이 마음에 와닿는 대로 직관적으로 체크합니다.
정답이나 무엇이 더 우월한 것도 없습니다.
편하게 체크합니다.

충분한 예시를 보여 드림으로써 쉽게 작성하실 수 있습니다.

〈예시〉 A 타입

하나의 키워드에 100점 만점입니다.
직관적으로 세세한 점수를 체크합니다.

비전 제시		긍정적 사고		A 타입	
긍정적인 미래상을 구체적, 적극적으로 보여 주고 나타내는 역량		어려운 상황을 극복하려는 생각, 말, 행동을 선택하는 역량			
점수	90	점수	79		
자기주도		삶의 균형		총점	
스스로 수준 이상으로 완수하고자 하는 능동적 역량		일과 가족, 건강, 취미생활 등에서 한쪽으로 치우치지 않는 역량			
점수	78	점수	58		
동기부여		독립성		752	
구성원들이 자발적, 적극적 업무를 수행할 수 있도록 지원하는 역량		자신의 의지를 발휘하여, 자발적으로 행동하는 역량			
점수	83	점수	69	우선순위	
자기확신		대인친밀성		1순위 점수	자기확신 97
자신이 원하는 바를 소신껏 이룰 수 있다는 역량		상대방과 빠른 시간 내에 이해하고 관계 형성하는 역량			
점수	97	점수	73	2순위 점수	비전 제시 90
대인 이해		관계 구축			
상대의 생각이나 감정을 인지하는 역량		업무수행 자원을 제공해 주는 사람과 우호적인 관계를 쌓는 역량		3순위 점수	동기부여 78
점수	61	점수	64		

〈예시〉 B 타입

하나의 키워드에 100점 만점입니다.

직관적으로 세세한 점수를 체크합니다.

혁신 주도		창의력		B 타입	
기존의 관행을 깬 새로운 아이디어로 해결안을 이끄는 역량		남들보다 새로운 아이디어를 제안해 업무에 적용하는 역량			
점수	65	점수	30		
신속성		도전정신		총점	
중요 업무를 빠른 시간 내에 처리하는 역량		가능성의 기회를 찾아내어, 과감하게 개척하려는 역량			
점수	69	점수	40		
유연성		설득력		672	
급변하는 상황에 원활히 대처하는 개방적인 인식과 행동역량		상호 간이 만족할 수 있는 방향으로 합의를 이끌어 내는 역량			
점수	78	점수	77	우선순위	
발표력		고객지향		1순위 점수	발표력 84
제한된 시간 내에 자신의 의견을 이해하기 쉽게 표현하는 역량		고객의 요구사항을 미리 파악하여, 이를 만족시키려는 적극적 역량			
점수	84	점수	72	2순위 점수	유연성 78
적응력		전문가 의식			
변화하는 환경 여건을 이해하여 적극적으로 수용하는 역량		업무에 대한 뛰어난 기량을 갖추기 위해 학습하는 역량		3순위 점수	설득력 77
점수	90	점수	67		

〈예시〉 C 타입

하나의 키워드에 100점 만점입니다.

직관적으로 세세한 점수를 체크합니다.

문제해결	결단력	C 타입
문제의 근본적인 해결방안을 찾아내 실행하는 역량	결정적인 판단을 내려 반드시 이루겠다는 역량	
점수 91	점수 89	

추진력	스트레스 내성	총점
목표 달성의 의지로 수행하며 밀고 나아가는 역량	자신에게 불리한 상황에도 회피 하지 않고 적극적으로 견디는 역량	
점수 93	점수 92	

손익관리	목표관리	892
업무수행 시 투입비용 대비 효과의 효용성을 추구하는 역량	구체적인 성과를 분명히 하고 설정한 목표를 이루기 위한 행동 역량	
점수 88	점수 90	우선순위

핵심 파악	전략적 사고	1순위 점수	핵심 파악 94
짧은 시간 안에 효과적으로 메시지를 인지하는 역량	장기적 관점에서 최상의 결과를 내기 위한 최선을 선택하는 역량		
점수 94	점수 89	2순위 점수	추진력 93

성과지향	대면영향	3순위 점수	스트레스 내성 92
높은 목표를 설정, 추진하여 결과의 질을 높이는 역량	상대에게 자신이 원하는 협조를 이끌어 내는 직접적인 역량		
점수 79	점수 87		

<예시> D 타입

하나의 키워드에 100점 만점입니다.
직관적으로 세세한 점수를 체크합니다.

의사결정		
객관적인 기준에 따라 타당한 결론을 내리는 역량		
점수		71

권한 위임		
실질적인 업무담당자에게 적절한 권한과 책임을 실어 주는 역량		
점수		55

리더십		
리더 역할을 맡아 구성원을 효과적으로 일하도록 이끄는 역량		
점수		30

협상력		
의견조율을 통해 합리적인 합의점을 도출, 목적을 달성하는 역량		
점수		63

책임감		
명확히 자신의 맡은 바를 인식해 완수할 때까지 노력하는 역량		
점수		60

성실성		
어떤 상황에도 꾸준하게 유지하는 역량		
점수		77

시간관리		
업무의 중요성과 시급성을 계획성 있게 배분하는 역량		
점수		66

문서 작성		
이해하기 쉬운 내용으로 구성하고 체계화하는 사무 역량		
점수		74

위기 대처		
돌발 상황 발생 시에도 차질 없이 업무를 배분하여 집행하는 역량		
점수		67

협동력		
조직의 구성원으로서 다른 조직원과 공동의 목표를 추구하는 역량		
점수		68

D 타입	
총점	
631	
우선순위	
1순위 점수	성실성 77
2순위 점수	문서 작성 74
3순위 점수	협동력 68

〈예시〉 E 타입

하나의 키워드에 100점 만점입니다.
직관적으로 세세한 점수를 체크합니다.

정보관리		타인육성		E 타입	
유용한 대량 정보를 활용할 수 있도록 수집, 분류, 정리하는 역량		다른 사람들이 발전할 수 있도록 지속적인 코칭 역량			
점수	73	점수	33		
공정성		갈등관리		총점	
객관적인 근거나 기준에 따라 다른 사람을 공평하게 대하는 역량		서로 입장이 다른 대립원인을 원만하게 해결유도 하는 역량			
점수	66	점수	64	620	
정직성		업무조정			
믿음과 신뢰를 위해 편법 없이 바르게 말하고 처리하는 역량		다양한 이해가 얽힌 사안에 대해 전체 이익을 확인, 조율하는 역량		우선순위	
점수	71	점수	67	1순위 점수	철저한 확인 73
조직헌신		철저한 확인			
자신의 이익보다 소속 조직의 방향을 지지하고 수용하는 역량		업무에 영향을 미치는 부분들을 점검하여 정확성을 높이는 역량		2순위 점수	정보관리 73
점수	69	점수	73		
분석력		솔선수범		3순위 점수	조직헌신 71
객관적으로 세분화하여 핵심적인 사항을 분류하는 역량		관리 감독 없이도 스스로 앞장서 주도적 태도를 나타내는 역량			
점수	60	점수	44		

충분한 예시를 통해 작성방법에서 아이디어를 얻으셨습니다.

사회적 직무와 관련된 키워드와 뜻을 보고 직관적으로 자신에게 있는 부분을 점수화하여 적습니다.

- 하나의 타입에서 같은 점수를 주는 것을 피합니다.
- 점수를 비슷하게 체크하지 말고 편차를 크게 둡니다.

그럼 이제 사회적 직무의 키워드와 뜻을 보고 직관적으로 체크합니다.

A 타입

하나의 키워드에 100점 만점입니다.
직관적으로 세세한 점수를 체크합니다.

비전 제시	긍정적 사고	A 타입
긍정적인 미래상을 구체적, 적극적으로 보여 주고 나타내는 역량	어려운 상황을 극복하려는 생각, 말, 행동을 선택하는 역량	
점수	점수	

자기주도	삶의 균형	총점
스스로 수준 이상으로 완수하고자 하는 능동적 역량	일과 가족, 건강, 취미생활 등에서 한쪽으로 치우치지 않는 역량	
점수	점수	

동기부여	독립성	우선순위
구성원들이 자발적, 적극적 업무를 수행할 수 있도록 지원하는 역량	자신의 의지를 발휘하여, 자발적으로 행동하는 역량	
점수	점수	1순위 점수

자기확신	대인친밀성	
자신이 원하는 바를 소신껏 이룰 수 있다는 역량	상대방과 빠른 시간 내에 이해하고 관계 형성하는 역량	2순위 점수
점수	점수	

대인 이해	관계 구축	3순위 점수
상대의 생각이나 감정을 인지하는 역량	업무수행 자원을 제공해 주는 사람과 우호적인 관계를 쌓는 역량	
점수	점수	

B 타입

하나의 키워드에 100점 만점입니다.
직관적으로 세세한 점수를 체크합니다.

혁신 주도 기존의 관행을 깬 새로운 아이디어로 해결안을 이끄는 역량 점수	창의력 남들보다 새로운 아이디어를 제안해 업무에 적용하는 역량 점수	B 타입
신속성 중요 업무를 빠른 시간 내에 처리하는 역량 점수	도전정신 가능성의 기회를 찾아내어, 과감하게 개척하려는 역량 점수	총점
유연성 급변하는 상황에 원활히 대처하는 개방적인 인식과 행동역량 점수	설득력 상호 간이 만족할 수 있는 방향으로 합의를 이끌어 내는 역량 점수	우선순위
발표력 제한된 시간 내에 자신의 의견을 이해하기 쉽게 표현하는 역량 점수	고객지향 고객의 요구사항을 미리 파악하여, 이를 만족시키려는 적극적 역량 점수	1순위 점수 2순위 점수
적응력 변화하는 환경 여건을 이해하여 적극적으로 수용하는 역량 점수	전문가 의식 업무에 대한 뛰어난 기량을 갖추기 위해 학습하는 역량 점수	3순위 점수

C 타입

하나의 키워드에 100점 만점입니다.
직관적으로 세세한 점수를 체크합니다.

문제해결	결단력	C 타입
문제의 근본적인 해결방안을 찾아내 실행하는 역량	결정적인 판단을 내려 반드시 이루겠다는 역량	
점수	점수	총점
추진력	스트레스 내성	
목표 달성의 의지로 수행하며 밀고 나아가는 역량	자신에게 불리한 상황에도 회피하지 않고 적극적으로 견디는 역량	
점수	점수	
손익관리	목표관리	우선순위
업무수행 시 투입비용 대비 효과의 효용성을 추구하는 역량	구체적인 성과를 분명히 하고 설정한 목표를 이루기 위한 행동 역량	
점수	점수	1순위 점수
핵심 파악	전략적 사고	
짧은 시간 안에 효과적으로 메시지를 인지하는 역량	장기적 관점에서 최상의 결과를 내기 위한 최선을 선택하는 역량	2순위 점수
점수	점수	
성과지향	대면영향	3순위 점수
높은 목표를 설정, 추진하여 결과의 질을 높이는 역량	상대에게 자신이 원하는 협조를 이끌어 내는 직접적인 역량	
점수	점수	

D 타입

하나의 키워드에 100점 만점입니다.

직관적으로 세세한 점수를 체크합니다.

의사결정		권한 위임		D 타입	
객관적인 기준에 따라 타당한 결론을 내리는 역량		실질적인 업무담당자에게 적절한 권한과 책임을 실어 주는 역량			
점수		점수		총점	
리더십		협상력			
리더 역할을 맡아 구성원을 효과적으로 일하도록 이끄는 역량		의견조율을 통해 합리적인 합의점을 도출, 목적을 달성하는 역량			
점수		점수			
책임감		성실성			
명확히 자신의 맡은 바를 인식해 완수할 때까지 노력하는 역량		어떤 상황에도 꾸준하게 유지하는 역량		우선순위	
점수		점수		1순위 점수	
시간관리		문서 작성			
업무의 중요성과 시급성을 계획성 있게 배분하는 역량		이해하기 쉬운 내용으로 구성하고 체계화하는 사무 역량		2순위 점수	
점수		점수			
위기 대처		협동력		3순위 점수	
돌발 상황 발생 시에도 차질 없이 업무를 배분하여 집행하는 역량		조직의 구성원으로서 다른 조직원과 공동의 목표를 추구하는 역량			
점수		점수			

E 타입

하나의 키워드에 100점 만점입니다.
직관적으로 세세한 점수를 체크합니다.

정보관리	타인육성	E 타입
유용한 대량 정보를 활용할 수 있도록 수집, 분류, 정리하는 역량	다른 사람들이 발전할 수 있도록 지속적인 코칭 역량	
점수	점수	
공정성	**갈등관리**	총점
객관적인 근거나 기준에 따라 다른 사람을 공평하게 대하는 역량	서로 입장이 다른 대립원인을 원만하게 해결유도 하는 역량	
점수	점수	
정직성	**업무조정**	
믿음과 신뢰를 위해 편법 없이 바르게 말하고 처리하는 역량	다양한 이해가 얽힌 사안에 대해 전체 이익을 확인, 조율하는 역량	우선순위
점수	점수	1순위 점수
조직헌신	**철저한 확인**	
자신의 이익보다 소속 조직의 방향을 지지하고 수용하는 역량	업무에 영향을 미치는 부분들을 점검하여 정확성을 높이는 역량	2순위 점수
점수	점수	
분석력	**솔선수범**	
객관적으로 세분화하여 핵심적인 사항을 분류하는 역량	관리 감독 없이도 스스로 앞장서 주도적 태도를 나타내는 역량	3순위 점수
점수	점수	

지금까지 작성한 3개의 체크표, 좋아하는 가치관, 성향, 사회적 직무를 정리하는 시간입니다.

예시와 같이 빈칸에 A, B, C, D, E 다섯 타입의 총점과 각각의 타입에서 가장 점수가 높았던 키워드를 적습니다.

〈예시〉 추구하는 가치관 타입 우선순위

	A 타입 총점	B 타입 총점	C 타입 총점	D 타입 총점	E 타입 총점
가치관	763	1034	966	702	911
성향	920	326	761	364	502
사회적 직무	752	672	892	631	620

〈예시〉 추구하는 가치관 키워드 우선순위

	1순위	2순위	3순위
가치관	기쁨	지혜	자율
성향	자신감	자유	새로움
사회적 직무	자기확신	핵심 파악	추진력

추구하는 타입 우선순위

	A 타입 총점	B 타입 총점	C 타입 총점	D 타입 총점	E 타입 총점
가치관					
성향					
사회적 직무					

추구하는 키워드 우선순위

	1순위	2순위	3순위
가치관			
성향			
사회적 직무			

※ 모든 타입 중 가장 높은 점수의 키워드를 중요 순서대로 적습니다.

1. 결과를 만드는 원인
- 현재의 가치관 -

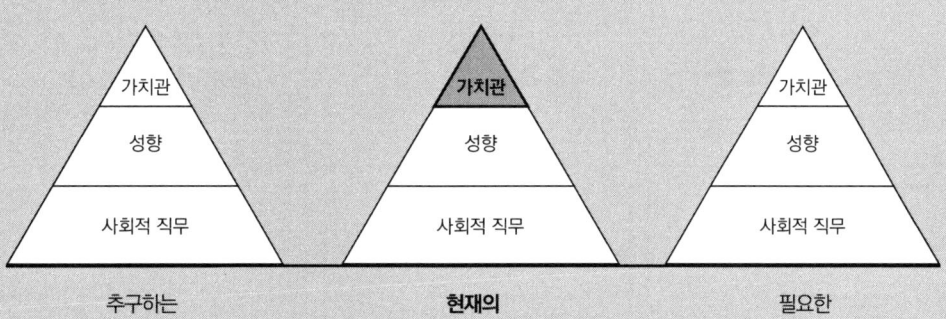

현재 자신의 가치관 – A 타입

하나의 키워드에 100점 만점입니다.
직관적으로 세세한 점수를 체크합니다.

앎 관심 가는 흥미로운 일에 대하여 정확하고 깊이 있게 알고자 함 점수	분별 삶에 대한 이해와 그것을 기초로 한 올바른 판단 점수	자기존중 자존감, 자신에 대한 깨달음 점수
자기계발 개선, 잠재능력 개발 점수	창의성 새로운 생각이나 사물을 발견, 상상력을 보여 주는 것 점수	자율 별 제약 없이 독립적으로 행동할 수 있는 능력 점수
우정 친밀한 관심과 관계, 지원 점수	독립성 자립, 통제로부터의 해방 점수	육체적 건강 균형 잡힌 영양 섭취로 건강한 신체 유지 점수
자연 자연에 대한 관심과 감사 점수	다양한 관점 독특한 생각과 의견들 점수	자신감 자신에 대한 인정과 긍지 점수

A 타입 총점	1순위/점수	2순위/점수	3순위/점수
	/	/	/

현재 자신의 가치관 - B 타입

하나의 키워드에 100점 만점입니다.
직관적으로 세세한 점수를 체크합니다.

기쁨	도전	다양성
즐거움, 재미, 웃음, 희열 등이 충족되어 흡족한 마음이나 느낌	가능성의 기회를 찾아 과감하게 시작	다양한 활동과 경험의 추구
점수	점수	점수

모험	변화와 즉흥	창조성
힘들지만 도전해 보고 싶은 새로운 기회와 자극	변화무쌍하고 예측 불가능한 것	새로움, 혁신, 실험 등으로 전에 없던 것을 만듦
점수	점수	점수

예술	영향력	친밀함
음악, 그림, 기교 등으로 표현하려는 작품 활동	여론이나 의사결정에 의견을 반영하고자 하는 힘	가깝고 애정이 넘치는 관계
점수	점수	점수

용기	경쟁	인정
믿는 바를 지키려는 의지	목표를 쟁취하기 위한 대립	잘한 일에 대한 긍정적인 반응과 사람들의 칭찬
점수	점수	점수

B 타입 총점	1순위/점수	2순위/점수	3순위/점수
	/	/	/

현재 자신의 가치관 – C 타입

하나의 키워드에 100점 만점입니다.
직관적으로 세세한 점수를 체크합니다.

부	목표	경제적인 안정
물질적인 번영, 부유함, 풍요	행동을 취하여 이루려는 도달할 곳	재정적인 근심으로부터의 해방
점수	점수	점수

결과	성취	지배
주어진 일을 완수함	무언가 해냈다는 느낌	어떤 사람이나 집단, 조직, 사물 등을 자기의 의사대로 다스림
점수	점수	점수

개인의 발전	승리	소유
잠재력을 극대화하기 위한 노력	겨루어서 이김	보유하여 가지게 됨
점수	점수	점수

장악	파급력	풍요
타인이나 상황에 대해 마음대로 할 수 있는 힘	다른 사람의 태도나 의견에 영향을 끼친 것	높은 소득, 금전적 성공
점수	점수	점수

C 타입 총점	1순위/점수	2순위/점수	3순위/점수
	/	/	/

현재 자신의 가치관 – D 타입

하나의 키워드에 100점 만점입니다.
직관적으로 세세한 점수를 체크합니다.

명성	협력	의무감
타인에게 인정받고 유명해짐	서로 밀접하게 힘을 합하여 서로 도움	자기가 맡은 역할에 마땅히 하여야 할 일
점수	점수	점수

발전	소속감	신뢰성
업무를 잘해 성장하거나 서열이 더 높은 단계로 나아감	다른 사람들과의 상호작용, 같은 집단에 소속되었다는 느낌	믿을 만하고 성실하다고 알려지는 것
점수	점수	점수

충실함	권위	안정감
성실하고 꾸준하여 알차고 단단함	상황이나 사람들의 행동을 지휘하거나 통솔하여 따르게 하는 힘	든든하고 안정된 고용, 적절한 보상, 낮은 위험
점수	점수	점수

균형	질서	책임감
예측 가능하고 일반적이고 평균의 기준	혼란 없이 순조롭게 이루어지는 순서나 차례	신뢰할 만한, 결과에 대한 책임
점수	점수	점수

D 타입 총점	1순위/점수	2순위/점수	3순위/점수
	/	/	/

현재 자신의 가치관 - E 타입

하나의 키워드에 100점 만점입니다.

직관적으로 세세한 점수를 체크합니다.

공헌	지적 능력	배움
타인에게 기여하고 이바지함	지식을 드러내고 전문성을 추구하는 것	지속적 학습
점수	점수	점수

청렴성	베풂	내적 조화
정직, 진실성, 자신의 가치관에 충실함	다른 사람들을 도와주거나 혜택을 받게 함	행복과 만족, 내적 평화
점수	점수	점수

공동체	지혜	존경
개인적 욕망을 넘어서서 목적을 위해 봉사하는 것	지식과 경험, 이해력에 근거하여 올바른 판단을 내리는 것	개인적 자질이나 타인에 대한 존경과 동경
점수	점수	점수

전통	영성	정의
과거를 소중히 여기는 마음, 관습에 대한 존중	영적, 종교적 믿음, 도덕의 실천	공정함, 옳은 일을 하는 것
점수	점수	점수

E 타입 총점	1순위/점수	2순위/점수	3순위/점수
	/	/	/

1. 결과를 만드는 원인
- 현재의 성향 -

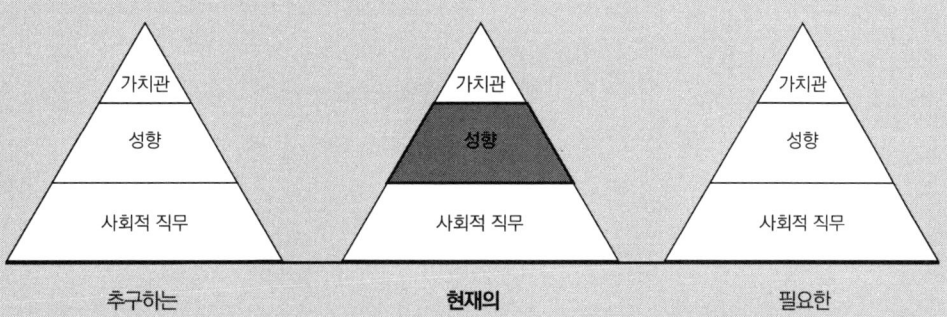

성향

현재의 성향

좋아하는 성향을 체크해 봤습니다.

현재 내가 가지고 있는 성향을

그대로 점수화하여 체크해 보겠습니다.

현재 자신의 성향 – A 타입

하나의 키워드에 100점 만점입니다.
직관적으로 세세한 점수를 체크합니다.

초연함	자유	순수함
현실에 아랑곳하지 않고 의연함	무엇에 얽매이지 아니하고 자기 마음대로 할 수 있는 상태	사사로운 욕심이나 다른 것의 섞임이 없음
점수	점수	점수

독특함	거시적	공평성
여러 관점에서 사고하여 특별하게 다름	전체를 포괄하여 넓은 안목으로 바라보는 관점	동등한 기회
점수	점수	점수

분별	이상주의	공감
바른 생각이나 판단을 구별하고 가름	이상을 세우고 이것을 실현시키려는 생활태도	남의 감정을 예민하게 지각하고 느끼는 감정이나 기분
점수	점수	점수

인간적인 삶	독립성	관계 구축
사람과의 관계에 있어서 지켜야 할 바른 도리	남에게 의존하지 않고 스스로를 제어하는 상태	서로 우호적이고 신뢰할 수 있는 인간관계를 만듦
점수	점수	점수

A 타입 총점	1순위/점수	2순위/점수	3순위/점수
	/	/	/

현재 자신의 성향 - B 타입

하나의 키워드에 100점 만점입니다.
직관적으로 세세한 점수를 체크합니다.

표현	재능	활동성
자신의 생각과 감정을 표현함	어떤 일을 하는 데 필요한 재주와 능력	어떤 일의 성과를 거두기 위하여 활동함
점수	점수	점수

즉각적인 만족	실용적	생산적
마음에 흡족함	실제로 쓰이는 것	실제적인 결론을 이끌어 내는 능력
점수	점수	점수

가능성	다양한 경험	재미
앞으로 성장하거나 실현될 수 있는 성질	자신이 실제로 해 보거나 겪어 봄, 거기서 얻은 지식이나 기능	즐거운 느낌이나 마음
점수	점수	점수

열정	사교성	새로움
어떤 일에 열렬한 애정을 가지고 열중하는 마음	남과 사귀기를 좋아하거나 쉽게 사귀는 성질	전과 다름
점수	점수	점수

B 타입 총점	1순위/점수	2순위/점수	3순위/점수
	/	/	/

현재 자신의 성향 – C 타입

하나의 키워드에 100점 만점입니다.
직관적으로 세세한 점수를 체크합니다.

목표 어떤 목적을 이루려고 지향해서 얻게 된 의도된 결과	자신감 자신이 있다는 느낌	소유욕 자기 것으로 만들어 가지고 싶어 하는 욕망
점수	점수	점수

현실적 실제로 얻을 수 있는 이익	통솔력 이끌어 가는 능력	물질욕 재물을 탐내는 마음
점수	점수	점수

집중력 한 가지 일에 힘을 모음	추진력 목표를 향하여 밀고 나아가는 힘	결과물 어떤 일을 끝맺으며 만들어 낸 물질적인 성과
점수	점수	점수

뚜렷한 분명한 생각	야망 크게 무엇을 이루어 보겠다는 희망	적극적 대상에 대한 태도가 긍정적이고 능동적인
점수	점수	점수

C 타입 총점	1순위/점수	2순위/점수	3순위/점수
	/	/	/

현재 자신의 성향 – D 타입

하나의 키워드에 100점 만점입니다.
직관적으로 세세한 점수를 체크합니다.

명예	안정	리더십
훌륭하다고 인정되는 기관이나 단체 또는 문서	바뀌어 달라지지 아니하고 일정한 상태를 유지함	구성원들이 자발적으로 참여하여 달성하도록 유도하는 능력
점수	점수	점수

책임감	원칙	신뢰
자신의 역할을 맡은 바 해야 할 의무나 부담	일관된 기본적인 규칙	굳게 믿고 의지함
점수	점수	점수

성실	규범	의무
꾸준하게 노력하는 진실한 성향	사회생활을 하는 데 있어 질서나 제도를 유지하기 위한 정해 놓은 틀	마땅히 하여야 할 일
점수	점수	점수

사회성	높은 퀄리티	신중
자신의 이익보다 소속, 조직을 지지하고 수용하는 역량	뛰어나고 우수한 역량	결과에 영향을 미치는 부분을 꼼꼼하게 점검함
점수	점수	점수

D 타입 총점	1순위/점수	2순위/점수	3순위/점수
	/	/	/

현재 자신의 성향 – E 타입

하나의 키워드에 100점 만점입니다.
직관적으로 세세한 점수를 체크합니다.

이타주의 사랑하는 마음으로 행복의 목적을 행함		삶의 의미 본질적인 가치		지혜 사물의 이치를 빨리 깨닫고 식별하여 통합하는 정신적 능력	
점수		점수		점수	

예의 존경을 표하기 위해 나타내는 말투나 몸가짐		순종 순순히 따름		수용 용서하는 것과는 관계없이 인간적으로 인식하여 받아들임	
점수		점수		점수	

겸손 자기를 내세우지 않고 남을 존중함		지성미 지적인 사고를 갖춤으로써 나타나는 아름다움		봉사심 공공이나 남을 위해 애쓰는 마음	
점수		점수		점수	

지적 호기심 어떤 분야를 체계적으로 배워서 익힘		배려 자기주장을 굽혀 상대를 위해 마음을 씀		포용력 남을 너그럽게 감싸 주거나 받아들이는 힘	
점수		점수		점수	

E 타입 총점	1순위/점수	2순위/점수	3순위/점수
	/	/	/

1. 결과를 만드는 원인
– 현재의 사회적 직무 –

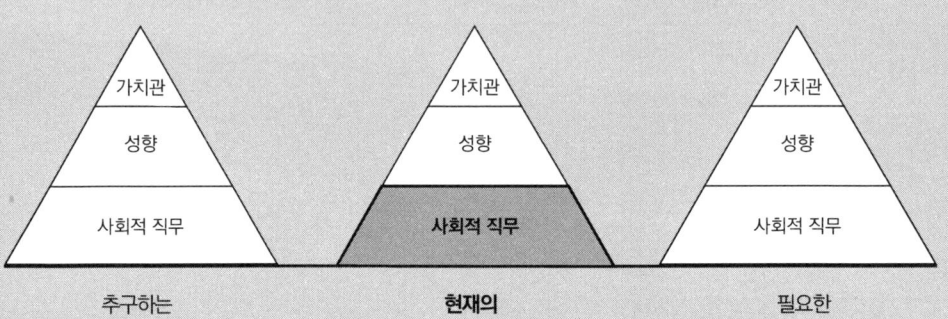

사회적 직무

현재의 사회적 직무
내가 가지고 있는 가치관을
그대로 점수화하여 체크해 보겠습니다.

A 타입

하나의 키워드에 100점 만점입니다.
직관적으로 세세한 점수를 체크합니다.

비전 제시 긍정적인 미래상을 구체적, 적극적으로 보여 주고 나타내는 역량 점수	긍정적 사고 어려운 상황을 극복하려는 생각, 말, 행동을 선택하는 역량 점수	A 타입
자기주도 스스로 수준 이상으로 완수하고자 하는 능동적 역량 점수	삶의 균형 일과 가족, 건강, 취미생활 등에서 한쪽으로 치우치지 않는 역량 점수	총점
동기부여 구성원들이 자발적, 적극적 업무를 수행할 수 있도록 지원하는 역량 점수	독립성 자신의 의지를 발휘하여, 자발적으로 행동하는 역량 점수	우선순위
자기확신 자신이 원하는 바를 소신껏 이룰 수 있다는 역량 점수	대인친밀성 상대방과 빠른 시간 내에 이해하고 관계 형성하는 역량 점수	1순위 점수 2순위 점수
대인 이해 상대의 생각이나 감정을 인지하는 역량 점수	관계 구축 업무수행 자원을 제공해 주는 사람과 우호적인 관계를 쌓는 역량 점수	3순위 점수

B 타입

하나의 키워드에 100점 만점입니다.
직관적으로 세세한 점수를 체크합니다.

혁신 주도	창의력	B 타입
기존의 관행을 깬 새로운 아이디어로 해결안을 이끄는 역량	남들보다 새로운 아이디어를 제안해 업무에 적용하는 역량	
점수	점수	

신속성	도전정신	총점
중요 업무를 빠른 시간 내에 처리하는 역량	가능성의 기회를 찾아내어, 과감하게 개척하려는 역량	
점수	점수	

유연성	설득력	
급변하는 상황에 원활히 대처하는 개방적인 인식과 행동역량	상호 간이 만족할 수 있는 방향으로 합의를 이끌어 내는 역량	우선순위
점수	점수	1순위 점수

발표력	고객지향	
제한된 시간 내에 자신의 의견을 이해하기 쉽게 표현하는 역량	고객의 요구사항을 미리 파악하여, 이를 만족시키려는 적극적 역량	2순위 점수
점수	점수	

적응력	전문가 의식	
변화하는 환경 여건을 이해하여 적극적으로 수용하는 역량	업무에 대한 뛰어난 기량을 갖추기 위해 학습하는 역량	3순위 점수
점수	점수	

C 타입

하나의 키워드에 100점 만점입니다.
직관적으로 세세한 점수를 체크합니다.

문제해결	결단력	C 타입
문제의 근본적인 해결방안을 찾아내 실행하는 역량	결정적인 판단을 내려 반드시 이루겠다는 역량	
점수	점수	
추진력	스트레스 내성	총점
목표 달성의 의지로 수행하며 밀고 나아가는 역량	자신에게 불리한 상황에도 회피 하지 않고 적극적으로 견디는 역량	
점수	점수	
손익관리	목표관리	
업무수행 시 투입비용 대비 효과의 효용성을 추구하는 역량	구체적인 성과를 분명히 하고 설정한 목표를 이루기 위한 행동 역량	우선순위
점수	점수	1순위 점수
핵심 파악	전략적 사고	
짧은 시간 안에 효과적으로 메시지를 인지하는 역량	장기적 관점에서 최상의 결과를 내기 위한 최선을 선택하는 역량	2순위 점수
점수	점수	
성과지향	대면영향	
높은 목표를 설정, 추진하여 결과의 질을 높이는 역량	상대에게 자신이 원하는 협조를 이끌어 내는 직접적인 역량	3순위 점수
점수	점수	

D 타입

하나의 키워드에 100점 만점입니다.

직관적으로 세세한 점수를 체크합니다.

의사결정	권한 위임	D 타입
객관적인 기준에 따라 타당한 결론을 내리는 역량	실질적인 업무담당자에게 적절한 권한과 책임을 실어 주는 역량	
점수	점수	

리더십	협상력	총점
리더 역할을 맡아 구성원을 효과적으로 일하도록 이끄는 역량	의견조율을 통해 합리적인 합의점을 도출, 목적을 달성하는 역량	
점수	점수	

책임감	성실성	
명확히 자신의 맡은 바를 인식해 완수할 때까지 노력하는 역량	어떤 상황에도 꾸준하게 유지하는 역량	우선순위
점수	점수	

시간관리	문서 작성	1순위 점수
업무의 중요성과 시급성을 계획성 있게 배분하는 역량	이해하기 쉬운 내용으로 구성하고 체계화하는 사무 역량	
점수	점수	2순위 점수

위기 대처	협동력	3순위 점수
돌발 상황 발생 시에도 차질 없이 업무를 배분하여 집행하는 역량	조직의 구성원으로서 다른 조직원과 공동의 목표를 추구하는 역량	
점수	점수	

E 타입

하나의 키워드에 100점 만점입니다.
직관적으로 세세한 점수를 체크합니다.

정보관리	타인육성	E 타입
유용한 대량 정보를 활용할 수 있도록 수집, 분류, 정리하는 역량	다른 사람들이 발전할 수 있도록 지속적인 코칭 역량	
점수	점수	총점
공정성	**갈등관리**	
객관적인 근거나 기준에 따라 다른 사람을 공평하게 대하는 역량	서로 입장이 다른 대립원인을 원만하게 해결유도 하는 역량	
점수	점수	
정직성	**업무조정**	우선순위
믿음과 신뢰를 위해 편법 없이 바르게 말하고 처리하는 역량	다양한 이해가 얽힌 사안에 대해 전체 이익을 확인, 조율하는 역량	
점수	점수	1순위 점수
조직헌신	**철저한 확인**	
자신의 이익보다 소속 조직의 방향을 지지하고 수용하는 역량	업무에 영향을 미치는 부분들을 점검하여 정확성을 높이는 역량	2순위 점수
점수	점수	
분석력	**솔선수범**	3순위 점수
객관적으로 세분화하여 핵심적인 사항을 분류하는 역량	관리 감독 없이도 스스로 앞장서 주도적 태도를 나타내는 역량	
점수	점수	

⟨예시⟩ 사회적 직무 타입 총점

	A	B	C	D	E
총점	843	725	893	756	625

타입 상위순위

	1순위	2순위	3순위
타입	C	A	B
점수	893	842	725
키워드 1~3	성과지향	결단력	문제해결

※ 모든 타입 중 가장 높은 점수의 키워드

키워드 점수 상위순위

	1순위	2순위	3순위
키워드	성과지향	결단력	문제해결
해당 타입	C	C	C

빈칸에 체크한 현재 사회적 직무의 점수를 적습니다.

타입 총점

	A	B	C	D	E
총점					

타입 상위순위

	1순위	2순위	3순위
타입			
점수			
키워드			

※ 모든 타입 중 가장 높은 점수의 키워드

키워드 점수 상위순위

	1순위	2순위	3순위
타입			
해당 타입			

추구하는 가치관과 현재의 가치관 총점 비교

	A 타입 총점	B 타입 총점	C 타입 총점	D 타입 총점	E 타입 총점
추구하는 가치관	763	1034	966	702	911
현재의 가치관	932	382	376	765	899

추구하는 성향과 현재의 성향 총점 비교

	A 타입 총점	B 타입 총점	C 타입 총점	D 타입 총점	E 타입 총점
추구하는 성향	920	326	761	364	502
현재의 성향	810	328	1034	597	770

사회적 직무

	A 타입 총점	B 타입 총점	C 타입 총점	D 타입 총점	E 타입 총점
추구하는 사회적 직무	821	232	913	346	709
현재의 사회적 직무	752	672	892	631	620

좋아하는 가치관, 성향, 사회적 직무와 현재의 가치관, 성향, 사회적 직무의 점수 차이, 교집합된 부분 등을 인식합니다.

지금의 상태에서 뜻을 해석하거나 의미를 부여하기보다는 단순한 변화를 확인합니다.

추구하는 가치관과 현재의 가치관 키워드 비교

	1순위	2순위	3순위
추구하는 가치관	기쁨	지혜	자율
현재의 가치관	자유	사회성	거시적

추구하는 성향과 현재의 성향 키워드 비교

	1순위	2순위	3순위
추구하는 성향	자신감	자유	새로움
현재의 성향	자유	사회성	거시적

추구하는 사회적 직무와 현재의 사회적 직무 키워드 비교

	1순위	2순위	3순위
추구하는 사회적 직무	자기혁신	핵심 파악	추진력
현재의 사회적 직무	시간관리	삶의 균형	유연성

좋아하는 가치관, 성향, 사회적 직무와 현재의 가치관, 성향, 사회적 직무의 키워드 차이, 교집합된 부분 등을 인식합니다.

지금의 상태에서 뜻을 해석하거나 의미를 부여하기보다는 단순한 변화를 확인합니다.

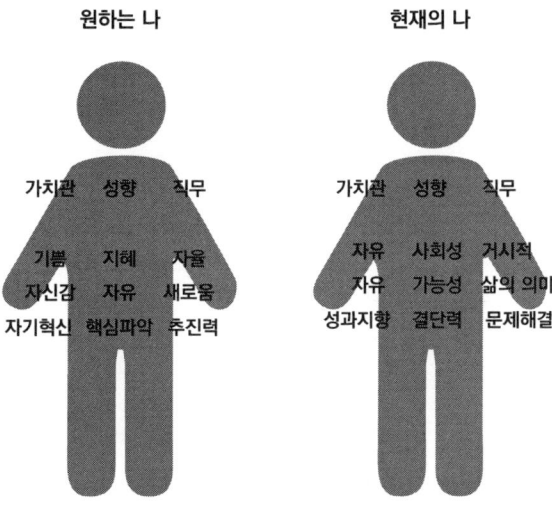

당신은 하나인데 관점에 따라 많은 가치관, 성향, 직무의 변화가 있었습니다. 우리가 인정해야 할 것은 우린 이렇게 다중자아, 다중성향, 다중 캐릭터가 복합적으로 어우러져 있다는 것입니다.

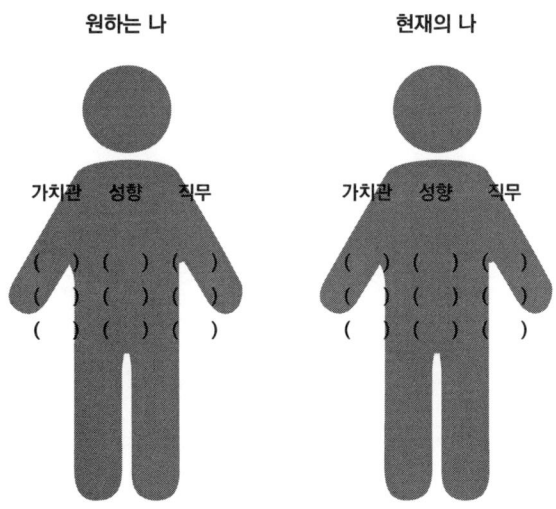

지금까지 도출된 키워드를 빈칸에 작성합니다.
〈원하는 나〉와 〈현재의 나〉의 키워드를 대조하여 인식하도록 합니다.

2. 현실적 결과
- 어떻게 나는 지금의 내가 되었는가? -

A, B, C, D, E 타입이라 한 이유

단어에는 뜻과 의미가 있습니다.
뜻과 의미를 모른다 할지라도 단어에 대한 이미지가 있습니다.
그것이 실제 체크하는 데 영향을 끼치지 않기 위해 단순한 A, B, C, D, E 타입으로 한 이유입니다.

이제는 1부의 가치관, 성향, 사회적 직무를 체크했으므로
A, B, C, D, E 타입의 이름을 공개하자고 합니다.
사실 타입의 네이밍이 중요한 것은 아닙니다.

일반적인 심리검사나 타입을 알고자 하는 것도 아닙니다.
우리는 한 가지 타입이 아니라 여러 타입의 가치관, 성향, 사회적인 직무가 복합적으로 이루어져 있다는 사실을 알려 드리기 위함입니다.
우리는 다양한 타입의 욕구와 의도를 가지고 있으며 나타내고 있습니다. 그것이 AI 커뮤니케이션의 가장 큰 전제이며 누구나 인정할 수밖에 없는 사실입니다.
2부 '현실적 결과'에서는 다양한 타입이 공존하고 있지만 그중에서 대장이라 할 수 있는 가장 큰 세력, 가장 큰 타입에 대해서 알아볼 것입니다.

정치에서도 여러 세력인 당이 국회를 이루고 있지만
제1당이 어디인가에 따라 정책과 나라의 방향성이 달라집니다.
마찬가지로 당신도 여러 세력의 타입이 공존하지만 가장 큰 제1당(현재의 가치관, 성향 1순위)에 따라 정책(태도, 관점)과 자신의 삶의 방향성이 나타나며 달라집니다.

A 타입: 셀프 타입(self type)

B 타입: 에너지 타입(Energy type)
C 타입: 해브 타입(Have type)
D 타입: 그룹 타입(Group type)
E 타입: 휴머니즘 타입(Humanism type)

자신의 가장 큰 세력인 제1당을 찾기 위해서는 현재의 가치관, 성향, 사회적 직무에서 가장 점수가 높은 1순위를 기준으로 합니다.
자신의 A, B, C, D, E 타입을 셀프 타입, 에너지 타입, 해브 타입, 그룹 타입, 휴머니즘 타입으로 변환하도록 합니다.

지금부터 각 타입별로 실제적으로 들어나는 보편적인 특성, 사실적인 현상들을 알아볼 것입니다.
우리의 삶은 인과관계로 엮인 실제적 이야기입니다.
인과관계란 원인과 결과로 이성적이고 합리적인 의미를 가지고 있습니다.
그렇기에 원인과 결과의 내용으로 상식적이고 당연한 이야기를 할 것입니다. 타입이 가진 가치관과 성향이 원인이 되어 당연히 나타날 수밖에 없는 결과, 사실적 현상들을 말이죠.

셀프 타입 긍정적 결과

가치관	성향
초연함	앎
자유	분별
순수함	자기존중
독특함	자기계발
거시적	창의성
공평성	자율
분별	우정
이상주의	독립성
공감	육체적 건강
인간적인 삶	자연
독립성	다양한 관점
관계 구축	자신감

⇩

원인으로 나타나는 현실적인 결과
행동이 자유로움 자신에게 긍정적, 낙관적 독창적인 사고능력 창의적이고 상상력과 아이디어가 풍부함 주관이 강해 남의 말에 쉽게 흔들리지 않음 자신만의 창의적 방법으로 표현함 자기 방식대로 조절하기 원함 상대의 인격과 권리를 존중 경쟁, 대립보다는 배려와 안녕을 바탕에 둠 공정한 분배, 협력관계, 친목 강조

셀프 타입의 긍정적 특성

행동이 자유로움
초연함, 자율, 자유의 가치관과 성향이 있으니 행동이 자유롭습니다.

자신에게 긍정적, 낙관적
앎, 분별, 이상주의, 자신감의 가치관과 성향이 있으니 자신에게 긍정적이며 낙관적입니다.

독창적인 사고능력
거시적, 다양한 관점, 독특함의 가치관과 성향이 있으니 독창적인 사고능력이 있습니다.

창의적이고 상상력과 아이디어가 풍부함
창의성, 이상주의의 가치관과 성향이 있으니 창의적이고 상상력과 아이디어가 풍부합니다.

주관이 강해 남의 말에 쉽게 흔들리지 않음
앎, 분별, 초연함의 가치관과 성향이 있으니 주관이 강하고 남의 말에 쉽게 흔들리지 않습니다.

자신만의 창의적 방법으로 표현함
자유, 순수함, 거시적 관점의 가치관과 성향이 있으니 자신만의 창의적 방법으로 표현합니다.

자기 방식대로 조절하기 원함
자유, 독립성, 자기존중, 자기계발의 가치관과 성향이 있으니 자기 방식대로 조절하기 원합니다.

상대의 인격과 권리를 존중
공감, 관계 구축, 우정, 다양한 관점의 가치관과 성향이 있으니 상대의 인격과 권리를 존중합니다.

경쟁, 대립보다는 배려와 안녕을 바탕에 둠
순수함, 공감, 인간적인 삶의 가치관과 성향이 있으니 경쟁, 대립보다는 배려와 안녕에 바탕을 둡니다.

공정한 분배, 협력관계, 친목 강조
초연함, 순수함, 공평성, 인간적인 삶의 가치관과 성향이 있으니 공정한 분배, 협력관계를 유지하며 친목을 강조합니다.

셀프 타입 부정적 결과

가치관	성향
초연함	앎
자유	분별
순수함	자기존중
독특함	자기계발
거시적	창의성
공평성	자율
분별	우정
이상주의	독립성
공감	육체적 건강
인간적인 삶	자연
독립성	다양한 관점
관계 구축	자신감

⇩

원인으로 나타나는 현실적인 결과

예측할 수 없는
되는 대로 방임하는
착하나 무능력함
금전개념 약함, 실리에 어두움
자신이 싫어하는 것은 절대로 하지 않음
고립된 자기만족으로 착각의 상황에서 벗어나지 못함
행동이 따르지 않는 공상가로 도전하지 않는 망상
부정적 감정에 익숙함 염세적, 공허를 잘 느낌
이상적인 상황을 찾아 현실과의 괴리감이 큼
실제적 재능을 확인하기 힘듦

셀프 타입 부정적 현상

예측할 수 없는
자유, 독특함, 이상주의, 창의성의 가치관과 성향이 과도할 때 예측할 수 없는 타입이 되어 버립니다.

되는 대로 방임하는
초연함, 자율, 독립성의 가치관과 성향이 과도할 때 되는 대로 방임하게 됩니다.

착하나 무능력함
순수함, 인간적인 삶, 자연 등의 가치관과 성향이 과도할 때 착하나 무능력한 결과를 얻게 됩니다.

금전개념 약함, 실리에 어두움
초연함, 순수함, 이상주의 등의 가치관과 성향이 과도할 때 금전개념이 약하거나 실리에 어둡게 나타납니다.

자신이 싫어하는 것은 절대로 하지 않음
초연함, 자유, 독립성, 자율의 가치관과 성향이 과도할 때 자신이 싫어하는 것은 절대로 하지 않으려 합니다.

고립된 자기만족으로 착각의 상황에서 벗어나지 못함
거시적, 이상주의 등의 가치관과 성향이 과도할 때 고립된 자기만족으로 착각의 상황에서 벗어나지 못합니다.

행동이 따르지 않는 공상가로 도전하지 않는 망상
거시적, 이상주의, 창의성의 가치관과 성향이 과도할 때 행동이 따르지 않는 공상가로 도전하지 않는 망상에 빠집니다.

부정적 감정에 익숙함 염세적, 공허를 잘 느낌
공평성, 이상주의, 다양한 관점의 가치관과 성향이 과도할 때 부정적 감정에 익숙해지고 염세, 공허를 잘 느낍니다.

이상적인 상황을 찾아 현실과의 괴리감이 큼
순수함, 독특함, 거시적, 이상주의의 가치관과 성향이 과도할 때 이상적인 상황을 찾아 현실과의 괴리감이 큽니다.

실제적 재능을 확인하기 힘듦
이상주의, 창의성, 인간적인 면의 가치관과 성향이 과도할 때 실제적 재능을 확인하기 힘듭니다.

에너지 타입 긍정적 결과

가치관	성향
기쁨	표현
도전	재능
다양성	활동성
모험	즉각적인 만족
변화와 즉흥	실용적
창조성	생산적
예술	가능성
영향력	다양한 경험
친밀함	재미
용기	열정
경쟁	사교성
인정	새로움

⇩

원인으로 나타나는 현실적인 결과
하고 싶은 일이 많고 하는 것을 좋아함
흥미진진하고 호기심 많음
흥미로운 활동들과 경험들을 추구
감성을 표출하고 원하는 행동을 표출함
사고역량이 빨라 많은 일을 처리하는 능력이 능함
어려운 상황의 해결능력이 탁월하고 다재다능함
인정이 많고 관계에 성실하여 인맥형성 잘함
남의 일을 자기 일처럼 돕고 대인관계 폭넓음
사람들에게 개념 공유와 직접적인 교류로 인정받음
언변이 뛰어나며 재미있는 표현과 설득을 잘함

에너지 타입 긍정적 특성

하고 싶은 일이 많고 하는 것을 좋아함
도전, 모험, 용기 활동성의 가치관과 성향을 가지고 있으니 하고 싶은 일이 많고 하는 것을 좋아합니다.

흥미진진하고 호기심 많음
재능, 예술, 열정, 새로움의 가치관과 성향이 있으니 흥미진진하고 호기심이 많습니다.

흥미로운 활동들과 경험들을 추구
가능성, 다양한 경험, 재미의 가치관과 성향이 있으니 흥미로운 활동들과 경험들을 추구합니다.

감성을 표출하고 원하는 행동을 표출함
용기, 표현, 열정의 가치관과 성향을 가지고 있으니 감성을 표출하고 원하는 행동을 표출합니다.

사고역량이 빨라 많은 일을 처리하는 능력이 능함
재능, 실용적, 생산적의 가치관과 성향이 있으니 사고역량이 빨라 많은 일을 처리하는 능력이 뛰어납니다.

어려운 상황의 해결능력이 탁월하고 다재다능함
경쟁, 영향력, 실용적이라 어려운 상황의 해결능력이 탁월합니다.

인정이 많고 관계에 성실하여 인맥형성 잘함
친밀함, 기쁨, 재미, 사교성, 새로움으로 관계를 잘 형성합니다.

남의 일을 자기 일처럼 돕고 대인관계 폭넓음
친밀감, 인정, 재미, 열정으로 대인관계의 폭이 넓습니다.

사람들에게 개념 공유와 직접적인 교류로 인정받음
친밀함, 영향력, 표현, 활동성으로 잘 표현하고 인정을 받습니다. 또한 인정받는 것을 좋아합니다.

언변이 뛰어나며 재미있는 표현과 설득을 잘함
재능, 표현, 재미, 사교성으로 언변이 뛰어나며 표현, 설득을 잘합니다.

에너지 타입 부정적 결과

가치관	성향
기쁨	표현
도전	재능
다양성	활동성
모험	즉각적인 만족
변화와 즉흥	실용적
창조성	생산적
예술	가능성
영향력	다양한 경험
친밀함	재미
용기	열정
경쟁	사교성
인정	새로움

⇩

원인으로 나타나는 현실적인 결과
싫증을 금방 느껴 끈기 부족, 책임감 약함 행동이 앞서 준비 없는 시작을 많이 함 불편함이 얼굴로 드러나거나 말로 표현함 대인관계의 비중이 커서 일에 대한 집중력 분산 쉽게 산만하고 분산되어 한곳에 집중하기 힘듦 여러 방향으로 에너지를 쏟아 쓸데없는 곳에 자꾸 관심 뛰어난 재주가 있지만 일정한 직업에 종사하기 어려움 총명함을 변칙적으로 이용하려 함 조직문화를 개선하려는 기질을 보임 비기득권자의 편에 서서 기득권자를 불편하게 함

에너지 타입 부정적 특성

싫증을 금방 느껴 끈기 부족, 책임감 약함
재미, 모험, 다양한 경험 등의 가치관과 성향이 과도할 때 싫증을 금방 느껴 끈기가 부족하고 책임감이 약해집니다.

행동이 앞서 준비 없는 시작을 많이 함
변화와 즉흥, 즉각적인 만족의 가치관과 성향이 과도할 때 행동이 앞서 준비 없는 시작을 많이 하게 됩니다.

불편함이 얼굴로 드러나거나 말로 표현함
표현, 영향력의 가치관과 성향이 과도할 때 불편함이 얼굴로 드러나거나 말로 표현해 버립니다.

대인관계의 비중이 커서 일에 대한 집중력 분산
사교성, 새로움, 인정, 활동성의 가치관과 성향이 과도할 때 대인관계의 비중이 커서 일에 대한 집중력이 분산됩니다.

쉽게 산만하고 분산되어 한곳에 집중하기 힘듦
다양한 경험, 새로움, 변화와 즉흥의 가치관과 성향이 과도할 때 쉽게 산만하고 분산되어 한곳에 집중하기 힘듭니다.

여러 방향으로 에너지를 쏟아 쓸데없는 곳에 자꾸 관심
다양성, 창조성, 영향력, 활동성의 가치관과 성향이 과도할 때 여러 방향으로 에너지를 쏟아 쓸데없는 곳에 자꾸 관심을 갖습니다.

뛰어난 재주가 있지만 일정한 직업에 종사하기 어려움
재능, 창조성, 예술, 새로움의 가치관과 성향이 과도할 때 뛰어난 재주가 있지만 일정한 직업에 종사하는 일에 어려움을 겪습니다.

총명함을 변칙적으로 이용하려 함
재능, 생산적, 실용적, 창조성의 가치관과 성향이 과도할 때 총명함을 변칙적으로 이용하려 합니다.

조직문화를 개선하려는 기질을 보임
실용적, 생산적, 영향력의 가치관과 성향이 과도할 때 조직문화를 개선하려는 기질을 보입니다.

비기득권자의 편에 서서 기득권자를 불편하게 함
인정, 열정, 활동성의 가치관과 성향이 과도할 때 비기득권자의 편에 서서 기득권자를 불편하게 합니다.

해브 타입 긍정적 결과

가치관	성향
목표	부
자신감	목표
소유욕	경제적인 안정
현실적	결과
통솔력	성취
물질욕	지배
집중력	개인의 발전
추진력	승리
결과물	소유
뚜렷한	장악
야망	파급력
적극적	풍요

⇩

원인으로 나타나는 현실적인 결과

성공으로 관심 얻기
목표를 달성하려는 집중과 몰입 강함
성취한 것, 하는 것, 갖고 있는 것의 현재 상태를 의식
물질적인 재산이나 지위, 일 등의 목표를 계속해서 달성하려 함
인내심과 집착이 강해 지구력 강함
운영이 뛰어나고 사업수단 탁월함
직관적으로 알아차리는 능력
역경에 좌절하지 않고 진취적
효율적인 시간과 에너지의 경제성을 염두
지배하려는 속성이 강함

해브 타입 긍정적 특성

성공으로 관심 얻기
부, 결과, 성취 등 드러나는 성공을 남들도 알아주길 바랍니다.

목표를 달성하려는 집중과 몰입 강함
목표, 뚜렷한, 적극적, 장악의 가치관과 성향이 있으니 목표를 달성하려는 과정인 집중과 몰입이 강할 수밖에 없습니다.

성취한 것, 하는 것, 갖고 있는 것의 현재 상태를 의식
성취, 소유욕, 경제적인 안정이 중요하니 그것을 계속해서 확인합니다.

물질적인 재산이나 지위, 일 등의 목표를 계속해서 달성하려 함
현실적, 야망, 목표, 장악하는 경향이 강한 만큼 계속해서 목표를 달성하려 합니다.

인내심과 집착이 강해 지구력 강함
목표, 집중력, 개인의 발전을 중요하게 생각하기에 목표가 이루어질 때까지 지구력이 발휘될 수밖에 없습니다. 원하는 속도로 이루어지지 않는다면 계속해서 목표를 이룰 때까지 인내심을 발휘할 수밖에 없습니다.

운영이 뛰어나고 사업수단 탁월함
통솔력, 현실적 결과물을 중요하게 생각하기에 원하는 결과를 얻기 위해서는 통솔력을 발휘할 수밖에 없습니다. 그래야 원하는 결과를 얻기 때문입니다.

직관적으로 알아차리는 능력
통솔력, 지배, 개인의 발전 의지가 강하기에 현실적인 결과물을 내는 것에 초점이 맞추어져 있습니다. 그렇기에 직관적으로 알아차리는 능력이 탁월합니다.

역경에 좌절하지 않고 진취적
자신감, 적극적, 야망, 목표, 승리에 경향이 강한데 어찌 쉽게 역경에 좌절할 수 있을까요? 웬만한 역경쯤이야 정면돌파할 것입니다.

효율적인 시간과 에너지의 경제성을 염두
목표, 현실적, 결과, 지배, 장악이 강합니다. 여유롭게 대충 되는 대로가 되지 않습니다. 빠른 결과를 내려 하니 압축하게 되고 효용성과 경제성의 염두는 당연한 것입니다.

지배하려는 속성이 강함
지배, 소유, 장악, 파급력을 끼치려 합니다. 내가 원하는 결과와 경제성은 내가 원하는 대로 진행되어야 합니다. 타인에게 맡겨 한가롭게 기다릴 수 없습니다. 그러므로 내가 지배하고 장악하려 하고 컨트롤하려 합니다.

해브 타입 부정적 결과

가치관	성향
목표	부
자신감	목표
소유욕	경제적인 안정
현실적	결과
통솔력	성취
물질욕	지배
집중력	개인의 발전
추진력	승리
결과물	소유
뚜렷한	장악
야망	파급력
적극적	풍요

⇩

원인으로 나타나는 현실적인 결과

성취를 위해 모든 것 희생
절제하지 못하는 과도한 생활, 중독에 빠짐
무엇을 더 해야 한다는 압박감, 성취 뒤의 허탈함
충동적으로 갑작스러운 큰 지출, 금전관리의 실수
속셈이 있는 계산된 친절, 타인을 배려하지 않는 이익
휴식만을 위한 휴식을 취하지 못함
이기적인 성격, 상대방에게 져 주지를 않음
자신의 생각을 상대에게 강요, 지시, 명령 지배적 성향이 강함
타인의 눈에 좋게 보이는 것을 하려 함
가치관을 벗어난 행위를 하거나 갖기 위해서 편법적인 경로를 선택하려 함

해브 타입 부정적 특성

성취를 위해 모든 것 희생
물질욕, 목표, 결과, 지배, 승리욕의 가치관과 성향이 과도할 때 성취를 위해 모든 것을 희생하게 됩니다.

절제하지 못하는 과도한 생활, 중독에 빠짐
목표, 소유, 장악, 야망, 적극적의 가치관과 성향이 과도할 때 절제하지 못하는 과도한 생활, 중독에 빠집니다.

무엇을 더 해야 한다는 압박감, 성취 뒤의 허탈함
목표, 소유욕, 결과물, 개인의 발전의 가치관과 성향이 과도할 때 무엇을 더 해야 한다는 압박감으로 성취 뒤에도 허탈함을 느낍니다.

충동적으로 갑작스러운 큰 지출, 금전관리의 실수
소유욕, 추진력, 소유의 가치관과 성향이 과도할 때 충동적으로 갑작스러운 큰 지출, 금전관리의 실수를 하게 됩니다.

속셈이 있는 계산된 친절, 타인을 배려하지 않는 이익
결과, 지배, 승리, 장악력의 가치관과 성향이 과도할 때 속셈이 있는 계산된 친절과 타인을 배려하지 않는 이익을 얻으려 합니다.

휴식만을 위한 휴식을 취하지 못함
결과물, 목표, 결과, 개인의 발전의 가치관과 성향이 과도할 때 휴식만을 위한 휴식을 취하지 못합니다.

이기적인 성격, 상대방에게 져 주지를 않음
목표, 결과, 지배, 승리욕의 가치관과 성향이 과도할 때 이기적인 성격으로 상대방에게 져 주지를 않으려 합니다.

자신의 생각을 상대에게 강요, 지시, 명령 지배적 성향이 강함
통솔력, 지배, 소유, 장악의 가치관과 성향이 과도할 때 자신의 생각을 상대에게 강요, 지시, 명령을 하려 합니다.

타인의 눈에 좋게 보이는 것을 하려 함
물질욕, 부, 성취, 개인의 발전, 풍요가 가치관과 성향이 과도할 때 타인의 눈에 좋게 보이는 것을 하려 노력합니다.

가치관을 벗어난 행위를 하거나 갖기 위해서 편법적인 경로를 선택하려 함
목표, 승리, 결과의 가치관과 성향이 과도할 때 갖기 위해서 편법적인 경로라도 선택하게 됩니다.

그룹 타입 긍정적 결과

가치관	성향
명성	명예
협력	안정
의무감	리더십
발전	책임감
소속감	원칙
신뢰성	신뢰
충실함	성실
권위	규범
안정감	의무
균형	사회성
질서	높은 퀄리티
책임감	신중

⇩

원인으로 나타나는 현실적인 결과
팀워크와 조직에 순응적
사회성이 좋고 직장상사에게 충성함
책임감이 강하고 성실함
집중력과 인내심이 탁월함
모범적이고 합리적임
끈기로 계속해서 노력함
사회적인 안정에서 명예를 얻으려 함
개인의 만족과 일의 인정을 원함
우월함으로 타인이 따르기를 기대함
높은 퀄리티를 추구함

그룹 타입 긍정적 특성

팀워크와 조직에 순응적
협력, 소속감, 의무감의 가치관과 성향을 가지고 있으니 팀워크와 조직에 순응적일 수밖에 없습니다.

사회성이 좋고 직장상사에게 충성함
신뢰성, 충실함, 성실의 가치관과 성향을 가지고 있으니 사회성이 좋고 직장상사를 잘 따릅니다.

책임감이 강하고 성실함
책임감, 성실, 규범의 가치관과 성향을 가지고 있으니 책임감이 강하고 성실합니다.

집중력과 인내심이 탁월함
충실, 명예, 사회성의 가치관과 성향을 가지고 있으니 집중력과 인내심이 탁월합니다.

모범적이고 합리적임
명성, 균형, 질서, 의무의 가치관과 성향을 가지고 있으니 모범적이고 합리적입니다.

끈기로 계속해서 노력함
발전, 책임감, 높은 퀄리티의 가치관과 성향이 있으니 끈기로 계속해서 노력합니다.

사회적인 안정에서 명예를 얻으려 함
명성, 발전, 권위, 리더십의 가치관과 성향이 있으니 사회적인 안정에서 명예를 얻으려 합니다.

개인의 만족과 일의 인정을 원함
안정감, 균형, 발전의 가치관과 성향이 있으니 개인의 만족과 일의 인정을 원합니다.

우월함으로 타인이 따르기를 기대함
명성, 권위, 리더십, 책임감의 가치관과 성향이 있으니 우월함으로 타인이 따르기를 기대합니다.

높은 퀄리티를 추구함
높은 퀄리티, 명예, 신뢰의 가치관과 성향이 있으니 높은 퀄리티를 추구합니다.

그룹 타입 부정적 결과

가치관	성향
명성	명예
협력	안정
의무감	리더십
발전	책임감
소속감	원칙
신뢰성	신뢰
충실함	성실
권위	규범
안정감	의무
균형	사회성
질서	높은 퀄리티
책임감	신중

⇩

원인으로 나타나는 현실적인 결과
긴장과 경직
타이틀에 치중함
자신의 속마음을 누름
일을 잘되게 만드는 것에 지나치게 책임을 느낌
너무 세심하고 예민하여 일을 처리하는 시간이 길고 피로
다른 사람에게 상처를 주고 싶어 하지 않기 때문에 거절을 못 함
지나치게 비위 맞추려 하거나 타인의 기대에 너무 열심히 노력함
회사 일에 많은 시간 할애, 자신의 시간 없음
나서지 않고 뒤에서 투덜거리다가 폭발함
좋은 의사결정을 위해 생각과 지나친 근심 걱정을 많이 함

그룹 타입 부정적 특성

긴장과 경직
책임감, 리더십, 신뢰, 높은 퀄리티의 가치관과 성향이 과도할 때 긴장하고 경직합니다.

타이틀에 치중함
명성, 권위, 명예의 가치관과 성향이 과도할 때 타이틀에 치중합니다.

자신의 속마음을 누름
협력, 성실, 규범, 의무의 가치관과 성향이 과도할 때 자신의 속마음을 누릅니다.

일을 잘되게 만드는 것에 지나치게 책임을 느낌
발전, 신뢰성, 책임감, 높은 퀄리티의 가치관과 성향이 과도할 때 일을 잘되게 만드는 것에 지나치게 책임을 느낍니다.

너무 세심하고 예민하여 일을 처리하는 시간이 길고 피로
책임감, 리더십, 신뢰, 높은 퀄리티의 가치관과 성향이 과도할 때 너무 세심하고 예민하여 일을 처리하는 시간이 길고 피로합니다.

다른 사람에게 상처를 주고 싶어 하지 않기 때문에 거절을 못 함
협력, 안정감, 균형, 질서, 책임감의 가치관과 성향이 과도할 때 다른 사람에게 상처를 주고 싶지 않아 거절을 못 합니다.

지나치게 비위 맞추려 하거나 타인의 기대에 너무 열심히 노력함
소속감, 책임감, 규범, 의무의 가치관과 성향이 과도할 때 타인의 기대에 너무 열심히 노력합니다.

회사 일에 많은 시간 할애, 자신의 시간 없음
의무감, 발전, 충실함, 신중함 가치관과 성향이 과도할 때 회사 일에 많은 시간을 할애하고 자신의 시간이 없습니다.

나서지 않고 뒤에서 투덜거리다가 폭발함
안정감, 균형, 질서, 사회성의 가치관과 성향이 과도할 때 나서지 않고 뒤에서 투덜거리다가 폭발합니다.

좋은 의사결정을 위해 생각과 지나친 근심 걱정을 많이 함
발전, 신뢰, 리더십, 높은 퀄리티, 가치관과 성향이 과도할 때 생각을 많이 하고 지나친 근심 걱정을 많이 하게 됩니다.

휴머니즘 타입 긍정적 결과

가치관	성향
공헌	이타주의
지적 능력	삶의 의미
배움	지혜
청렴성	예의
베풂	순종
내적 조화	수용
공동체	겸손
지혜	지성미
존경	봉사심
전통	지적 호기심
영성	배려
정의	포용력

⇩

원인으로 나타나는 현실적인 결과

지적 에너지 높음
정직하고 온화함
편안하고 안정적인 이미지
윗사람을 잘 섬기고 예의가 바름
윗사람을 기쁘게 하려 하므로 도움을 잘 받음
도움을 청하면 쉽게 도움을 줌
일관성이 높고 우호적이며 좋은 관계를 형성
자신을 내세우지 않고 기여함
갈등 없는 환경 유지를 위해 헌신함
삶의 의미와 가치를 중시함

휴머니즘 타입 긍정적 특성

지적 에너지 높음
지성미, 지적 호기심, 지적 능력의 가치관과 성향을 가지고 있으니 지적 에너지가 높습니다.

정직하고 온화함
청렴성, 정의, 배려의 가치관과 성향을 가지고 있으니 정직하고 온화합니다.

편안하고 안정적인 이미지
존경, 예의, 포용력의 가치관과 성향을 가지고 있으니 편안하고 안정적인 이미지입니다.

윗사람을 잘 섬기고 예의가 바름
존경, 전통, 순종의 가치관과 성향을 가지고 있으니 윗사람을 잘 섬기고 예의가 바릅니다.

윗사람을 기쁘게 하려 하므로 도움을 잘 받음
존경, 순종, 수용의 가치관과 성향을 가지고 있으니 윗사람을 기쁘게 하려 하므로 도움을 잘 받습니다.

도움을 청하면 쉽게 도움을 줌
베풂, 이타주의, 봉사심의 가치관과 성향을 가지고 있으니 도움을 청하면 쉽게 도움을 줍니다.

일관성이 높고 우호적이며 좋은 관계를 형성
베풂, 내적 조화, 공동체, 배려의 가치관과 성향을 가지고 있으니 일관성이 높고 우호적이며 좋은 관계를 형성합니다.

자신을 내세우지 않고 기여함
겸손, 배려, 포용력의 가치관과 성향을 가지고 있으니 자신을 내세우지 않고 기여합니다.

갈등 없는 환경 유지를 위해 헌신함
공동체, 이타주의, 수용의 가치관과 성향을 가지고 있으니 갈등 없는 환경 유지를 위해 헌신합니다.

삶의 의미와 가치를 중시함
내적 조화, 영성, 삶의 의미의 가치관과 성향을 가지고 있으니 삶의 의미와 가치를 중시합니다.

휴머니즘 타입 부정적 결과

가치관	성향
공헌	이타주의
지적 능력	삶의 의미
배움	지혜
청렴성	예의
베풂	순종
내적 조화	수용
공동체	겸손
지혜	지성미
존경	봉사심
전통	지적 호기심
영성	배려
정의	포용력

⇩

원인으로 나타나는 현실적인 결과
온화한 듯하나 우울함
열정이 없고 게으르고 나태함
마지못해 어쩔 수 없이 묶이는 희생
남의 요구에 따라 사는, 마지못해 양보해서 후회 많음
타인에게 의존하므로 불평불만 많음
나서지 못하고 부탁하거나 기대함
지원받길 바라며 기대는 인생
기대, 의존으로 상대를 질리게 함
새로운 이념을 받아들이지 못하여 원칙과 규칙의 구속됨
감정을 억제, 표현하지 못하여 스스로 결정하기 힘듦. 실제 행동 어려움

휴머니즘 타입 부정적 특성

온화한 듯하나 우울함
공동체, 전통, 영성의 가치관과 성향이 과도할 때 온화한 듯하나 우울합니다.

열정이 없고 게으르고 나태함
영성, 삶의 의미, 배려의 가치관과 성향이 과도할 때 열정이 없고 게으르고 나태해집니다.

마지못해 어쩔 수 없이 묶이는 희생
내적 조화, 영성, 순종의 가치관과 성향이 과도할 때 마지못해 어쩔 수 없이 묶이는 희생을 합니다.

남의 요구에 따라 사는, 마지못해 양보해서 후회 많음
공동체, 예의, 겸손, 배려의 가치관과 성향이 과도할 때 남의 요구에 따라 살거나 마지못해 양보해서 후회가 많습니다.

타인에게 의존하므로 불평불만 많음
이타주의, 삶의 의미, 공동체의 가치관과 성향이 과도할 때 타인에게 의존하므로 불평불만이 많습니다.

나서지 못하고 부탁하거나 기대함
공동체, 이타주의, 포용력의 가치관과 성향이 과도할 때 나서지 못하고 부탁하거나 기대합니다.

지원받길 바라며 기대는 인생
공헌, 전통, 영성, 정의의 가치관과 성향이 과도할 때 지원받길 바라며 기대는 인생이 됩니다.

기대, 의존으로 상대를 질리게 함
이타주의, 예의, 수용의 가치관과 성향이 과도할 때 기대, 의존으로 상대를 질리게 합니다.

새로운 이념을 받아들이지 못하여 원칙과 규칙의 구속됨
전통, 영성, 삶의 의미의 가치관과 성향이 과도할 때 새로운 이념을 받아들이지 못하여 원칙과 규칙에 구속됩니다.

감정을 억제, 표현하지 못하여 스스로 결정하기 힘듦. 실제 행동 어려움
지적 능력, 삶의 의미, 지적 호기심의 가치관과 성향이 과도할 때 스스로 결정하기 힘들며 실제 행동의 어려움을 겪습니다.

현재의 나를 알기

- 특징
- 욕구
- 스트레스
- 표면적 단서
- 유의할 점

특징

특징 중 75% 이상만 체크합니다.
전체에서 우선순위 총 5개를 체크합니다

셀프 타입	☐ 상상력 풍부 ☐ 자유분방 ☐ 통찰력과 깨달음 ☐ 배려와 인간적인 ☐ 선택적인 사회성과 사교성
에너지 타입	☐ 자기주장 ☐ 영향력 발휘 ☐ 임기응변 능함 ☐ 부지런하고 승부근성 강함 ☐ 사람들과의 활동과 즐거움
해브 타입	☐ 현실적 ☐ 뚜렷한 의견 ☐ 즉각적인 실행 ☐ 자기 영역 관리 잘함 ☐ 적극적이며 자신감 강함
그룹 타입	☐ 모범적 ☐ 사회성 좋음 ☐ 조심성 있음 ☐ 시스템, 절차 고수 ☐ 책임감이 강하고 성실함
휴머니즘 타입	☐ 윤리적 ☐ 평화주의 ☐ 한결같은 ☐ 지적 추구와 탐색 ☐ 주변의 모두가 편안한지 확인

욕구

욕구 중 75% 이상만 체크합니다.

전체에서 우선순위 총 5개를 체크합니다

셀프 타입	☐ 사생활 확보 ☐ 개인감정 존중 ☐ 지시하기보다는 제안 ☐ 충분히 생각할 수 있는 시간적 여유 ☐ 자신이 바라는 일정과 환경을 원함
에너지 타입	☐ 유명세 ☐ 개인적 인정 ☐ 표현하고 싶은 ☐ 화려하고 싶은 ☐ 의사소통이 자유로운 환경
해브 타입	☐ 분명한 상황 ☐ 분명한 결정과 결과 ☐ 활동에 따른 결과 ☐ 가시적인 혜택과 이익 ☐ 힘과 권한이 허락되는 환경
그룹 타입	☐ 규칙적 ☐ 체계적 ☐ 사회적 명예와 인정 ☐ 믿고 신뢰할 수 있는 환경 ☐ 안정적 환경에서 더 높은 지위 추구
휴머니즘 타입	☐ 앎의 우월함 ☐ 대접받길 원하는 ☐ 사람들이 자신을 존경하기를 원함 ☐ 타인을 기쁘게 함으로써 자신이 기쁜 ☐ 안주되길 바라는

스트레스 받을 때

스트레스 중 75% 이상만 체크합니다.
전체에서 우선순위 총 5개를 체크합니다

셀프 타입	☐ 지배받기 싫음 ☐ 상대 요구에 반응하지 않음 ☐ 사회관습을 무시하거나 비판적 ☐ 현실이 아닌 추상적 성질을 믿음 ☐ 결단력이나 실행 없이 생각 속에 삶
에너지 타입	☐ 시비 ☐ 대결적 논쟁 ☐ 감정의 기복이 심함 ☐ 쉽게 산만해짐 ☐ 방해, 반항, 개혁
해브 타입	☐ 충동적인 결정과 행동 ☐ 욕구를 채우기 위한 행위 ☐ 지나친 몰입, 중독 성향 ☐ 참을성이 없고 쉽게 화를 냄 ☐ 다른 사람의 무능을 참지 못함
그룹 타입	☐ 우유부단 ☐ 변화에 수동적 ☐ 지나친 불안, 앞선 걱정 ☐ 갈등과 경쟁상황에서 물러나려 함 ☐ 걱정이나 불평불만을 많이 하나 대외적으로 못 함
휴머니즘 타입	☐ 완고함 ☐ 무기력 ☐ 참여하지 않고 주변에 머무름 ☐ 문제를 쌓아 둠 ☐ 분노를 내면에 쌓아 두고 과거에 집착

표면적 단서

표면적 단서 중 75% 이상만 체크합니다.
전체에서 우선순위 총 5개를 체크합니다

셀프 타입	☐ 규칙과 제도를 불편해함 ☐ 혼자만의 생각과 공간을 좋아함 ☐ 조용하고 말이 없으며 생각이 많고 섬세함 ☐ 다소 까다롭게 느껴져 함부로 말 붙이기가 쉽지 않음 ☐ 흑백논리로 보지 않기 때문에 완전한 결정이나 결론을 말하지 않음
에너지 타입	☐ 새로운 일을 잘 벌임 ☐ 한곳에 집중하기 어려움 ☐ 여러 사람들과 어울리는 것을 좋아함 ☐ 감탄사와 과장된 몸짓과 언어 ☐ 대화를 주도하고 폭넓은 인간관계
해브 타입	☐ 자랑이 많거나 거만해 보임 ☐ 지배하려는 속성이 강함 ☐ 핵심, 본론, 간단명료함 요구 ☐ 분명하고 직설적으로 말함 ☐ 성공과 업적에만 가치를 둠
그룹 타입	☐ 준수하고 모범적 이미지 ☐ 잘하기 위해 준비성 좋음 ☐ '좋은 게 좋다'라는 식으로 양보함 ☐ 체계적이고 꼼꼼함 ☐ 원리원칙을 중요시하고 합리적이고 논리적
휴머니즘 타입	☐ 예의를 잘 차림 ☐ 정신적인 면을 중요시 여김 ☐ 가치와 의미를 담은 단어를 많이 사용 ☐ 말이 느리고 조용하며 겸손하고 온유함 ☐ 착하고 순한 인상, 편안한 이미지, 갈등이 없어 보임

유의할 점

유의할 점 중 75% 이상만 체크합니다.
전체에서 우선순위 총 5개를 체크합니다

셀프 타입	☐ 현실적이지 못하거나 실제가 약함 ☐ 주변 사람을 눈살 찌푸리게 함 ☐ 간섭이나 구속받기를 싫어함 ☐ 사회적 능력이 약하게 나타남
에너지 타입	☐ 다툼 시 험담을 퍼트려 동정받으려 함 ☐ 남이 잘되면 배가 아픔 ☐ 나서서 분란을 만듦 ☐ 조직을 개혁하려 함
해브 타입	☐ 소비 충동이 강함 ☐ 너무 솔직해서 상대의 마음을 다치게 함 ☐ 상대를 배려하기보다는 이기적 성향 ☐ 바른 수단과 방법이 아니더라도 상관 없음
그룹 타입	☐ 너무 세세하게 따짐 ☐ 고지식한 고집불통 ☐ 잔소리꾼 ☐ 스스로 힘들게 함
휴머니즘 타입	☐ 상대 뜻에 끌려다님 ☐ 의존성이 강함 ☐ 행동과 실천으로 이어지는 경우가 드묾 ☐ 가계에 도움이 안 되는 공부만 하려 함

체크한 부분을 종합하여 적습니다.

특징	- - - - -
욕구	- - - - -
스트레스	- - - - -
표면적 단서	- - - - -
유의할 점	- - - - -

3. 직업적 특성

- 생계를 유지하기 위하여 자신의 적성과 능력에 따라 일정한 기간 동안 계속하여 종사하는 것
- 직업에 관련되는 것
- 생계를 유지하기 위하여 자신의 적성과 능력에 따라 일정한 기간 동안 계속하여 종사하는 것

직업

어떤 환경에서, 어떤 것을 통해 에너지를 얻고 발휘할 수 있는가
각 타입별 직업동기 선호도

삶에 있어서 평생 따라다니는 과제 중 하나는 직업입니다.
직업탐색, 유지, 경력, 적성, 은퇴 후까지 가장 많은 시간과 관심을 가지는 것이 직업입니다.
실제 코칭에서는 하고 싶은 일과 해야 될 일의 괴리감에서 고민하는 일도 적지 않습니다.
생계를 유지하기 위한 일은 적성에 맞지 않는 경우
적성과 능력을 발휘하고 싶은 일은 생계 유지가 힘든 경우
자신이 좋아하는 직무이지만 직업이 맞지 않는 경우
만족하는 직업이지만 직무가 불만인 경우
적합한 직업과 직무조차 알지 못해 답답하다고 호소하는 경우 등
수많은 갈등의 선택에 놓이게 됩니다.

어떤 직업을 가져야 가장 행복하고 만족스럽게 일할 수 있을까요?
어떤 직장에 취직해야 장기적으로 성장, 성취하며 생계도 만족될 수 있을까요?

각 타입별로
셀프 타입 15가지
에너지 타입 15가지
해브 타입 15가지
그룹 타입 15가지

휴머니즘 타입 15가지

총 75개의 체크난이 있습니다.

총 75개 체크난에 총 10개 정도를 체크하도록 합니다.

10개보다 작다면 괜찮습니다만 많다면 10개로 제한하여 선별하도록 합니다.

셀프 타입 직업적 적성

☐ 1. 내적 성장과 발전을 경험할 수 있는 일

☐ 2. 지도하거나 사람들에게 부정적인 말을 할 필요가 없는 일

☐ 3. 동료들로 이루어진 소그룹과 상호작용할 수 있는 일

☐ 4. 집중할 수 있는 개인 시간이 많고 독립적으로 할 수 있는 일

☐ 5. 새로운 아이디어를 개발하고, 분석하고, 비판할 수 있는 일

☐ 6. 자신의 프로젝트가 실현되는 모습을 볼 수 있는 일

☐ 7. 나의 가치관에 일치하고 남을 이롭게 해 줄 수 있는 일

☐ 8. 예의 바르고 좋은 사람들과 함께 자율적으로 할 수 있는 일

☐ 9. 융통성 없는 운영 절차에 구속당하지 않는 일

☐ 10. 열정과 독창성, 상상력을 인정해 주는 환경에서 하는 일

☐ 11. 관습적인 접근 방식을 벗어난 방식을 시도할 수 있는 일

☐ 12. 자신의 내적 가치와 일치하면서도, 재능을 쏟고 싶은 일

☐ 13. 호기심을 계속 충족시켜 줄 수 있는 일

☐ 14. 사람들에게 도움이 되는 새로운 아이디어, 상품, 서비스, 또는 문제 해결책을 창조할 수 있는 일

☐ 15. 일의 속도와 일정을 스스로 조절할 수 있는 일

에너지 타입 직업적 적성

☐ 1. 체험을 통해 배울 수 있는 일

☐ 2. 현장에서 고객들을 직접 상대하는 일

☐ 3. 사람들을 요령 있게 다루는 일

☐ 4. 다양한 프로젝트를 요령 있게 처리할 필요가 있는 일

☐ 5. 미적 취향과 디자인 감각을 이용할 수 있는 일

☐ 6. 사교적인 사람들과 교류할 수 있는 일

☐ 7. 실용적인 물품이나 시설에 관한 일

☐ 8. 활동적이고 사교적인 환경에서 함께 할 수 있는 일

☐ 9. 부여할 수 있는 능력이 필요한 일

☐ 10. 혁신적인 해결책을 실천할 수 있는 일

☐ 11. 창조성, 유능함, 임기응변 능력을 인정해 주고 격려하는 일

☐ 12. 흥분할 수 있는 다양한 상황을 경험할 수 있게 해 주는 일

☐ 13. 전문성을 키워 주고 힘 있는 사람들과 접촉할 수 있는 일

☐ 14. 일상적으로 색다름을 즐길 수 있고 규칙, 제한이 적은 일

☐ 15. 사람들과 깊은 관계를 맺으면서 빠르게 변화하고 에너지가 넘치는 환경에서 할 수 있는 일

해브 타입 직업적 적성

☐ 1. 방향이 뚜렷한 일

☐ 2. 삶의 질을 높일 수 있는 일

☐ 3. 스스로 결정하고 권한을 행사할 수 있는 일

☐ 4. 쓸데없는 에너지 낭비가 없는 일

☐ 5. 사람들에게 현실적 이득을 줄 수 있는 일

☐ 6. 즐길 수 있는 일이 많고 지속적인 자극이 필요한 일

☐ 7. 자신의 필요와 생각에 따라 활동할 수 있는 일

☐ 8. 의사결정 과정에 주체적으로 참여할 수 있는 일

☐ 9. 날카로운 관찰력과 기억력을 발휘할 수 있는 일

☐ 10. 경험과 뛰어난 분석력을 통해서 직접 문제를 해결하는 일

☐ 11. 사람들이 공통의 목표를 향해 나아갈 수 있도록 돕는 일

☐ 12. 위험을 무릅쓰고 새로운 기회를 모색할 수 있는 일

☐ 13. 노력을 통해 실제 결과로 직접 창출해 내는 일

☐ 14. 일이 원만하고 효율적으로 돌아가도록 조직할 수 있는 일

☐ 15. 프로젝트의 모든 부분이 자신이 설정한 대로 되었는지 확인하기 위해 효과적인 절차를 사용할 수 있는 일

그룹 타입 직업적 적성

☐ 1. 지속적으로 안정적인 일

☐ 2. 권한과 권력이 주어지는 일

☐ 3. 지도와 통솔을 할 수 있는 일

☐ 4. 국가에서 인증하는 자격이나 일

☐ 5. 사회적으로 명예가 인정되는 일

☐ 6. 목표를 세우고 달성할 수 있는 일

☐ 7. 다른 사람을 감독하고 관리하는 일

☐ 8. 보수적이며 합리적이고 통제가 되는 일

☐ 9. 바른 생활이 가능하고 안정적으로 돈이 들어오는 일

☐ 10. 기대치가 분명하며, 보고 체계가 확실한 일

☐ 11. 명확한 지침에 따라 일할 수 있는 환경에서 하는 일

☐ 12. 유능하고 힘 있는 다양한 사람들과 만날 수 있는 일

☐ 13. 다양한 문제에 대해 논리적인 해결책을 낼 수 있는 일

☐ 14. 시스템을 조직화하여 효율적으로 목표를 달성할 수 있는 일

☐ 15. 조직적 능력을 발휘하는 일

휴머니즘 직업적 적성

☐ 1. 공적인 의미와 가치 있는 일

☐ 2. 안정되고 전통적인 환경에서 하는 일

☐ 3. 안정적이고 예측 가능한 상황에서 하는 일

☐ 4. 결정권이 있으며 권한과 책임이 있는 일

☐ 5. 자신의 견해와 경험이 중요하게 취급되는 일

☐ 6. 자신이 한 일로 평가받고 공헌이 인정되는 일

☐ 7. 타인의 삶을 향상할 수 있는 방식을 모색하는 게 가능한 일

☐ 8. 공정하고 객관적인 기준으로 평가받을 수 있는 일

☐ 9. 절차와 정해진 단계와 자원을 조직할 수 있는 일

☐ 10. 비교적 정돈된 환경에서 계획적으로 할 수 있는 일

☐ 11. 동료 및 고객들과 도움이 되는 인간관계를 맺을 수 있는 일

☐ 12. 검증되지 않은 방법을 사용할 필요가 없는 일

☐ 13. 사람들을 위한 노력이 긍정적인 결과로 나타날 수 있는 일

☐ 14. 업무 능력이 성장할 수 있는 환경

☐ 15. 인간적, 직업적 윤리를 철저히 지킬 수 있는 일

체크한 10개 직업적 적성을 선별하여 적습니다.

1.

2.

3.

4.

5.

6.

7.

8.

9.

10.

4. 비즈니스 특성

– 실제 현장에서 발휘되고 있는 강점의 특성

비즈니스: 어떤 일을 일정한 목적과 계획을 가지고
　　　　　지속적으로 경영하는 일
　　　　　사무, 기업경영에서 필요로 하는 업무 전반

특성: 일정한 사물에만 있는 특수한 성질
　　　고유한 능력

비즈니스 환경에서 나타나는 다섯 타입의 강점

현재 실제 현장에서 발휘되고 있는 강점을 체크합니다.

각 타입에
셀프 타입 12가지
에너지 타입 12가지
해브 타입 12가지
그룹 타입 12가지
휴머니즘 타입 12가지
총 60개에서 우선순위 10개를 체크합니다.

셀프 타입

강점

☐ 1. 사려 깊고 집중력이 뛰어나다.

☐ 2. 일을 놀이처럼 한다.

☐ 3. 창의적으로 문제를 해결하는 데 뛰어나다.

☐ 4. 일대일로 일하는 데 매우 탁월하다.

☐ 5. 자신의 아이디어와 비전에 자신감이 있다.

☐ 6. 필요한 정보를 획득하는 기술과 타고난 호기심이 있다.

☐ 7. 고정관념을 깨고 새로운 가능성을 열심히 찾는다.

☐ 8. 매우 복잡하고 고도로 추상적인 아이디어를 이해할 수 있다.

☐ 9. 큰 그림을 볼 수 있고 행위와 아이디어의 숨은 뜻을 파악한다.

☐ 10. 사람을 보는 통찰력으로 타인의 욕구와 동기를 파악한다.

☐ 11. 자신의 지식을 계속 확장하려는 커다란 욕구와 자신감이 있다.

☐ 12. 타인의 필요에 공감하고 사람에 대한 순수한 관심을 갖는다.

에너지 타입

강점

☐ 1. 사교성이 빼어나고 사람들을 즐겁게 한다.

☐ 2. 무엇이 필요한지 즉시 알 수 있다.

☐ 3. 남을 실질적인 방법으로 도우려 한다.

☐ 4. 일을 즐겁고 활기차게 수행하는 능력이 있다.

☐ 5. 창조적으로 문제를 해결하는 데 탁월하다.

☐ 6. 자신의 아이디어로 사람들을 자극할 수 있다.

☐ 7. 고정관념을 깨고 열렬히 새로운 가능성에 주목한다.

☐ 8. 관심 분야가 다양하고 새로운 것을 빨리 흡수한다.

☐ 9. 거절을 이겨 내고 긍정과 열정을 유지하는 능력이 있다.

☐ 10. 동시에 여러 가지 일을 처리하는 능력이 있다.

☐ 11. 적응력이 강해서 쉽고 빠르게 방향에 변화를 준다.

☐ 12. 다른 사람을 설득하거나 영향을 미치는 환경을 조성한다.

해브 타입

강점

☐ 1. 빠르게 결과를 얻는다.

☐ 2. 지도력을 발휘한다.

☐ 3. 매우 현실적이고 실용적이다.

☐ 4. 다른 사람의 행동을 유발시킨다.

☐ 5. 이용 가능한 자원을 잘 활용한다.

☐ 6. 날카로운 관찰력과 기억력을 지니고 있다.

☐ 7. 변화에 잘 적응하고 방향을 빠르게 전환할 수 있다.

☐ 8. 명확한 업무와 구체적인 생산물과 관련된 일을 잘한다.

☐ 9. 무슨 일을 해야 할지와 무엇이 필요한지 잘 파악한다.

☐ 10. 위험을 감수하고 새로운 접근을 시도하려는 유연성이 있다.

☐ 11. 생산적이며 일을 마무리 지으려는 욕구가 강하다.

☐ 12. 결과를 성취하기 위해 장애를 극복함으로써 스스로 환경을 조성한다.

그룹 타입

강점

☐ 1. 자신감과 리더십이 강하다.

☐ 2. 안정되고, 조화로운 업무 환경을 만든다.

☐ 3. 중요한 지시나 기준에 관심을 둔다.

☐ 4. 세부사항에 신경을 쓴다.

☐ 5. 확립된 절차와 정책을 기꺼이 따르려고 한다.

☐ 6. 논리적이고 분석적으로 의사결정을 내린다.

☐ 7. 목표를 달성하기 위한 시스템을 만들어 내는 능력이 있다.

☐ 8. 과업을 수행하기 위해서 다른 사람을 돕고 협력한다.

☐ 9. 예측 가능하고 일관성 있게 일을 수행한다.

☐ 10. 책임감이 강하고 말한 것을 실행에 옮기려 한다.

☐ 11. 목표를 달성하기 위해 끈기와 투지를 발휘한다.

☐ 12. 상식적이고 현실적인 안목을 갖고 있다.

휴머니즘 타입

강점

☐ 1. 직업윤리 의식이 강하다.

☐ 2. 확립된 순서와 절차를 따르려고 한다.

☐ 3. 꾸준히 전문성을 키워 나간다.

☐ 4. 신중하고 정확하며 일을 올바르게 처리하려고 한다.

☐ 5. 상사를 잘 따르고 의무를 충실히 따른다.

☐ 6. 중재 능력이 뛰어나 갈등의 여지를 축소시킨다.

☐ 7. 부적응, 고민 있는 팀원을 수용하고 포용한다.

☐ 8. 전통적인 구조를 높이 평가하고 그런 곳에서 일을 잘 해낸다.

☐ 9. 타인을 향한 관심과 사람들이 성장 발전하도록 돕는다.

☐ 10. 사람들로부터 협력을 이끌어 내는 능력이 있다.

☐ 11. 정말로 가치 있다고 여기는 일에 헌신한다.

☐ 12. 필요한 정보를 얻기 위한 지적인 호기심과 기술이 있다.

〈예시〉 직업적 적성 – 실제 비즈니스 결과 비교

체크한 직업적 적성, 체크한 비즈니스 결과를 적습니다.
(10가지가 넘는 경우 우선순위 10가지를 압축하여 적습니다.)

번호	직업적 적성	실제 비즈니스 결과
1	내적 성장과 발전을 경험하는 일	사려 깊고 집중력이 뛰어남
2	독립적으로 할 수 있는 일	일을 놀이처럼 함
3	자신의 프로젝트가 실현되는 일	일대일로 일하는 데 매우 탁월함
4	삶의 질을 높일 수 있는 일	빠르게 결과를 얻음
5	현실적 이득을 줄 수 있는 일	이용 가능한 자원을 잘 활용함
6	눈에 보이는 생산물을 창출해 내는 일	일을 마무리 짓는 데 강함
7	다양한 사람들과 만날 수 있는 일	안정된 환경
8	경험과 견해가 중요하게 취급되는 일	중요한 지시가 기준이 되고 관심을 둠
9	서로 도움이 되는 인간관계를 맺는 일	다른 사람을 돕고 협력함
10	긍정적인 결과로 나타낼 수 있는 일	일관성 있게 일을 수행함

	셀프 타입	에너지 타입	해브 타입	그룹 타입	휴머니즘 타입
직업적 특성	3	0	3	1	3
실제 비즈니스 결과	3	0	3	4	0

직업적 적성 – 실제 비즈니스 결과 비교

체크한 직업적 적성, 체크한 비즈니스 결과를 적습니다.
(10가지가 넘는 경우 우선순위 10가지를 압축하여 적습니다.)

번호	직업적 적성	실제 비즈니스 결과
1		
2		
3		
4		
5		
6		
7		
8		
9		
10		

	셀프 타입	에너지 타입	해브 타입	그룹 타입	휴머니즘 타입
직업적 특성					
실제 비즈니스 결과					

원하는 직업적 적성과 현재 드러난 비즈니스 강점의 당신입니다.
현실적 결과입니다.
원했던 결과든 원치 않던 결과든
당신의 결과이니 우선은 인정해야 합니다.
지금 당신의 것이니까요.
그리고 당신이 작성한 목록을 보다시피 당신의 노력과
강점들을 충분히 자랑할 만한 특성이며 탁월함입니다.
이것 또한 진정으로 받아들여야 합니다.
겸손 따위는 집어치우고 진정한 당신의 탁월함을 자랑스러워해야 합니다.

이것은 지금의 결과입니다.
원하는 적성으로 또는 강점들을 유지하고 더욱더 발전할 수 있습니다.
원하는 결과로 바꿀 수 있습니다.

5. 예측 가능한 결과
- 필요한 가치관 -

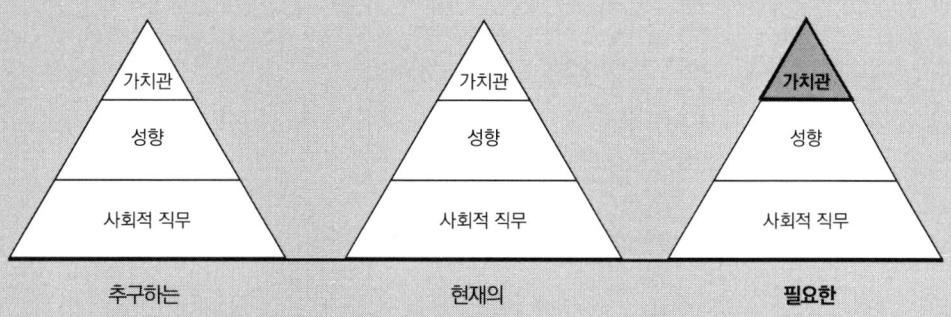

필요한 가치관 - 셀프 타입

하나의 키워드에 100점 만점입니다.
직관적으로 세세한 점수를 체크합니다.

앎 관심 가는 흥미로운 일에 대하여 정확하고 깊이 있게 알고자 함	분별 삶에 대한 이해와 그것을 기초로 한 올바른 판단	자기존중 자존감, 자신에 대한 깨달음
점수	점수	점수

자기계발 개선, 잠재능력 개발	창의성 새로운 생각이나 사물을 발견, 상상력을 보여 주는 것	자율 별 제약 없이 독립적으로 행동할 수 있는 능력
점수	점수	점수

우정 친밀한 관심과 관계, 지원	독립성 자립, 통제로부터의 해방	육체적 건강 균형 잡힌 영양 섭취로 건강한 신체 유지
점수	점수	점수

자연 자연에 대한 관심과 감사	다양한 관점 독특한 생각과 의견들	자신감 자신에 대한 인정과 긍지
점수	점수	점수

A 타입 총점	1순위/점수	2순위/점수	3순위/점수
	/	/	/

필요한 가치관 - 에너지 타입

하나의 키워드에 100점 만점입니다.
직관적으로 세세한 점수를 체크합니다.

기쁨	도전	다양성
즐거움, 재미, 웃음, 희열 등이 충족되어 흡족한 마음이나 느낌	가능성의 기회를 찾아 과감하게 시작	다양한 활동과 경험의 추구
점수	점수	점수

모험	변화와 즉흥	창조성
힘들지만 도전해 보고 싶은 새로운 기회와 자극	변화무쌍하고 예측 불가능한 것	새로움, 혁신, 실험 등으로 전에 없던 것을 만듦
점수	점수	점수

예술	영향력	친밀함
음악, 그림, 기교 등으로 표현하려는 작품 활동	여론이나 의사결정에 의견을 반영하고자 하는 힘	가깝고 애정이 넘치는 관계
점수	점수	점수

용기	경쟁	인정
믿는 바를 지키려는 의지	목표를 쟁취하기 위한 대립	잘한 일에 대한 긍정적인 반응과 사람들의 칭찬
점수	점수	점수

B 타입 총점	1순위/점수	2순위/점수	3순위/점수
	/	/	/

필요한 가치관 - 해브 타입

하나의 키워드에 100점 만점입니다.
직관적으로 세세한 점수를 체크합니다.

부	목표	경제적인 안정
물질적인 번영, 부유함, 풍요	행동을 취하여 이루려는 도달할 곳	재정적인 근심으로부터의 해방
점수	점수	점수

결과	성취	지배
주어진 일을 완수함	무언가 해냈다는 느낌	어떤 사람이나 집단, 조직, 사물 등을 자기의 의사대로 다스림
점수	점수	점수

개인의 발전	승리	소유
잠재력을 극대화하기 위한 노력	겨루어서 이김	보유하여 가지게 됨
점수	점수	점수

장악	파급력	풍요
타인이나 상황에 대해 마음대로 할 수 있는 힘	다른 사람의 태도나 의견에 영향을 끼친 것	높은 소득, 금전적 성공
점수	점수	점수

C 타입 총점	1순위/점수	2순위/점수	3순위/점수
	/	/	/

필요한 가치관 - 그룹 타입

하나의 키워드에 100점 만점입니다.
직관적으로 세세한 점수를 체크합니다.

명성	협력	의무감
타인에게 인정받고 유명해짐	서로 밀접하게 힘을 합하여 서로 도움	자기가 맡은 역할에 마땅히 하여야 할 일
점수	점수	점수

발전	소속감	신뢰성
업무를 잘해 성장하거나 서열이 더 높은 단계로 나아감	다른 사람들과의 상호작용, 같은 집단에 소속되었다는 느낌	믿을 만하고 성실하다고 알려지는 것
점수	점수	점수

충실함	권위	안정감
성실하고 꾸준하여 알차고 단단함	상황이나 사람들의 행동을 지휘하거나 통솔하여 따르게 하는 힘	든든하고 안정된 고용, 적절한 보상, 낮은 위험
점수	점수	점수

균형	질서	책임감
예측 가능하고 일반적이고 평균의 기준	혼란 없이 순조롭게 이루어지는 순서나 차례	신뢰할 만한, 결과에 대한 책임
점수	점수	점수

D 타입 총점	1순위/점수	2순위/점수	3순위/점수
	/	/	/

필요한 가치관 - 휴머니즘 타입

하나의 키워드에 100점 만점입니다.
직관적으로 세세한 점수를 체크합니다.

공헌	지적 능력	배움
타인에게 기여하고 이바지함	지식을 드러내고 전문성을 추구하는 것	지속적 학습
점수	점수	점수

청렴성	베풂	내적 조화
정직, 진실성, 자신의 가치관에 충실함	다른 사람들을 도와주거나 혜택을 받게 함	행복과 만족, 내적 평화
점수	점수	점수

공동체	지혜	존경
개인적 욕망을 넘어서서 목적을 위해 봉사하는 것	지식과 경험, 이해력에 근거하여 올바른 판단을 내리는 것	개인적 자질이나 타인에 대한 존경과 동경
점수	점수	점수

전통	영성	정의
과거를 소중히 여기는 마음, 관습에 대한 존중	영적, 종교적 믿음, 도덕의 실천	공정함, 옳은 일을 하는 것
점수	점수	점수

E 타입 총점	1순위/점수	2순위/점수	3순위/점수
	/	/	/

5. 예측가능한 결과
- 필요한 성향 -

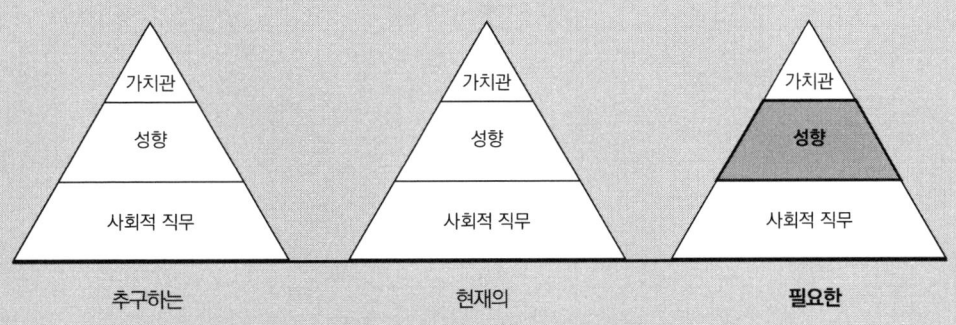

'나'라는 내가 되기 위해서 필요한(해야 하는)
점수화하여 체크합니다.

성향 타입 셀프

초연함	자유	순수함
현실에 아랑곳하지 않고 의연함	무엇에 얽매이지 아니하고 자기 마음대로 할 수 있는 상태	사사로운 욕심이나 다른 것의 섞임이 없음
점수	점수	점수

독특함	거시적	공평성
여러 관점에서 사고하여 특별하게 다름	전체를 포괄하여 넓은 안목으로 바라보는 관점	동등한 기회
점수	점수	점수

분별	이상주의	공감
바른 생각이나 판단을 구별하고 가름	이상을 세우고 이것을 실현시키려는 생활태도	남의 감정을 예민하게 지각하고 느끼는 감정이나 기분
점수	점수	점수

인간적인 삶	독립성	관계 구축
사람과의 관계에 있어서 지켜야 할 바른 도리	남에게 의존하지 않고 스스로를 제어하는 상태	서로 우호적이고 신뢰할 수 있는 인간관계를 만듦
점수	점수	점수

A 타입 총점	1순위/점수	2순위/점수	3순위/점수
	/	/	/

에너지 성향 타입

표현	재능	활동성
자신의 생각과 감정을 표현함	어떤 일을 하는 데 필요한 재주와 능력	어떤 일의 성과를 거두기 위하여 활동함
점수	점수	점수

즉각적인 만족	실용적	생산적
마음에 흡족함	실제로 쓰이는 것	실제적인 결론을 이끌어 내는 능력
점수	점수	점수

가능성	다양한 경험	재미
앞으로 성장하거나 실현될 수 있는 성질	자신이 실제로 해 보거나 겪어 봄, 거기서 얻은 지식이나 기능	즐거운 느낌이나 마음
점수	점수	점수

열정	사교성	새로움
어떤 일에 열렬한 애정을 가지고 열중하는 마음	남과 사귀기를 좋아하거나 쉽게 사귀는 성질	전과 다른
점수	점수	점수

B 타입 총점	1순위/점수	2순위/점수	3순위/점수
	/	/	/

해브 성향 타입

목표 어떤 목적을 이루려고 지향해서 얻게 된 의도된 결과	자신감 자신이 있다는 느낌	소유욕 자기 것으로 만들어 가지고 싶어 하는 욕망
점수	점수	점수

현실적 실제로 얻을 수 있는 이익	통솔력 이끌어 가는 능력	물질욕 재물을 탐내는 마음
점수	점수	점수

집중력 한 가지 일에 힘을 모음	추진력 목표를 향하여 밀고 나아가는 힘	결과물 어떤 일을 끝맺으며 만들어 낸 물질적인 성과
점수	점수	점수

뚜렷한 분명한 생각	야망 크게 무엇을 이루어 보겠다는 희망	적극적 대상에 대한 태도가 긍정적이고 능동적인
점수	점수	점수

C 타입 총점	1순위/점수	2순위/점수	3순위/점수
	/	/	/

그룹 성향 타입

명예	안정	리더십
훌륭하다고 인정되는 기관이나 단체 또는 문서	바뀌어 달라지지 아니하고 일정한 상태를 유지함	구성원들이 자발적으로 참여하여 달성하도록 유도하는 능력
점수	점수	점수

책임감	원칙	신뢰
자신의 역할을 맡은 바 해야 할 의무나 부담	일관된 기본적인 규칙	굳게 믿고 의지함
점수	점수	점수

성실	규범	의무
꾸준하게 노력하는 진실한 성향	사회생활을 하는 데 있어 질서나 제도를 유지하기 위한 정해 놓은 틀	마땅히 하여야 할 일
점수	점수	점수

사회성	높은 퀄리티	신중
자신의 이익보다 소속, 조직을 지지하고 수용하는 역량	뛰어나고 우수한 역량	결과에 영향을 미치는 부분을 꼼꼼하게 점검함
점수	점수	점수

D 타입 총점	1순위/점수	2순위/점수	3순위/점수
	/	/	/

휴머니즘 성향 타입

이타주의 사랑하는 마음으로 행복의 목적을 행함	삶의 의미 본질적인 가치	지혜 사물의 이치를 빨리 깨닫고 식별하여 통합하는 정신적 능력
점수	점수	점수

예의 존경을 표기하기 위해 나타내는 말투나 몸가짐	순종 순순히 따름	수용 용서하는 것과는 관계없이 인간적으로 인식하여 받아들임
점수	점수	점수

겸손 자기를 내세우지 않고 남을 존중함	지성미 지적인 사고를 갖춤으로써 나타나는 아름다움	봉사심 공공이나 남을 위해 애쓰는 마음
점수	점수	점수

지적 호기심 어떤 분야를 체계적으로 배워서 익힘	배려 자기주장을 굽혀 상대를 위해 마음을 씀	포용력 남을 너그럽게 감싸 주거나 받아들이는 힘
점수	점수	점수

E 타입 총점	1순위/점수	2순위/점수	3순위/점수
	/	/	/

5. 예측가능한 결과
– 필요한 사회적 직무 –

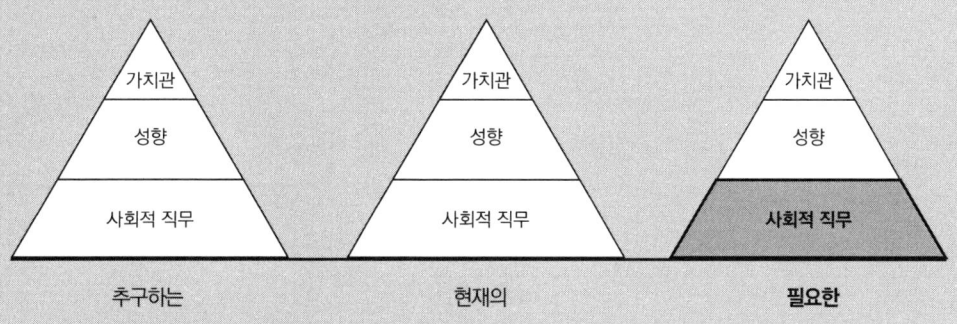

나라는 내가 되기 위해서 필요한(해야 하는)
사회적 직무를 점수화하여 체크합니다.

A 타입

하나의 키워드에 100점 만점입니다.
직관적으로 세세한 점수를 체크합니다.

비전 제시		긍정적 사고		A 타입	
긍정적인 미래상을 구체적, 적극적으로 보여 주고 나타내는 역량		어려운 상황을 극복하려는 생각, 말, 행동을 선택하는 역량			
점수		점수			
자기주도		삶의 균형		총점	
스스로 수준 이상으로 완수하고자 하는 능동적 역량		일과 가족, 건강, 취미생활 등에서 한쪽으로 치우치지 않는 역량			
점수		점수			
동기부여		독립성			
구성원들이 자발적, 적극적 업무를 수행할 수 있도록 지원하는 역량		자신의 의지를 발휘하여, 자발적으로 행동하는 역량		우선순위	
점수		점수			
자기확신		대인친밀성		1순위 점수	
자신이 원하는 바를 소신껏 이룰 수 있다는 역량		상대방과 빠른 시간 내에 이해하고 관계 형성하는 역량			
점수		점수		2순위 점수	
대인 이해		관계 구축			
상대의 생각이나 감정을 인지하는 역량		업무수행 자원을 제공해 주는 사람과 우호적인 관계를 쌓는 역량		3순위 점수	
점수		점수			

B 타입

하나의 키워드에 100점 만점입니다.

직관적으로 세세한 점수를 체크합니다.

혁신 주도	창의력	B 타입
기존의 관행을 깬 새로운 아이디어로 해결안을 이끄는 역량	남들보다 새로운 아이디어를 제안해 업무에 적용하는 역량	
점수	점수	

신속성	도전정신	총점
중요 업무를 빠른 시간 내에 처리하는 역량	가능성의 기회를 찾아내어, 과감하게 개척하려는 역량	
점수	점수	

유연성	설득력	
급변하는 상황에 원활히 대처하는 개방적인 인식과 행동역량	상호 간이 만족할 수 있는 방향으로 합의를 이끌어 내는 역량	우선순위
점수	점수	1순위 점수

발표력	고객지향	
제한된 시간 내에 자신의 의견을 이해하기 쉽게 표현하는 역량	고객의 요구사항을 미리 파악하여, 이를 만족시키려는 적극적 역량	2순위 점수
점수	점수	

적응력	전문가 의식	
변화하는 환경 여건을 이해하여 적극적으로 수용하는 역량	업무에 대한 뛰어난 기량을 갖추기 위해 학습하는 역량	3순위 점수
점수	점수	

C 타입

하나의 키워드에 100점 만점입니다.
직관적으로 세세한 점수를 체크합니다.

문제해결	결단력	C 타입
문제의 근본적인 해결방안을 찾아내 실행하는 역량	결정적인 판단을 내려 반드시 이루겠다는 역량	
점수	점수	

추진력	스트레스 내성	총점
목표 달성의 의지로 수행하며 밀고 나아가는 역량	자신에게 불리한 상황에도 회피하지 않고 적극적으로 견디는 역량	
점수	점수	

손익관리	목표관리	
업무수행 시 투입비용 대비 효과의 효용성을 추구하는 역량	구체적인 성과를 분명히 하고 설정한 목표를 이루기 위한 행동 역량	우선순위
점수	점수	

핵심 파악	전략적 사고	1순위 점수
짧은 시간 안에 효과적으로 메시지를 인지하는 역량	장기적 관점에서 최상의 결과를 내기 위한 최선을 선택하는 역량	
점수	점수	2순위 점수

성과지향	대면영향	
높은 목표를 설정, 추진하여 결과의 질을 높이는 역량	상대에게 자신이 원하는 협조를 이끌어 내는 직접적인 역량	3순위 점수
점수	점수	

D 타입

하나의 키워드에 100점 만점입니다.
직관적으로 세세한 점수를 체크합니다.

의사결정	권한 위임	D 타입
객관적인 기준에 따라 타당한 결론을 내리는 역량	실질적인 업무담당자에게 적절한 권한과 책임을 실어 주는 역량	
점수	점수	

리더십	협상력	총점
리더 역할을 맡아 구성원을 효과적으로 일하도록 이끄는 역량	의견조율을 통해 합리적인 합의점을 도출, 목적을 달성하는 역량	
점수	점수	

책임감	성실성	
명확히 자신의 맡은 바를 인식해 완수할 때까지 노력하는 역량	어떤 상황에도 꾸준하게 유지하는 역량	우선순위
점수	점수	

시간관리	문서 작성	1순위 점수
업무의 중요성과 시급성을 계획성 있게 배분하는 역량	이해하기 쉬운 내용으로 구성하고 체계화하는 사무 역량	
점수	점수	2순위 점수

위기 대처	협동력	3순위 점수
돌발 상황 발생 시에도 차질 없이 업무를 배분하여 집행하는 역량	조직의 구성원으로서 다른 조직원과 공동의 목표를 추구하는 역량	
점수	점수	

E 타입

하나의 키워드에 100점 만점입니다.
직관적으로 세세한 점수를 체크합니다.

정보관리	타인육성	E 타입
유용한 대량 정보를 활용할 수 있도록 수집, 분류, 정리하는 역량	다른 사람들이 발전할 수 있도록 지속적인 코칭 역량	
점수	점수	

공정성	갈등관리	총점
객관적인 근거나 기준에 따라 다른 사람을 공평하게 대하는 역량	서로 입장이 다른 대립원인을 원만하게 해결유도 하는 역량	
점수	점수	

정직성	업무조정	
믿음과 신뢰를 위해 편법 없이 바르게 말하고 처리하는 역량	다양한 이해가 얽힌 사안에 대해 전체 이익을 확인, 조율하는 역량	우선순위
점수	점수	1순위 점수

조직헌신	철저한 확인	
자신의 이익보다 소속 조직의 방향을 지지하고 수용하는 역량	업무에 영향을 미치는 부분들을 점검하여 정확성을 높이는 역량	2순위 점수
점수	점수	

분석력	솔선수범	
객관적으로 세분화하여 핵심적인 사항을 분류하는 역량	관리 감독 없이도 스스로 앞장서 주도적 태도를 나타내는 역량	3순위 점수
점수	점수	

〈예시〉

타입 총점

	A	B	C	D	E
총점	648	672	892	631	620

타입 상위순위

	1순위	2순위	3순위
타입	C	B	A
점수	892	672	648
키워드 1~3	자기확신	핵심 파악	추진력

※ 모든 타입 중 가장 높은 점수의 키워드

키워드 점수 상위순위

	1순위	2순위	3순위
키워드	자기확신	핵심 파악	추진력
해당 타입	A	C	C

타입 총점

	A	B	C	D	E
총점					

타입 상위순위

	1순위	2순위	3순위
타입			
점수			
키워드 1~3			

※ 모든 타입 중 가장 높은 점수의 키워드

키워드 점수 상위순위

	1순위	2순위	3순위
키워드			
해당 타입			

〈종합〉

	좋아하는 직무 1순위	현재의 직무 1순위	필요한 직무 1순위
타입			
점수			
키워드			

추구하는 직무 1순위, 현재의 직무 1순위, 필요한 직무 1순위의 직무를 잘한다면 어떠한 결과가 발생될까요?

추구하는 직무 1순위, 현재의 직무 1순위, 필요한 직무 1순위의 직무를 잘하지 못한다면 어떠한 결과가 발생되지 않을까요?

<예시> 셀프 타입 직무 점수 변화표

직무	좋아하는 직무 점수	현재의 직무 점수	필요로 하는 직무 점수
비전 제시	91	76	90
자기주도	92	91	78
동기 부여	84	80	83
자기확신	92	23	97
대인이해	90	94	61
긍정적 사고	89	82	79
삶의 균형	78	95	58
독립성	60	63	69
대인친밀성	87	8	73
관계 구축	79	36	64

〈예시〉 에너지 타입 직무 점수 변화표

직무	좋아하는 직무 점수	현재의 직무 점수	필요로 하는 직무 점수
혁신 주도	21	61	91
신속성	74	38	93
유연성	93	41	88
발표력	84	32	94
적응력	90	13	79
창의력	73	71	89
도전정신	61	29	92
설득력	79	64	90
고객지향	63	4	89
전문가 의식	87	9	87

〈예시〉 해브 타입 직무 점수 변화표

직무	좋아하는 직무 점수	현재의 직무 점수	필요로 하는 직무 점수
문제해결	94	71	91
추진력	91	61	93
손익관리	89	2	88
핵심 파악	86	79	94
성과지향	96	72	79
결단력	95	21	89
스트레스 내성	93	11	92
목표관리	87	8	90
전략적 사고	93	56	89
대면 영향	70	30	87

〈예시〉 그룹 타입 직무 점수 변화표

직무	좋아하는 직무 점수	현재의 직무 점수	필요로 하는 직무 점수
의사결정	59	27	71
리더십	40	39	30
책임감	75	51	60
시간관리	88	90	66
위기 대처	79	71	67
권한 위임	74	69	55
협상력	90	44	63
성실성	89	77	77
문서 작성	85	72	74
협동력	77	62	68

〈예시〉 휴머니즘 타입 직무 점수 변화표

직무	좋아하는 직무 점수	현재의 직무 점수	필요로 하는 직무 점수
정보관리	60	83	73
공정성	65	61	66
정직성	69	63	71
조직헌신	61	32	69
분석력	73	69	60
타인육성	67	80	33
갈등관리	77	73	64
업무조정	54	70	67
철저한 확인	56	62	73
솔선수범	43	42	44

- 현재의 직무 점수를 기준으로 어떤 직무에서 덜 바라는지, 더 원하는지를 파악한다.
- 필요로 하는 직무 점수가 높다는 건 결핍이므로 채우고 싶은 욕구를 물어본다.
- 하위 50%는 욕구가 없으므로 삭제해도 무방하다.

셀프 타입 가치관 점수 변화표

가치관	추구하는 가치관 점수	현재의 가치관 점수	필요로 하는 가치관 점수
앎			
분별			
자기존중			
자기계발			
창의성			
자율			
우정			
독립성			
육체적 건강			
자연			
다양한 관점			
자신감			

에너지 타입 가치관 점수 변화표

가치관	추구하는 가치관 점수	현재의 가치관 점수	필요로 하는 가치관 점수
기쁨			
도전			
다양성			
모험			
변화와 즉흥			
창조성			
예술			
영향력			
친밀함			
용기			
경쟁			
인정			

해브 타입 가치관 점수 변화표

가치관	추구하는 가치관 점수	현재의 가치관 점수	필요로 하는 가치관 점수
부			
목표			
경제적인 안정			
결과			
성취			
지배			
개인의 발전			
승리			
소유			
장악			
파급력			
풍요			

그룹 타입 가치관 점수 변화표

가치관	추구하는 가치관 점수	현재의 가치관 점수	필요로 하는 가치관 점수
명성			
협력			
의무감			
발전			
소속감			
신뢰성			
충실함			
권위			
안정감			
균형			
질서			
책임감			

휴머니즘 타입 가치관 점수 변화표

가치관	추구하는 가치관 점수	현재의 가치관 점수	필요로 하는 가치관 점수
공헌			
지적 능력			
배움			
청렴성			
베풂			
내적 조화			
공동체			
지혜			
존경			
전통			
영성			
정의			

셀프 타입 성향 점수 변화표

성향	추구하는 성향 점수	현재의 성향 점수	필요로 하는 성향 점수
초연함			
자유			
순수함			
독특함			
거시적			
공평성			
분별			
이상주의			
공감			
인간적인 삶			
독립성			
관계 구축			

에너지 타입 성향 점수 변화표

성향	추구하는 성향 점수	현재의 성향 점수	필요로 하는 성향 점수
표현			
재능			
활동성			
즉각적인 만족			
실용적			
생산적			
가능성			
다양한 경험			
재미			
열정			
사교성			
새로움			

해브 타입 성향 점수 변화표

성향	추구하는 성향 점수	현재의 성향 점수	필요로 하는 성향 점수
목표			
자신감			
소유욕			
현실적			
통솔력			
물질욕			
집중력			
추진력			
결과물			
뚜렷한			
야망			
적극적			

그룹 타입 성향 점수 변화표

성향	추구하는 성향 점수	현재의 성향 점수	필요로 하는 성향 점수
명예			
안정			
리더십			
책임감			
원칙			
신뢰			
성실			
규범			
의무			
사회성			
높은 퀄리티			
신중			

휴머니즘 타입 성향 점수 변화표

성향	추구하는 성향 점수	현재의 성향 점수	필요로 하는 성향 점수
이타주의			
삶의 의미			
지혜			
예의			
순종			
수용			
겸손			
지성미			
봉사심			
지적 호기심			
배려			
포용력			

각 타입별 역할과 환경

각 타입의 성향이 그에 맞는 환경에서 발휘된다면
시너지로 인해 더욱더 탁월함을 나타낼 수 있습니다.
하지만 그렇지 못한 환경이라도 자신만의 타입적 성향을 발휘할 수 있습니다.

자신의 성향이 다양한 역할과 환경에 노출됩니다.
자신에게 맞거나 꼭 원하는 환경에서만 역할과 일을 할 수는 없습니다.
자신의 성향의 장점을 발휘하여 다양한 역할과 환경에 적응해야 합니다.

우리의 환경과 현실에서는 내가 원하는 특성으로,
원하는 환경에서만 발휘되고 있지 않습니다.

이직을 할 수 있고
직무를 바꿀 수 있고
직업을 바꿀 수도 있고
환경을 바꿀 수도 있지만
그렇지 못한 환경이라도
자신만의 강점을 역할과 환경에 따라 발휘할 수 있습니다.
힌트에 아이디어를 얻어 작성하도록 합니다.

셀프 타입이 리더 역할-환경일 때
힌트 - 비전을 공유하고 다음에 무엇을 만들지 왜 거기에 열정을 쏟는지 함께 쏟아야 하는 이유를 명확히 합니다. - 목표를 정했다면 그것이 중요한 이유와 그것을 성취하기 위한 역할에 대해 확실히 이해시킵니다.
현재 발휘되고 있는 특성은 무엇인가요?
- -
현재 필요한 특성은 무엇인가요?
- -

셀프 타입이 관리자 역할-환경일 때
예시 힌트 - 문제분석을 하고 패턴을 알아 '왜 이 일을 하는지'에 대해 알게 합니다. - 조직과 고객에게 어떤 변화를 일으키는지 설명해 주어 가치를 알게 합니다.
현재 발휘되고 있는 특성은 무엇인가요?
- -
현재 필요한 특성은 무엇인가요?
- -

셀프 타입이 세일즈 역할-환경일 때
예시 힌트   - 고객의 성향을 분석하여 어떻게 도울 수 있는지를 알려 줍니다.   - 사려 깊고 개방적인 당신을 좋아할 수 있도록 어필합니다.
현재 발휘되고 있는 특성은 무엇인가요?
-   -
현재 필요한 특성은 무엇인가요?
-   -

셀프 타입이 서비스 역할-환경일 때
예시 힌트 - 상대의 근본 원인을 찾아내어 욕구를 충족시키려는 노력을 합니다. - 자신만의 사려 깊은 서비스를 제공합니다.
현재 발휘되고 있는 특성은 무엇인가요?
- -
현재 필요한 특성은 무엇인가요?
- -

에너지 타입이 리더 역할-환경일 때
예시 힌트 - 낙관적이고 긍정적 분위기로 팀원들은 경직되지 않는 활동적 분위기를 만듭니다. - 방향성과 조금 더 섬세한 계획을 지속적으로 알려 주는 것이 좋습니다. 문제 발생 시 인적 네트워크를 최대한 활용합니다.
현재 발휘되고 있는 특성은 무엇인가요?
- -
현재 필요한 특성은 무엇인가요?
- -

에너지 타입이 관리자 역할-환경일 때
예시 힌트 - 진심에서 우러나는 독려와 인정으로 팀원들은 감정적인 만족감을 얻습니다. - 공적인 부분에서 팀원들이 어떤 생각과 역할을 하고 기여할 것인지 분명하게 알려줍니다.
현재 발휘되고 있는 특성은 무엇인가요?
- -
현재 필요한 특성은 무엇인가요?
- -

에너지 타입이 세일즈 역할-환경일 때
예시 힌트 - 넓은 인간관계와 의사소통이 강점입니다. 강점을 꾸준하게 발휘합니다. - 실현할 가능성을 증명하고 매뉴얼을 벗어난 다양한 방법을 시도해 봅니다.
현재 발휘되고 있는 특성은 무엇인가요?
- -
현재 필요한 특성은 무엇인가요?
- -

에너지 타입이 서비스 역할-환경일 때
예시 힌트 - 뛰어난 언변으로 제품과 서비스에 연결하여 제안합니다. - 밝은 분위기와 사교성, 다양한 핵심 설명까지 더합니다.
현재 발휘되고 있는 특성은 무엇인가요?
- -
현재 필요한 특성은 무엇인가요?
- -

해브 타입이 리더 역할-환경일 때
예시 힌트 - 팀원이 최선을 다할 수 있도록 익숙하고 의미 있는 경쟁 문화를 회사 내에 정착시킵니다. - 결과와 혜택에 대해 설명하고 계속 일에 전념하도록 동기를 부여합니다.
현재 발휘되고 있는 특성은 무엇인가요?
- -
현재 필요한 특성은 무엇인가요?
- -

해브 타입이 관리자 역할-환경일 때
예시 힌트 - 실천과 최종 결과를 점검하고 기대치를 높게 설정하여 더 많은 것을 이끌어 내도록 합니다. - 성취감과 혜택으로 사기를 키웁니다.
현재 발휘되고 있는 특성은 무엇인가요?
- -
현재 필요한 특성은 무엇인가요?
- -

해브 타입이 세일즈 역할-환경일 때
예시 힌트 - 확신에 찬 자신감 있는 당신의 모습에 매력을 어필합니다. - 고객의 니즈를 해결하기 위해 다양한 전략을 시도합니다. 수동적인 고객들이 선택할 수 있도록 제안합니다.
현재 발휘되고 있는 특성은 무엇인가요?
- -
현재 필요한 특성은 무엇인가요?
- -

해브 타입이 서비스 역할-환경일 때
예시 힌트 - 즉시 행동에 옮겨 처리하는 모습을 보입니다. - 고객이 큰 만족을 얻도록 강력한 해결책을 제공합니다.
현재 발휘되고 있는 특성은 무엇인가요?
- -
현재 필요한 특성은 무엇인가요?
- -

그룹 타입이 리더 역할-환경일 때
예시 힌트 - 지지기반이 튼튼해야 하므로 팀을 유지하는 데 가장 신경 써야 합니다. 팀원의 울타리가 되어 주고 보호해 줍니다. - 팀원들이 안정적인 틀에서 마음껏 역량을 발휘할 수 있도록 합니다.
현재 발휘되고 있는 특성은 무엇인가요?
- -
현재 필요한 특성은 무엇인가요?
- -

그룹 타입이 관리자 역할-환경일 때
예시 힌트 - 흔들리지 않는 지지와 격려를 해 줍니다. - 팀원에게 적절한 피드백을 제공하여 팀을 굳건하게 합니다.
현재 발휘되고 있는 특성은 무엇인가요?
- -
현재 필요한 특성은 무엇인가요?
- -

그룹 타입이 세일즈 역할-환경일 때
예시 힌트 - 고객을 배려하고 편안하게 해 줍니다. - 고객에게 더 시간을 할애하여 특별히 신경 쓴다는 것을 인식시킵니다.
현재 발휘되고 있는 특성은 무엇인가요?
- -
현재 필요한 특성은 무엇인가요?
- -

그룹 타입이 서비스 역할-환경일 때
예시 힌트 - 꾸준하게 서비스를 제공합니다. - 서비스 후에 확인 작업이나 후속조치에 고객이 만족하고 특별함을 느끼도록 합니다.
현재 발휘되고 있는 특성은 무엇인가요?
- -
현재 필요한 특성은 무엇인가요?
- -

휴머니즘 타입이 리더 역할-환경일 때
예시 힌트 - 공정한 기준과 틀을 만들어 신뢰성과 평판을 좋게 합니다. - 나를 따르고 도와줄 파트너를 만듭니다.
현재 발휘되고 있는 특성은 무엇인가요?
- -
현재 필요한 특성은 무엇인가요?
- -

휴머니즘 타입이 관리자 역할-환경일 때
예시 힌트   - 조직의 문화를 준수하여 믿음과 모범을 보입니다.   - 교육과 공정한 대우와 배분을 검토합니다.
현재 발휘되고 있는 특성은 무엇인가요?
-   -
현재 필요한 특성은 무엇인가요?
-   -

휴머니즘 타입이 세일즈 역할-환경일 때
예시 힌트 - 약속을 꼭 지킴으로써 책임을 다합니다. - 원칙적이고 신중한 일 처리 방식으로 고객에게 믿음을 줍니다.
현재 발휘되고 있는 특성은 무엇인가요?
- -
현재 필요한 특성은 무엇인가요?
- -

휴머니즘 타입이 서비스 역할-환경일 때
예시 힌트 - 고객의 터무니없는 요구에도 부드럽게 대응합니다. - 올바른 기준을 중장기적으로 유지합니다.
현재 발휘되고 있는 특성은 무엇인가요?
- -
현재 필요한 특성은 무엇인가요?
- -

3부
컴퓨팅
computing

AI 지능으로 커뮤니케이션하는 대상

- 전략
- 모드 전환
- 플래너

1. 전략

- 승리를 위해 계획, 조직, 수행하는 방책
- 어떤 목표에 도달하기 위한 최적의 방법

원인으로 현실적인 결과를 만들어 냈습니다.

현실적인 결과로 인해 충분히 예측 가능한 결과를 유추할 수 있었습니다. 왜냐하면 결과는 계속해서 비슷한 결과를 만들어 내기에 또 다른 원인이 되고, 다시 결과를 만들기 때문입니다.

전략을 짜기 전
'타입별 부정적으로 나타나는 실제 사례'와 '각 타입의 성향 변화로 나타난 긍정적인 실제 사례'를 살펴보도록 하겠습니다.

타입별 부정적으로 나타나는 실제 사례 중

- 셀프 타입 29세 여성

    초연함, 자유, 독립성
    - 예측할 수 없는
    - 되는 대로 방임하는
    - 자신이 싫어하는 것을 절대로 하지 않음

    막상 합격이 돼도 출근 전날이 되면 가기 싫다고 합니다.

    회사를 가지 않을 개인적 명분을 찾거나

    늦잠 때문에 지각할 것 같으면 미안해서 연락을 받지 않고 출근하지 않습니다.

- 셀프 타입 35세 남성

    인간적인 삶, 관계 구축, 우정, 이상주의
    - 착하나 무능력함
    - 고립된 자기만족으로 착각의 상황에서 벗어나지 못함
    - 이상적인 상황을 찾아 현실과의 괴리감이 큼

    본인을 비롯하여 주변의 지인들도 제대로 된 직업을 가진 사람이 없다고 합니다.

    계속 바뀌는 직업과 직장.

    사람들은 좋지만 조직생활을 불편해서 자영업이나 프리랜서 개념의 주변인들만 있습니다.

    그런 지인끼리 뜻을 모아 동업을 몇 차례 했지만 돈과 관계도 깨지고 어떻게든 되겠지, 라며 지내고 있습니다.

- 에너지 타입 36세 여성

  영향력, 용기, 표현
  - 뛰어난 재주가 있지만 일정한 조직에 종사하기 어려움
  - 조직문화를 개선하려는 기질을 보임
  - 비기득권자의 편에 서서 기득권자를 불편하게 함

  대학에서는 운동권이여서 학점 관리를 잘 하지 못하였습니다.

  학점 미달로 대학원 진학과 대기업 서류 심사에서 탈락의 고배를 마시고 포지션 잡기가 힘들었다고 합니다. 학원, 시간강사, 과외 등으로 생활을 하다 지금껏 해 온 경험을 바탕으로 교육센터로 소속되었습니다. 그런데 불합리하고 개선되어야 하는 점을 계속 어필하며 조직의 회계 공개까지도 요청하였습니다. 상호신뢰와 투명성을 주장하며 끈질긴 요청을 하다 분란만 일으키고 교육센터에서 나오게 됐습니다.

- 에너지 타입 54세 남성

  도전, 경쟁, 활동성, 열정
  - 불편함이 얼굴로 드러나거나 말로 표현함
  - 여러 방향으로 에너지를 쏟아 쓸데없는 곳에 자꾸 관심
  - 총명함을 변칙적으로 이용하려 함

  중견급 중소기업의 임원으로 창립멤버이자 일등공신이라고 합니다.

  현재는 퇴직수순을 밟고 있습니다.

  도전정신과 열정으로 많은 성과를 내어 혁혁한 공을 세웠지만 회사가 커지면서 조직의 안정과 시스템이 필요하게 됐습니다. 그런데 계속해서 예전의 즉흥성과 조직의 개혁을 요구하면서 시스템에 역행하는 언행과 행동을 하자, 일등공신이었던 임원이 반대로 가장 큰 불안 요소가 된 것입니다.

- 해브 타입 남성 37세
  목표, 부, 풍요, 결과물
  • 속셈이 있는 친절, 타인을 배려하지 않는 이익
  • 자신의 생각을 상대에게 강요
  • 가치관을 벗어난 행위

  강렬한 재물을 원하지만 정작 자신은 재물이 없습니다.

  욕망만 강할 뿐 실제 능력이 없어 능력 있는 사람에게 투자를 받거나 기회가 될 때 자신의 몫을 챙깁니다. 연애를 할 때에도 연상의 능력 있는 여성을 유혹하여 선물을 요구하고 여성의 집과 자동차를 공유합니다. 그러면서 거리의 매장에 들어가 친분을 쌓은 후 사업투자를 받는 활동을 합니다.

  지금껏 여덟 군데에서 투자를 받았지만 결과는 신통치 않았고 돈 되는 것을 찾기 위해 분주합니다.

- 해브 타입 33세 남성
  자신감, 추진력, 성취
  • 무엇을 더 해야 한다는 압박감, 성취 뒤의 허탈함
  • 휴식만을 위한 휴식을 취하지 못함

  의류업으로 돈을 많이 번 30대 초반의 남성은 소자본에서 건물, 금융자산, 자동차 등 많은 성취를 이루었습니다.

  그런데 만족감 대신 깊은 허무함이 찾아왔고 허무함을 채우기 위해 또 다른 성취가 필요했습니다.

  즉흥적으로 유흥업, 서비스업으로 뛰어들어 사업을 확장시켰고

  기대와는 달리 시행착오와 비싼 수업료를 치렀습니다.

  의류업으로 버는 돈을 유흥업, 서비스업의 손실을 메웠으며

  의류업도 안 되자 한순간에 빚더미에 앉게 됐습니다.

- 그룹 타입 44세 남성
  명성, 의무감, 신뢰성
  • 너무 세심하고 예민하여 일을 처리하는 시간이 길고 피로
  • 일을 잘되게 만드는 것에 지나치게 책임 느낌
  예민하고 섬세한 성격으로 다른 직원들에 비해 업무시간이 길다고 합니다. 다른 직원은 19~20시면 퇴근하는데 자신은 22~23시에 퇴근을 한다는 것입니다.
  실수하지 않기 위해 더 오래 생각해야 하고 신중해서라고 합니다.
  주말에도 일을 하고 직장상사의 요청을 거절하지 못해 연애도 취미도 인간관계도, 아무것도 없다고 하소연합니다.

- 29세 여성 그룹 타입
  명예, 사회성, 소속감
  • 타이틀에 치중함
  • 나서지 않고 뒤에서 투덜거리다 폭발함
  네트워크 업계에서 일을 하고 있습니다.
  6개월 동안 240만 원 조금 넘게 벌었다고 합니다.
  회사를 그만두지 않고 계속 다니고 싶은 이유는 누구나 알고 있는 기업이며 지부장이라는 타이틀을 달고 싶어서랍니다.
  자신의 학벌로 대기업에 소속될 수 없고 돈을 벌지 못해도 지부장이라는 타이틀은 꼭 달고 싶다고 합니다.

- 휴머니즘 타입 44세 남성
  지적 능력, 지성미, 지혜, 존경
  • 실제 행동 어려움
  • 열정이 없고 게으르고 나태함
  수능 400점 만점에 392점, 토익 1,000점 만점에 990점 점수를 받았다고 합니다.
  박사학위를 취득했지만 현재 취직은 하지 못한 상태입니다.

자신의 학벌, 점수로 이런저런 일은 할 수 없지 않냐며 5년째 무직으로 자신의 뜻을 고수하고 있습니다. 다시 대출을 받아 다른 학위를 따려고 준비 중입니다.

- 휴머니즘 타입 35세 여성

  내적 조화, 이타주의, 삶의 의미
  - 타인에게 의존하므로 불평불만 많음
  - 기대, 의존으로 상대를 질리게 함

  지금까지 만난 남성들을 거론하며 불만을 쏟아냅니다.

  데이트를 하면 좋은 분위기였는데도 왜 연락이 끊기는지에 대해 의문을 갖고 있었습니다. 어떤 대화를 나누는지에 대한 답변을 들으면서 힌트를 얻을 수 있었습니다.

  만나서 결혼으로 빨리 결론을 지으려 하고 '뭐 해 줄 거예요?', '안 해 줄 거예요?', '해 주시면 안 돼요?' 등 의존과 기대가 강하고 수동적 공격성 또한 엿보였습니다.

각 타입의 성향 변화로 나타난 긍정적인 실제 사례 중

- 51세 남성, 그룹 타입에서 셀프 타입의 성향으로 바뀐 사례
  자율, 자기존중, 자신감
  - 자기 자신에게 긍정적, 낙관적
  - 자기 방식대로 조절하기 원함

  세계적 기업의 임원으로 한국지사에서 HRD 업무를 담당했습니다.
  4개국 지점에서 10년 이상의 경력을 쌓았고 높은 연봉과 좋은 복지에도 불구하고 진정 원하는 삶을 살고 싶다며 셀프 타입의 성향을 발휘하기로 했습니다.
  프리랜서로 활동하기 위해 퇴직을 준비했습니다. 자신이 하고 싶은 일, 만나고 싶은 사람, 원하는 시간과 환경을 집중적으로 선택할 수 있는 지금이야말로 그동안 꿈꿔 왔던 온전한 삶이며 이상이라고 합니다. 명예와 안정의 삶보다 자신이 스스로 선택할 수 있는 삶이 최고로 가치 있는 삶이라고 평가합니다.

- 33세 여성, 휴머니즘 타입에서 에너지 타입의 성향으로 바뀐 사례
  기쁨, 도전, 표현, 활동성
  - 하고 싶은 일이 많고 하는 것을 좋아함
  - 사람들에게 개념 공유와 직접적인 교류로 인정받음

  공부를 잘하는 편은 아니었지만 독서와 사색을 좋아해서 인문, 철학, 종교, 심리, 상담에 관한 책은 꾸준히 읽었다고 합니다. 우연찮게 세미나 스텝으로 참여하면서 내성적인 자신이 무대 체질이라는 것을 처음 알았다고 합니다.
  혼자만의 시간도 좋았지만 사람을 만나고 무대에 서서 희열을 느낀 경험을 잊을 수 없었던 것입니다. 자신의 욕구를 알아차리고는 에너지 타입의 성향을 의도적으로 전환하였습니다.
  그 이후 자신의 인생이 바뀌었고 과거에 아는 사람이 지금의 자신을 상상할 수 없을

정도로 변화했다고 합니다.
많은 시도와 경험, 넓어진 인간관계와 사교성, 예전에 몰랐던 인생의 즐거움을 느끼고 있습니다.

- 44세 남성, 셀프 타입에서 해브 타입의 성향으로 바뀐 사례

  현실적, 물질욕, 야망, 승리
  - 목표를 달성하려는 집중과 몰입 강함
  - 인내심과 집중이 강해 지구력 강함

  그는 갑자기 돈을 벌고 싶다는 욕구가 생겨났다고 합니다.
  정신적 자유에서 물질적 자유를 강력히 갈구했고 빠른 결과로 나타나는 것을 찾다 보니 주식을 공부하게 됐습니다.
  가장 힘들었던 부분은 해브 타입에서 본래의 셀프 타입의 회기였다고 합니다.
  손실, 고통, 실패 속에서 해브 타입의 성향으로 완전히 전환되는 계기가 됐다고 합니다. 수익과 손실을 반복하다 해브 타입으로 전환 후 주식 대회에 나가 1등 수상으로 자신감을 얻었다고 합니다.
  현재는 연봉 2억 수준을 유지하고 있습니다.
  일을 할 때는 해브 타입, 휴식을 취할 때는 셀프 타입으로 정신적 자유와 현실적인 물질적 자유를 누리고 있습니다.

- 36세 남성, 셀프 타입이 그룹 타입의 성향으로 바뀐 사례

  안정감, 균형, 사회성
  - 사회적인 안정에서 명예를 얻으려 함
  - 높은 퀄리티를 추구함

  사진과를 졸업하고 개인 사진관을 하면서 정말 하고 싶은 것을 모두 했다고 합니다.
  32세에 사진관을 접고 방황하다 직장생활을 하기 위해서는 그룹 타입의 성향이 필요하다고 인식하기 시작했습니다.
  그 후, 사진 관련 회사에 취직하게 됩니다.

자신은 자유로운 성향으로 회사는 맞지 않는다고 생각했지만 막상 타입을 전환하고 회사를 다니니 너무나 좋다고 합니다. 그러면서도 퇴근 이후나 휴일에 자전거 라이딩, 서바이벌, 자동차 드래프트 등 온갖 취미에 흠뻑 빠져 있습니다.

조직에서의 안정, 객관적 평가에 맞는 직무와 소득, 오히려 안정적인 환경에서 더 완벽한 자유를 누리고 있습니다.

- 37세 남성, 해브 타입이 휴머니즘 타입의 성향으로 바뀐 사례

  공동체, 예의, 배려
  - 윗사람을 기쁘게 하려 하므로 도움을 잘 받음
  - 갈등 없는 환경 유지를 위해 헌신함

  상업고등학교를 나와 전문대를 졸업한 그는 성공의 열망이 대단히 강했다고 합니다. 자신보다 못하다고 생각했던 동료가 더 빠른 인정과 승진 등을 경험하는 것을 보고 겸손해야 된다는 것을 느꼈다고 합니다. 회사생활에서는 휴머니즘 타입의 성향으로 모드 전환한 후 얼마 되지 않아 직장상사가 스카우트되면서 자신에게도 제안을 한 것입니다. 팀이 필요했기 때문입니다.

  옮겨 간 회사에서 연봉도 올라갔지만 계속해서 직장상사의 3번의 스카우트에 본인도 포함이 됩니다.

  지금은 직장인이면서도 법인카드 사용이 가능하고 억대 연봉을 받고 있습니다. 자신보다 유능한 직원은 많았지만 개성이 강한 성격으로 지시를 받아들이는 데 저항하거나 불편해하는 데에 비해 자신은 수월하게 받아들였다고 합니다.

  업무 지시를 잘 따르는 직원으로 팀원을 꾸미는 것은 상사 입장에서는 당연한 일이라 할 수 있습니다.

각 타입의 가치관 변화로 나타난 긍정적인 실제 사례 중

- 32세 남성, 그룹 타입에서 셀프 타입의 가치관으로 바뀐 사례

    가치관: 자기존중, 자율, 독립성

    집안에서는 의대를 가라고 했지만 자신은 싫었다고 합니다.

    사회적으로 명예로운 직업이면서도 조직의 간섭을 덜 받는 것을 선택하기로 결정했기 때문입니다.

    개인 변호사로 굵직한 일만 선택적으로 수임하고 있으며 최근에는 선을 보며 자신에게 잘 맞는 배우자를 찾고 있습니다. 사회적 명예, 높은 소득, 개인적인 시간, 집안의 바람과 자신의 욕구까지 이룬 지금 생각해 보면 천우신조였다고 자평합니다.

- 43세 여성, 그룹 타입에서 에너지 타입의 가치관으로 바뀐 사례

    가치관: 도전, 창의성, 인정

    기업 교육에서 교육을 받던 40대의 여성이 따로 코칭을 요청해 왔습니다. 누구나 부러워하는 직장을 다니고 있었지만 직장생활로 인생을 보내고 싶지는 않다고 합니다.

    더 화려하고 자신의 능력을 발휘하고 싶어 했습니다.

    1년 6개월의 코칭 동안 에너지 타입의 가치관으로 전환되었고 영어로 수업하는 유치원을 오픈해 2군데를 운영 중에 있습니다.

    고가의 유치원으로 짧은 시일에 이 정도의 성공을 할 수 있나 할 정도의 성공을 이루었고 고가의 컨설팅을 겸업하고 있습니다.

    지금은 조직생활을 할 때와는 전혀 다른 화려한 명품 의상과 사치품, 수입 자동차 등을 소비하며 모델 같은 이미지로도 주목받고 있습니다.

- 45세 여성, 에너지 타입에서 해브 타입의 가치관으로 바뀐 사례

  가치관: 개인의 발전, 성취, 풍요

  배낭여행으로 2년을 외국에서 보내고 그때 알게 된 각국의 친구들을 만나며 그렇게 외국에서 7년을 보냈다고 합니다.

  자신의 재능을 재미에만 사용했지만 돈과 결과물하고 연결 짓기 시작한 것입니다. 성공하고 싶었기에 해브 타입으로 바뀌어야 했다고 다짐합니다. 미국에 갔을 때 우연찮게 보게 된 서적으로 컨설팅 프로그램을 한국으로 가져오게 됐지만 모아 둔 돈이 없어 실행에 옮길 수는 없었습니다.

  어렵게 투자를 받았고 투자자가 지금의 남편이기도 합니다.

  그동안 알고 지냈던 외국 친구의 소개로 5개국에서 오픈할 수 있었고 그중 하나인 중국에서 폭발적 성공을 거두어 국내에서보다 20배 이상의 수익과 성공을 거두었습니다.

- 37세 남성, 셀프 타입에서 그룹 타입의 가치관으로 바뀐 사례

  가치관: 발전, 소속감, 안정감

  이 남성은 공업 고등학교를 졸업하고 8년 동안을 특정 직업 없이 보내다 주된 성격인 아웃사이더, 독특함을 줄이고 그룹 타입인 사회성, 안정성의 가치관 전환을 합니다.

  기숙사 학원에 들어간다는 소식을 들었는데 어느 날 연락이 와서는 우체국에서 9급 공무원으로 택배 업무를 보고 있다고 합니다. 또 어느 날 연락이 와서는 7급 공무원이 됐고 공무원 아파트도 장만했다는 것입니다.

  가끔 민원으로 민원인에게 가 무릎을 꿇기도 하는데 별 어려움은 없다고까지 말합니다. 예전의 가치관으로는 상상할 수도 없는 일이었는지 몰라도 지금은 안정적인 토대 위에서 자유를 누릴 수 있어 지금의 삶이 대단히 만족스럽다고 합니다.

- 36세 남성, 에너지 타입에서 휴머니즘 타입의 가치관으로 바뀐 사례

  가치관: 공동체, 전통, 영성

  2남 1녀 중 막내로 집안은 떡집을 운영합니다.

  형과 누이는 집안일을 잘 돕는 편이었고 자신은 밖에서 생활을 하느라 잘 돕지도 못했다고 합니다. 그러다 갑자기 부모님이 안쓰러워 보이기도 하고 도와드리고 싶다는 생각에 부모님에게는 완전한 휴머니즘 타입이 되기로 합니다.

  순종하고 집안의 전통을 따르고 지키려 합니다.

그 시기, 떡집을 하는 건물 가격이 폭등을 했고 형과 누이는 건물을 처분하자고 합니다.

부모는 평생의 가업을 포기하기 싫었고, 이 남성은 계속한다면 도와드리고 순응하겠다고 했습니다. 그 후 유산 다툼이 일어났고 부모님의 건물과 가업을 물려받게 됩니다.

자신은 휴머니즘 타입으로 바꾸어 건물을 물려받아서가 아니라 부모님의 가업을 물려받는 것이 의미 있고 즐겁다고 합니다.

가능하다면 자녀에게도 물려주고 싶다고 합니다.

타입 코칭 질문

살펴본 사례와 같이 자신의 특성이 부정적으로 나타나기도 하며, 라이프 디자인 코칭으로 인해 바꾸고 싶은 가치관의 타입으로 바꾸어 원하는 가치관의 삶으로 살거나, 바꾸고 싶은 성향의 타입으로 바꾸어 원하는 태도와 결과를 얻기도 합니다.

우리는 다중 가치관, 다중 성향, 다중 사회적 직무 등
복합적으로 엮여 있다는 것을 알게 됐습니다.
하나의 타입만이 존재하는 것이 아니라 다양한 타입이 내제되었음을 결과와 수치로 알게 됐습니다.
원하는 가치관과 성향, 사회적 직무를 바꾼다는 것은 자신을 버린다는 의미가 아닙니다. 새롭게 무엇인가를 해야 하는 것이 아닙니다. 이미 내제되어 있는 것 중 필요에 따라 볼륨을 조정하는 일에 불과하다는 것입니다. 현재의 모습을 유지할 수도 있고 원하거나 필요한 타입의 변화를 원할 수 있습니다. 그러기 위해서는 전략이 필요합니다.

원인과 결과에서 원인을 바꾸어 결과를 바꿀 수 있고
결과와 예측 가능한 결과에서
결과(원인)를 바꾸어 예측 가능한 결과를 바꿀 수도 있습니다.

스스로가 원하는 타입의 키워드와 관련된 코칭 질문을 답변하면서
최적의 방법을 찾을 수 있는 시간을 갖도록 합니다.
전략의 아이디어를 얻길 바랍니다.

타입 코치 질문 가이드

셀프 타입의 부정적 특성이 많다면 (15질문)
에너지 타입의 부정적 특성이 많다면 (15질문)
해브 타입의 부정적 특성이 많다면 (15질문)
그룹 타입의 부정적 특성이 많다면 (15질문)
휴머니즘 타입의 부정적 특성이 많다면 (15질문)

자신의 특성 중 가장 많은 부정적인 타입의 질문을 통해
생각을 넓히고 패러다임을 확장하세요.
질문 1번부터 15번까지 유기적으로 연결되어 있기에 답변을 완결해야 합니다.
파트너와 함께라면 한 사람이 질문을 읽고
한 사람이 답변하며 온전히 내면을 탐색하도록 합니다.
혼자라면 답변을 적으면서 답변을 완결하는 것이 좋습니다.

추신: 기회가 된다면 모든 타입의 질문에 답변하도록 합니다.
뜻깊은 시간을 가질 수 있습니다.

셀프 타입의 부정적 특성이 많다면

1. 자가 자신을 어떻게 생각하나요? 자신을 평가한다면?
:

2. 다른 사람들은 나를 어떻게 생각할까요?
:

3. 당신의 사회적 점수는 1~10점 중 몇 점인가요?
:

4. 당신의 현실적 점수는 1~10점 중 몇 점인가요?
:

5. 감성적이어서 안 좋은 것은 무엇인가요?
:

6. 이상적이여서 현실을 놓치고 있는 것은 무엇인가요?
:

7. 원치 않았던 일의 패턴은 무엇인가요?
:

8. 누군가 이러한 경험을 하기 위해서는 어떠한 신념과 패턴을 가지고 있어야 가능할까요?
:

9. 패턴을 끊기 위해 해야 할 것은 무엇인가요?
:

10. 당신의 극단적 요소는 무엇인가요?
:

11. 균형을 이룬다면 무슨 일이 벌어질까요?
:

12. 본인만의 방법으로 성취하고 싶어서 성취하지 못하고 있는 것은 무엇인가요?
　 :

13. 본인만의 방법으로 안정되고 싶어서 불안정되고 있는 것은 무엇인가요?
　 :

14. 나만의 독특함이 대중적 지지를 얻는다면 무슨 일이 벌어질까요?
　 :

15. 나만의 독특함이 대중적 지지를 받기 위해 필요한 즉각적이고 실제적인 것은 무엇인가요?
　 :

에너지 타입의 부정적 특성이 많다면

1. 자기 자신을 어떻게 생각하나요? 자신을 평가한다면?
:

2. 다른 사람들은 나를 어떻게 생각할까요?
:

3. 다른 사람들에게 나는 어떤 사람이기를 원하나요?
:

4. 내가 좋아하는 사람들은 어떤 (공통된 유형) 사람들인가요?
:

5. 가능성과 결과 중 우선시하는 것은 무엇인가요?
:

6. 정말 원하는 것은 하고 싶은 것인가요? 결실인가요?
:

7. 호기심은 얼마만큼 충족되길 원하나요?
:

8. 호기심이 충족되는 경험이나 일이 있다면 무엇이라 생각하나요?
:

9. 가장 오랫동안 인내했던 일과 시간은 무엇입니까?
:

10. 하고 싶은 일이 많아서 안 좋았던 경험 3가지를 생각해 본다면?
:

11. 조직이나 당신이 경험하는 문화에 대해서 어떻게 생각하나요?
:

12. 조직의 문화와 규범을 따라 준다면 어떤 일이 벌어질까요?
:

13. 시작한 일을 마무리하기 위해 무엇이 필요할까요?
:

14. 정말 해야 하는 일은 무엇인가요?
:

15. 당신의 넘치는 에너지를 한곳에 집중한다면 무슨 일이 벌어질까요?
:

해브 타입의 부정적 특성이 많다면

1. 자기 자신을 어떻게 생각하나요? 자신을 평가한다면?
:

2. 다른 사람들은 나를 어떻게 생각할까요?
:

3. 무엇을 성취하고 싶나요?
:

4. 성취하고픈 마음을 1~100점 중 점수로 나타낸다면?
:

5. 당신만의 성취의 의미는 무엇인가요?
:

6. 욕망과 성취를 이룰 수 있는 당신의 재능 점수는?
:

7. 성취를 뒷받침해 줄 공부는 객관적으로 어떻게 하고 있나요?
:

8. 성취를 도와줄 실제 인물은 누구이며 어느 정도의 효과인가요?
:

9. 당신과 100% 똑같은 사람과 환경에 있는 사람에게 어느 정도의 도움을 줄 수 있나요?
:

10. 성취의 의미가 아닌 개인의 의미는 무엇인가요?
:

11. 만약 욕심과 욕망을 지워 버린다면 어떤 감정일까요?
:

12. 욕심과 욕망을 지워서 좋은 점은 무엇일까요?
:

13. 자신만을 위한 시간이나 취미를 갖는다면 무엇을 하고 싶나요?
:

14. 자신과 생각이 맞는 사람들의 모임이나 세미나는 무엇이 있나요?
:

15. 그런 모임이나 세미나에 지속적인 참여가 확장된다면 어떤 유익함이 있을까요?
:

그룹 타입의 부정적 특성이 많다면

1. 자기 자신을 어떻게 생각하나요? 자신을 평가한다면?
:

2. 다른 사람들은 나를 어떻게 생각할까요?
:

3. 자신의 탁월한 장점은 무엇이라고 생각하나요?
:

4. 그 장점을 활용하여 무엇을 이룰 수 있을까요?
:

5. 자신이 조금 더 해야 하는 점이 있다면 무엇일까요?
:

6. 자신이 조금 덜 해야 하는 점이 있다면 무엇일까요?
:

7. 자신이 지나치다고 생각되는 점은 무엇인가요?
:

8. 유연한 사람들이 가지고 있는 장점은 무엇일까요?
:

9. 유연한 장점을 자신에게 적용할 3가지는 무엇인가요?
:

10. 조직의 문화와 체계를 따라서 좋은 점은 무엇인가요?
:

11. 무엇을 하면 더 안정적인 환경 속에 있을 수 있을까요?
:

12. 균형과 조화로운 삶은 무엇인가요?
:

13. 조화로운 삶을 위해 당신이 하고 있는 것은 무엇인가요?
:

14. 조화로운 삶을 위해 당신이 하고 싶은 것은 무엇인가요?
:

15. 당신의 꼼꼼함과 세심함은 어디에 사용되고 있나요?
:

휴머니즘 타입의 부정적 타입이 많다면

1. 자기 자신을 어떻게 생각하나요? 자신을 평가한다면?
:

2. 다른 사람들은 나를 어떻게 생각할까요?
:

3. 내가 꿈꾸는 행복이란 무엇이라고 생각하나요?
:

4. 자신이 가장 하고 싶은 일은 무엇인가요?
:

5. 그 일을 하지 못하는 이유는 무엇인가요?
:

6. 가장 소중한 사람은 누구인가요?
:

7. 자신의 욕구와 타인의 욕구 중 누구의 욕구가 중요하나요?
:

8. 자신의 욕구 표현력은 0~10점 중 몇 점이라고 생각하나요?
:

9. 자신이 가장 하고 싶은 말이 있다면 무엇인가요?
:

10. 자신을 사랑한다는 것은 무엇인가요?
:

11. 자신을 사랑하기 위해 할 수 있는 3가지는?
:

12. 자신의 감정을 표현한다면 어떤 일이 일어날까요?
:

13. 자신에게 무엇이 필요하고 무엇을 원하나요?
:

14. 의존하는 상대를 도와줘서 안 좋은 점은 무엇인가요?
:

15. 당신의 우선순위는 무엇인가요?
:

타입 코칭 질문 가이드

셀프 타입의 긍정적 특성이 필요하다면 (15질문)
에너지 타입의 긍정적 특성이 필요하다면 (15질문)
해브 타입의 긍정적 특성이 필요다면 (15질문)
그룹 타입의 긍정적 특성이 필요하다면 (15질문)
휴머니즘 타입의 긍정적 특성이 필요하다면 (15질문)

자신에게 필요한 타입이나 가치관, 성향, 사회적 직무 중
무엇이 필요한지 자신은 알고 있습니다.
누군가가 '이것 해'라고 해야 아는 것이 아니라
그 누구보다 스스로 잘 알고 있습니다.
질문을 통해 조금 더 자세한 전략을 갖도록 꼭 필요한 시간입니다.
자신에게 필요한 타입의 질문을 통해
생각을 넓히고 패러다임을 확장하세요.
질문 1번부터 15번까지 유기적으로 연결되어 있기에 답변을 완결해야 합니다.
파트너와 함께라면 한 사람이 질문을 읽고 한 사람이
변하며 온전히 내면을 탐색하도록 합니다.
혼자라면 답변을 적으면서 답변을 완결하는 것이 좋습니다.

추신: 기회가 된다면 모든 타입의 질문에 답변하도록 합니다.
뜻깊은 시간을 가질 수 있습니다.

셀프 타입의 긍정적 특성이 필요하다면

1. 자기 자신을 어떻게 생각하나요? 자신을 평가한다면?
:

2. 다른 사람들은 나를 어떻게 생각할까요?
:

3. 꼭 해야 하는데 미루고 있는 일이 있나요?
:

4. 긍정의 감정과 부정의 감정 중 어느 감정을 더 잘 느끼나요?
:

5. 당신의 깨달음을 실질적으로 나타낼 수 있나요?
:

6. 이상적인 상황 때문에 현실을 놓치는 것은 무엇이 있나요?
:

7. 당신 주변에 사람들은 얼마나 있나요? (인맥은?)
:

8. 사람을 만나는 데 돈은 얼마나 지출하나요?
:

9. 하루 중 얼마나 많이 타인과 개인적으로 상호작용하나요?
:

10. 나에게 사용되는 돈과 타인에게 사용되는 돈의 비율은 어떻게 되나요?
:

11. 다른 사람을 칭찬하면 어떻게 반응할까요? 당신은 어떤가요?
:

12. 과거, 현재, 미래 중 현재에 몇 % 비중을 두고 있나요?
  :

13. 자신이 가장 어렵게 생각되는 일은 무엇인가요?
  :

14. 당신의 인생에서 어떤 부분을 차단하고 있나요? (자신, 관계, 경제력)
  :

15. 타인에게 시간과 에너지를 사용해서 좋은 점은 무엇일까요?
  :

에너지 타입의 긍정적 특성이 필요하다면

1. 자기 자신을 어떻게 생각하나요? 자신을 평가한다면?
 :

2. 다른 사람들은 나를 어떻게 생각할까요?
 :

3. 다른 사람들에게 나는 어떤 사람이기를 원하나요?
 :

4. 인생의 즐거움, 도전, 표현의 점수는 1~10점 중 몇 점인가요?
 :

5. 즐거움, 도전, 표현하는 데 있어 방해 요소는 무엇인가요?
 :

6. 실제로 즐기고 있는 즐거움, 도전, 표현은 무엇인가요?
 :

7. 해 보고 싶은 것이 있다면?
 :

8. 또 다른 해 보고 싶은 것이 있다면?
 :

9. 어떤 마음이나 성향을 가지면 하고 싶은 경험을 할 수 있을까요?
 :

10. 그 마음을 2배로 확장한다면 무슨 일이 벌어질까요?
 :

11. 그 마음을 4배로 확장한다면 무슨 일이 벌어질까요?
 :

12. 그 마음을 10배로 확장한다면 무슨 일을 할 수 있을까요?
:

13. 그 마음을 가질 수 있는 사람은 누구일까요?
:

14. 그러한 특성으로 실용적, 실제적인 특기를 갖는다면 그것은 무엇인가요?
:

15. 더욱더 자신을 계발하기 위한 행동 3가지는?
:

해브 타입의 긍정적 특성이 필요하다면

1. 자기 자신을 어떻게 생각하나요? 자신을 평가한다면?
:

2. 다른 사람들은 나를 어떻게 생각할까요?
:

3. 무엇을 위해 일하고 있나요?
:

4. 당신의 경쟁력은 무엇인가요?
:

5. 당신에게 보이는 (유형적) 자산은 무엇이 있나요?
:

6. 어떤 성취의 결과를 얻길 바라나요?
:

7. 그 목표가 이루어졌을 때 어떤 느낌이 들까요?
:

8. 목표 달성을 위해 집중함으로써 잃게 되는 것은 무엇이 있을까요?
:

9. 지시와 명령의 유익함 3가지 이상을 말해 본다면?
:

10. 지시와 명령을 더 효율적으로 할 수 있는 것은 무엇이 있을까요?
:

11. 목표가 이루어지면 다른 사람도 행복할까요? 다른 사람이 얻는 유익은?
:

12. 다른 사람들은 나를 어떤 사람이라고 생각하나요?
 :

13. 당신이 존경하는 사람의 특성은 무엇인가요?
 :

14. 당신이 존경하는 사람의 특성을 계발하기 위해 무엇을 해야 하나요?
 :

15. 정말 이루고 싶은 일은 무엇인가요?
 :

그룹 타입의 긍정적 특성이 필요하다면

1. 자기 자신을 어떻게 생각하나요? 자신을 평가한다면?
:

2. 다른 사람들은 나를 어떻게 생각할까요?
:

3. 나의 사회성 점수 1~10점 중 점수와 그 이유는?
:

4. 나의 협동심 점수 1~10점 중 점수와 그 이유는?
:

5. 조직의 복종심 점수 1~10점 중 점수와 그 이유는?
:

6. 남이 나를 볼 때 인내심 점수는 몇 점일까요?
:

7. 남이 나를 볼 때 복종심 점수는 몇 점일까요?
:

8. 당신이 팀장인데 자신의 공적인 지시를 따르지 않는 팀원이 있다면?
:

9. 당신이 CEO인데 조직의 문화와 사칙을 따르지 않는 팀을 본다면?
:

10. 파격과 도전의 장단점은?
:

11. 안정의 장단점은?
:

12. 안정의 장점을 유지하기 위해서 필요한 것은 무엇인가요?
 :

13. 안정의 장점을 유지하기 위해서 멈추어야 할 것은 무엇인가요?
 :

14. 안정의 장점에서 도전할 수 있는 방법은 무엇인가요?
 :

15. 도전하기 위해 현실에서 신경을 써야 할 것은 무엇인가요?
 :

휴머니즘 타입의 긍정적 특성이 필요하다면

1. 자기 자신을 어떻게 생각하나요? 자신을 평가한다면?
:

2. 다른 사람들은 나를 어떻게 생각할까요?
:

3. 무엇에 관심 있나요?
:

4. 무엇을 성취하고 싶나요?
:

5. 그것을 뒷받침할 깊이를 위해 얼마나 시간을 내고 있나요?
:

6. 근거와 연구를 하는 점수는 1~10점 중 몇 점이라고 생각하나요?
:

7. 점수가 나오게 된 근거는 무엇인가요?
:

8. 당신이 생각하는 인복의 의미는 무엇인가요?
:

9. 당신의 인복 점수는 1~10점 중 얼마나 되나요?
:

10. 당신이 인복을 주는 사람이라면 어떤 사람에게 줄 건가요?
:

11. 당신이 인복을 받기 위해 하는 행동은 무엇인가요?
:

12. 이것이면 충분한가요?
:

13. 확장한다면 무엇을 해야 할까요?
:

14. 원인과 결과에서 어떤 원인을 발휘해야 할까요?
:

15. 당장 시작할 한 가지는 무엇인가요?
:

키워드 코칭 질문

지금까지는 타입, 가치관, 성향, 사회적 직무 등 큰 맥락적인 질문이었다면
이번 시간에는 세세하게 나눈 키워드 코칭 질문입니다.

누구나 다섯 가지의 타입이 복합적으로 엮여 있다는 것을 알고 있습니다.
이것은 다양한 욕구와 욕망 그리고 목적과 의도가 있다는 것입니다.

60개의 가치관 키워드에서 선택적으로 선별하여
최적의 방법을 찾을 수 있는 시간을 갖도록 합니다.

키워드 코칭 질문 가이드

셀프 타입 가치관 12가지 키워드
에너지 타입 가치관 12가지 키워드
해브 타입 가치관 12가지 키워드
그룹 타입 가치관 12가지 키워드
휴머니즘 타입 가치관 12가지 키워드

타입에 상관없이
마음이 와닿는, 좋아하는, 필요한, 그 어떤 이유라도 좋습니다.
아니, 이유가 없어도 괜찮습니다.
키워드를 선택하여 정의를 읽고 관련된 4가지의 질문을 완결하도록 합니다.
키워드, 키워드 정의, 키워드의 방향성을 위한 4가지 질문으로 구성된 60가지가 있습니다.

파트너와 함께라면 한 사람이 질문을 읽고
한 사람이 답변하며 온전히 내면을 탐색하도록 합니다.
혼자라면 답변을 적으면서 답변을 완결하는 것이 좋습니다.

추신: 기회가 된다면 모든 키워드 질문에 답변하도록 합니다.
뜻깊은 시간을 가질 수 있습니다.

주관적(가치, 신념, 느낌 등 와닿는)으로
70점이 넘는 키워드를 선택합니다.

☐ 앎
☐ 분별
☐ 자기존중
☐ 자기계발
☐ 창의성
☐ 자율
☐ 우정
☐ 독립성
☐ 육체적 건강
☐ 자연
☐ 다양한 관점
☐ 자신감

체크한 키워드에 내용을 읽고 코칭 질문에 답변하도록 합니다.

셀프 타입 가치관 키워드 코칭 질문
- coaching question -

독립성
남에게 의존하지 않고 스스로를 제어하는 상태

- 독립성을 발휘하고 싶지만 못하는 것은 무엇입니까?
- 독립성을 발휘한다면 무슨 일이 벌어질까요?
- 독립성을 발휘한 나의 모습은 어떤 모습이며 어떤 감정을 느끼나요?
- 독립성을 발휘하면 자신은 어떤 사람이 되나요?

이상주의
이상을 세우고 이것을 실현시키려는 생활태도

- 당신이 이루고 싶은 궁극적 의도는 무엇인가요?
- 그것은 왜 중요한가요?
- 그것을 이루면 어떤 사람이 되나요?
- 그러한 사람이 되기 위한 첫 번째 단계는 무엇인가요?

독특함
여러 관점에서 사고하여 특별하게 다름

- 지금 이외의 다른 관점으로 3가지를 생각해 본다면?
- 독특함을 발휘한 사건은 무엇이 있었습니까?
- 당신의 창조적 활동을 방해하는 것은 무엇입니까?
- 지금 하는 일을 어떻게 하면 창의적으로 더 잘할 수 있을까요?

공감
남의 감정, 의견에 대하여 자기도 예민하게 지각하고 느끼는 감정이나 기분

- 상대의 대한 민감성은 100점 만점 중 몇 점이라고 생각하나요?
- 민감성을 발휘하여 좋았던 경험은 무엇인가요?
- 민감성을 발휘할 때 유익함 3가지는 무엇이 있을까요?
- 유익함 3가지 중 하나를 적용한다면?

셀프 타입 가치관 키워드 코칭 질문
- coaching question -

자유
무엇에 얽매이지 아니하고 자기 마음대로 할 수 있는 상태

- 지나치게 몰두해서 소홀한 부분이 있다면 어느 것이 있습니까?
- 가족, 건강, 대인관계, 취미활동 등 삶의 균형과 조화는 어떤가요?
- 주변, 지인의 시각으로 본다면 당신 삶의 균형은 몇 점인가요?
- 상황을 변화시키기 위해 당신이 할 수 있는 일을 무엇입니까?

관계 구축
서로 우호적이고 신뢰할 수 있는 인간관계를 만듦

- 주변에 당신을 도와줄 사람과 모임은 얼마나 되나요?
- 그러한 사람과 모임이 나에게 주는 긍정적 변화 3가지는?
- 생각과 성향이 맞는 만남이나 모임 참석에 방해요소가 있다면?
- 방해요소를 극복하기 위해 자신을 성장시키는 패러다임은 무엇인가요?

인간적인 삶
사람과의 관계에 있어서 지켜야 할 바른 도리

- 가장 친분이 있는 사람은 누구이고 그 이유는 무엇인가요?
- 친분이 있는 사람에게 좌절감을 느낀 사건은?
- 그로 인해 얻은 교훈은 무엇인가요?
- 앞으로 비슷한 경우 당신은 어떻게 반응하시겠습니까?

초연함
현실에 아랑곳하지 않고 의연함

- 그것은 당신에게 어떤 의미와 목적이 이루어지나요?
- 그 생각이 없다면 당신은 무엇을 할 수 있나요?
- 10년 후 현재를 바라본다면?
- 미래에 성공한 내가 현재를 바라본다면?

셀프 타입 가치관 키워드 코칭 질문
- coaching question -

분별
바른 생각이나 판단을 구별하고 가름

- 당신의 영향으로만 할 수 있는 것은 무엇입니까?
- 당신의 영향으로만 할 수 없는 것은 무엇입니까?
- 할 수 없는 것을 선택하여 피해를 입었던 사건은 무엇입니까?
- 자신을 성장시키는 생각은 무엇입니까?

순수함
사사로운 욕심이나 전혀 다른 것의 섞임이 없음

- 가장 관심 있고 흥미로운 일은 무엇입니까?
- 이익이나 결과가 없는 일에 집중한 경험은 무엇입니까?
- 1년 동안 원하는 대로 할 수 있다면 어떤 부분을 변화시켜 보고 싶으십니까?
- 당연하지만 정말 감사한 일은 무엇입니까?

앎
관심 가는 흥미로운 일에 대하여 정확하고 깊이 있게 알고자 함

- 당신은 당신에 대해 얼마나 알고 있습니까?
- 당신의 핵심가치는 무엇입니까?
- 당신의 의도는 무엇입니까?
- 어떻게 하면 자신에 대해 알 수 있을까요?

거시적
전체를 포괄하여 넓은 안목으로 바라보는 관점

- 어떤 가치가 있는 일인가요?
- 타인의 관점에서 바라본다면?
- 10년 뒤 이 문제를 바라본다면?
- 신의 입장에서 바라본다면?

주관적(가치, 신념, 느낌 등 와닿는)으로
70점이 넘는 키워드를 선택합니다.

☐ 기쁨
☐ 도전
☐ 다양성
☐ 모험
☐ 변화와 즉흥
☐ 창조성
☐ 예술
☐ 영향력
☐ 친밀함
☐ 용기
☐ 경쟁
☐ 인정

체크한 키워드에 내용을 읽고 코칭 질문에 답변하도록 합니다.

에너지 타입 가치관 키워드 코칭 질문
- coaching question -

사교성
남과 사귀기를 좋아하거나 쉽게 사귀는 성질
• 사교성을 발휘하면 얻게 되는 유익함 3가지는? • 누구와 허물없이 대화를 하고 싶습니까? • 사교성을 강화하기 위해 어떤 생각을 가져야 합니까? • 사교성을 강화하기 위해 실천할 행동은 무엇입니까?
표현
자신의 생각과 감정을 표현함
• 생각과 감정을 솔직하고 겸손하게 표현한다면 무슨 일이 벌어질까요? • 표현을 제한하는 신념은 무엇입니까? • 당신의 사교적 탁월함을 발휘하는 것은 무엇인가요? • 사교적인 사람의 특성 3가지는 무엇인가요?
재능
어떤 일을 하는 데 필요한 재주와 능력
• 당신의 재능과 특기는 무엇인가요? • 갖고 싶은 재능과 특기는 무엇인가요? • 필요한 재능과 특기는 무엇인가요? • 당신의 특기가 먹고사는 기술이 되려면 무엇을, 어떻게 해야 하나요?
열정
어떤 일에 열렬한 애정을 가지고 열중하는 마음
• 당신이 생각하는 열정의 동의어는 무엇입니까? • 동의어 유익함 3가지는? • 동의어 손해 보는 3가지는? • 동의어를 한곳에 집중한다면 어디에 쏟고 싶습니까?

에너지 타입 가치관 키워드 코칭 질문
- coaching question -

재미
즐거운 느낌이나 마음
• 즐거움은 어디서 얻나요? 10가지는?
• 내적 만족과 외적 만족의 비율을 보고 느낀 점은?
• 하기는 싫지만 체험하고 싶은 3가지는?
• 시도하고 싶은 하나를 선택한다면 무엇입니까?
즉각적인 만족
마음에 흡족함
• 자기 마음을 제한하는 생각은 무엇입니까?
• 그 생각이 없다면 어떻게 될까요?
• 아무 제한이 없다면 무엇을 하시겠습니까?
• 그 마음을 10배로 확장한다면 어떻게 하시겠습니까?
가능성
앞으로 성장하거나 실현될 수 있는 성질
• 이루어지기를 바라는 3가지는 무엇입니까?
• 정말 원하는 것은 무엇입니까?
• 그것은 왜 중요합니까?
• 당신이 진정 원하고 중요하게 생각하는 것을 위한 첫 스텝은?
새로움
전과 다른
• 가장 바꾸어야 하지만 바꾸기 싫은 것은 무엇입니까?
• 그것으로 인해 피해를 본 것은 무엇입니까?
• 미래에 같은 상황이 발생된다면 어떻게 대응하시겠습니까?
• 바꿀 수 있는 것은 무엇이 있습니까?

에너지 타입 가치관 키워드 코칭 질문
- coaching question -

실용적
실제로 쓰이는 것
• 당신이 가장 관심을 가지고 중요하게 생각하는 것은 무엇입니까? • 그것을 어떻게 나타낼 수 있습니까? • 타인이 쉽게 알 수 있는 상태는 무엇입니까? • 그 상태를 하기 위해 무엇을 할 수 있습니까? 더 효과적인 방법은?
활동성
어떤 일의 성과를 거두기 위하여 활동함
• 보이는 활동과 보이지 않는 활동 비율은 어떻게 되나요? • 보이는 활동은 무엇입니까? • 보이지 않는 활동은 무엇입니까? • 보이지 않는 활동 중에 덜 해야 하는 것은 무엇입니까?
생산적
실제적인 결론을 이끌어 내는 능력
• 생각하는 실제적인 결과는 어떻게 알 수 있습니까? • 지금의 실제적인 결과는 무엇인가요? • 어떤 원인으로 지금의 결과가 나타났습니까? • 원하는 결과를 위해 어떤 실제적 원인을 발휘해야 할까요?
다양한 경험
자신이 실제로 해 보거나 겪어 봄, 또는 거기서 얻은 지식이나 기능
• 힘들었던 경험은 무엇이었습니까? • 그 경험이 아니면 절대로 알 수 없는 교훈은 무엇입니까? • 같은 상황이 발생될 때 어떻게 하시겠습니까? • 깨우침의 교훈들이 계속 쌓인다면 앞으로의 내 인생은 어떨까요?

주관적(가치, 신념, 느낌 등 와닿는)으로
70점이 넘는 키워드를 선택합니다.

☐ 부
☐ 목표
☐ 경제적인 안정
☐ 결과
☐ 성취
☐ 지배
☐ 개인의 발전
☐ 승리
☐ 소유
☐ 장악
☐ 파급력
☐ 풍요

체크한 키워드에 내용을 읽고 코칭 질문에 답변하도록 합니다.

해브 타입 가치관 키워드 코칭 질문

목표
어떤 목적을 이루려고 지향해서 얻게 된 의도된 결과
• 지금까지 스스로 이루어 낸 보이는 성과는 무엇입니까? • 만약 그때로 돌아가 측정할 수 있는 더 큰 성과를 낸다면 무엇을 할 수 있을까요? • 장차 이루고 싶은 목표는 무엇입니까? • 장차 목표를 이루었다는 것을 어떻게 알 수 있습니까?
추진력
목표를 향하여 밀고 나아가는 힘
• 지금 당장 행동으로 옮기면 무슨 일이 일어날까요? • 행동을 하려 할 때 반대되는 생각은 무엇인가요? • 그 생각은 진실인가요? • 그 생각이 없다면 무엇을 할 수 있습니까?
소유욕
자기 것으로 만들어 가지고 싶어 하는 욕망
• 양보하고 눈치 보느라 포기하고 있는 것은 무엇인가요? • 표현하고 소유한다면 무슨 일이 생길까요? • 그러한 성취로 이끈 당신의 탁월함은 무엇인가요? • 그 탁월함이 계속 발휘된다면 당신은 또 무엇을 할 수 있을까요?
물질욕
재물을 탐내는 마음
• 돈으로 할 수 있는 최고의 일은 무엇인가요? • 돈으로 할 수 없는 일은 무엇인가요? • 돈에 대해 정의한다면? • 돈은 내적, 외적으로 어떤 긍정적 변화를 가져올 수 있을까요?

해브 타입 가치관 키워드 코칭 질문

결과물
어떤 일을 끝맺으며 만들어 낸 물질적인 성과
• 어떤 일에 대해 결과를 못 내는 공통점은 무엇인가요? • 그것이 10년 동안 지속된다면 무슨 일이 벌어질까요? • 10년 동안 지속된 미래의 내가 지금의 나에게 조언한다면? • 조언을 받아들인다면 첫 스텝으로 무엇을 하시겠습니까?
적극적
대상에 대한 태도가 긍정적이고 능동적인
• 지금의 삶은 당신에게 최선인가요? • 최선이 아니라면, 그런 삶을 유지하고 있는 이유는 무엇인가요? • 당신에게 진정한 최선의 삶이란 어떤 모습인가요? • 그러한 모습을 받아들인다면 무슨 일을 하시겠습니까?
뚜렷한
분명한 생각
• 지금까지 인생에서 최고의 선택은 무엇인가요? • 그 선택이 없었다면 인생은 어떻게 달라졌을까요? • 그 선택이 가능하도록 한 것은 무엇이었을까요? • 뚜렷한 표현이나 결단을 내린다면 그것은 무엇인가요?
통솔력
이끌어 가는 능력
• 통솔력의 점수는 1~10점 중에서 몇 점이라고 생각하나요? • 통솔하기 위해 발휘해야 할 역량은 무엇입니까? • 자신이 원하는 통솔력의 모습은 무엇인가요? • 그러한 역량을 발휘하기 위해 무엇을 해야 할까요?

해브 타입 가치관 키워드 코칭 질문

현실적
실제로 얻을 수 있는 이익
• 지금 당장 실제로 얻을 수 있는 이익은 무엇인가요?
• 더 큰 이익을 얻는 방법은 무엇이 있을까요?
• 다른 방법을 발휘하여 얻는 3가지는?
• 다양한 방법으로 실제 이익이 발생된다면 무슨 일이 벌어질까요?
집중력
한 가지 일에 힘을 모음
• 특별한 기술이나 기능과 같은 특기는 무엇입니까?
• 얻고 싶거나 필요한 특기는 무엇입니까?
• 무엇을 덜 하면 집중할 수 있습니까?
• 특기를 발휘한다면 무엇을 할 수 있습니까?
야망
크게 무엇을 이루어 보겠다는 희망
• 당신이 이루고 싶은 것은 무엇인가요?
• 또 다른 것은 무엇입니까?
• 정말 원하는 것은 무엇입니까?
• 무엇을 하고 싶으십니까?
자신감
자신이 있다는 느낌
• 행동을 가로막는 내면의 말은 무엇인가요?
• 그 말은 누구의 말인가요? (자신/타인)
• 자신에게 하고 싶은 긍정적인 말은 무엇인가요?
• 어떤 느낌인가요? 이 느낌을 10배 확장시키면 무슨 일을 할 수 있습니까?

주관적(가치, 신념, 느낌 등 와닿는)으로
70점이 넘는 키워드를 선택합니다.

☐ 명성
☐ 협력
☐ 의무감
☐ 발전
☐ 소속감
☐ 신뢰성
☐ 충실함
☐ 권위
☐ 안정감
☐ 균형
☐ 질서
☐ 책임감

체크한 키워드에 내용을 읽고 코칭 질문에 답변하도록 합니다.

그룹 타입 가치관 키워드 코칭 질문
- coaching question -

리더십
구성원들이 자발적으로 참여하여 달성하도록 유도하는 능력
• 지금까지 당신에게 리더십을 발휘했던 사람은 누구입니까? • 본받고 싶은 리더의 특성은 무엇입니까? • 크게 실망을 안겼던 리더의 특성은 무엇입니까? • 장차 리더가 된다면 구성원들에게 어떤 리더십을 발휘하시겠습니까?
사회성
자신의 이익보다 소속, 조직을 지지하고 수용하는 역량
• 조직을 위해 당신이 희생을 감수했던 사건은 무엇이 있습니까? • 당신과 조직의 이해관계가 충돌했던 사건은 무엇이 있습니까? • 장차 조직의 발전을 위해서 하고 싶은 것이 있다면 무엇입니까? • 당신이 조직의 대표로 조직원이 그런다면 어떻게 보이고 느껴집니까?
신중
결과에 영향을 미치는 부분을 꼼꼼하게 점검함
• 지금까지 작은 것을 확인해서 큰 사고를 방지했던 경험은 무엇입니까? • 최근 신중해야 하는 일은 무엇입니까? • 주변에서 같은 고민을 말한다면 당신은 어떤 말을 해 주시겠습니까? • 이 일을 훌륭하게 마친 미래의 당신이 지금의 나에게 조언을 한다면?
높은 퀄리티
뛰어나고 우수한 역량
• 상대와 차이를 내는 자신만의 탁월함은 무엇입니까? • 실제 사례는 무엇이 있었습니까? • 차이를 못 낸 이유는 무엇입니까? • 높은 퀄리티를 발휘하기 위해 앞으로 어떤 역량을 발휘하시겠습니까?

그룹 타입 가치관 키워드 코칭 질문
- coaching question -

성실
꾸준하게 노력하는 진실한 성향
• 일관성 있게 하고 있는 것은 무엇입니까? • 어려운 상황에도 포기하지 않았던 경우는 무엇입니까? • 일관성 있게 꾸준히 노력하고 싶은 것은 무엇입니까? • 꾸준히 노력한다면 어떤 결과를 이룰 수 있습니까?
책임감
자신의 역할을 맡은 바 해야 할 의무나 부담
• 어떠한 역할을 맡고 있습니까? • 중요한 역할 3가지는 무엇입니까? • 역할을 회피한다면 어떤 결과가 일어납니까? • 역할을 충실히 한다면 어떤 결과가 일어납니까?
안정
바뀌어 달라지지 아니하고 일정한 상태를 유지함
• 변화해서 좋은 것은 무엇입니까? • 변화해서 좋지 않은 것은 무엇입니까? • 안정을 유지하면서 변화한다면 어떻게 할 수 있습니까? • 안정을 유지하기 위해 노력한다면 무엇이 있습니까?
명예
훌륭하다고 인정되는 기관이나 단체 또는 문서
• 당신의 주관적인 인정은 무엇입니까? • 객관적인 인정은 무엇이 있습니까? • 주관적, 객관적 둘 모두 충족되는 인정은 무엇입니까? • 균형 잡힌 인정을 받기 위해 무엇을 할 수 있습니까?

그룹 타입 가치관 키워드 코칭 질문
- coaching question -

규범
사회생활을 하는 데 있어 질서나 제도를 유지하기 위하여 정해 놓은 틀
• 당신이 속해 있는 조직문화는 무엇입니까?
• 조직문화를 따르지 않는 후배를 보면 어떻습니까?
• 당신은 조직문화에서 안 지키는 것은 무엇입니까?
• 조직문화를 따라 유익되는 좋은 점은 무엇입니까?
원칙
일관된 기본적인 규칙
• 기준이 필요한 이유는 무엇입니까?
• 기준을 어떤 기준으로 잡으셨습니까?
• 자신을 성장시키고 발전시키는 기준은 무엇입니까?
• 꼭 고수해야 할 기준은 무엇입니까?
의무
마땅히 하여야 할 일
• 회피하고 있는 책임이나 의무는 무엇이 있습니까?
• 계속해서 책임져야 할 의무는 무엇입니까?
• 의무를 다할 때 얻는 유익함은 무엇입니까?
• 그 유익함을 얻으면 당신은 어떤 사람이라고 할 수 있습니까?
신뢰
굳게 믿고 의지함
• 무엇을 하면 신뢰를 얻을 수 있습니까?
• 무엇을 하지 않으면 신뢰를 얻을 수 있을까요?
• 신뢰를 얻기 위해 할 수 있는 방법 3가지는?
• 신뢰를 얻는 방법이 습관이 된다면 무슨 일이 벌어질까요?

주관적(가치, 신념, 느낌 등 와닿는)으로
70점이 넘는 키워드를 선택합니다.

☐ 이타주의
☐ 삶의 의미
☐ 지혜
☐ 예의
☐ 순종
☐ 수용
☐ 겸손
☐ 지성미
☐ 봉사심
☐ 지적 호기심
☐ 배려
☐ 포용력

체크한 키워드에 내용을 읽고 코칭 질문에 답변하도록 합니다.

휴머니즘 가치관 키워드 코칭 질문
- coaching question -

포용력
남을 너그럽게 감싸 주거나 받아들이는 힘
• 관계에서 가장 힘든 이슈는 무엇입니까?
• 상대가 그래야 하는 이유는 무엇입니까?
• 그것은 누구의 생각, 가치, 신념입니까?
• 당신은 상대의 생각, 가치, 신념의 몇 %를 맞추고 있습니까?
수용
용서하는 것과는 관계없이 인간적으로 인식하여 받아들임
• 상대가 바꾸었으면 하는 것은 무엇입니까?
• 당신이 바뀌어야 한다고 듣는 이슈는 무엇입니까?
• 당신은 사람들이 바뀌어야 한다는 것에 얼마나 바뀌었습니까?
• 당신이 자신을 존중하듯 상대도 있는 그대로 받아들인다면 무슨 일이 벌어질까요?
지성미
지적인 사고를 갖춤으로써 나타나는 아름다움
• 지금까지 삶이 당신에게 가르쳐 준 최고의 지혜는 무엇인가요?
• 무엇을 통해 그러한 지혜를 얻을 수 있었나요?
• 그 지혜는 어떤 상황에서 도움을 주나요?
• 또 다른 인생의 지혜를 찾는다면 무엇이 있나요?
순종
순순히 따름
• 상대에게 배울 점은 무엇인가요?
• 상대 뜻에 따라 하면 좋은 점은 무엇인가요?
• 하고 싶은 것과 해야 되는 것은 무엇인가요?
• 3자 입장에서 객관적으로 본다면 무엇을 해야 하나요?

휴머니즘 가치관 키워드 코칭 질문
- coaching question -

지적 호기심
어떤 분야를 체계적으로 배워서 익힘
• 무언가 더 배우고 싶은 것이 있다면 무엇입니까? • 그것은 무엇을 위한 배움인가요? • 배움이 깊어지면 자신에게 어떤 유익함이 있습니까? • 다른 사람에게 전해 주고 싶은 것은 무엇입니까?
삶의 의미
본질적인 가치
• 당신이 추구하는 삶은 무엇인가요? • 그것은 어떤 의미가 있나요? • 인생의 마지막에 듣고 싶은 이야기는 무엇인가요? • 지금과 차이를 줄이기 위해 무엇을 할 수 있나요?
이타주의
사랑하는 마음으로 행복의 목적을 행함
• 지나간 일에 부정적 상태를 유지하는 사람이나 사건은? • 그로 인해 이득을 보는 이와 손해를 보는 이는 누구인가요? • 그 생각이 없다면 나는 어떻게 될까요? • 사랑하는 마음의 상태로 행복을 이루기 위해 무엇을 할 수 있나요?
배려
자기주장을 굽혀 상대를 위해 마음을 씀
• 큼직한 배려를 한다면 무엇까지 가능한가요? • 얽힌 것을 풀어 주고 난해한 것을 수월하게 해 주는 배려는 무엇인가요? • 그러한 배려를 하지 않으면 무슨 일이 생기나요? • 큼직한 배려를 발휘한다면 무슨 일이 생기나요?

휴머니즘 가치관 키워드 코칭 질문
- coaching question -

예의
존경을 표하기 위해 나타내는 말투나 몸가짐
• 존경이나 존중받았던 사건은 무엇인가요? • 그때 느낌은 어땠나요? • 존경이나 존중을 해 주었던 사람에게 무엇을 해 주고 싶나요? • 상대에게 온전히 존중하고 존경을 표현한다면 나와 상대는 어떨까요?
겸손
자기를 내세우지 않고 남을 존중함
• 자신만의 뜻을 관찰시키고 싶은 것은 무엇인가요? • 뜻을 관찰시켜 좋지 않은 것은 무엇인가요? • 뜻대로 되어 피해 보는 사람이나 조직의 질서는 무엇인가요? • 당신이 대표일 때 지시나 질서에 반하는 팀원을 본다면 어떤가요?
봉사심
공공이나 남을 위해 애쓰는 마음
• 좋아해 주는 사람에게 해 주고 싶은 행동은 무엇인가요? • 상대가 필요로 하는 것은 무엇인가요? • 필요로 하는 것을 충족시키기 위한 당신의 능력은 무엇인가요? • 능력을 5배 확장한다면 무슨 일이 벌어질까요?
지혜
사물의 이치를 빨리 깨닫고 식별하여 통합하는 정신적 능력
• 추구해서 알게 된 깨달음은 무엇입니까? • 침묵해서 얻게 된 깨달음은 무엇입니까? • 뒤늦게 알게 된 깨달음은 무엇입니까? • 지금은 어떤 깨달음이 필요할까요?

전략 연습의 아이디어

전략이 중요한 이유는 최적의 방법을 찾는 것입니다.
그다음으로 필요한 부분은 바로 수행하는 능력입니다.
아는 것과 하는 것은 다르며,
시뮬레이션을 돌린 것과 실제로 수행했을 때의 차이가 발생합니다.
컴퓨팅의 기본 세션은 인식-전략-연습-실전경험-피드백입니다.
특히 연습의 파트는 대본을 작성하고 가상상황에서 수많은 경험을 반복시킵니다.

프로그램에서 전략 실습을 할 때
각자의 전략을 실전 현장에서 잘 사용할 수 있도록 상황연기를 하는 시간이 있습니다.
거절을 하고 싶은데 거절을 못 하는 참가자가 있었습니다.
20명의 참가 인원이 이 참가자에게 차례대로 계속해서 부탁을 합니다.
준비한 거절의 멘트를 하게 하고 계속해서 거절을 연습시킵니다.
자신의 인생에서 거절한 적을 기억도 할 수 없다던 참가자는
10분도 안 돼서 100번 이상의 거절을 하면서 환희의 눈물을 흘립니다.

사랑하는 사람에게 단 한 번도 '사랑해'라는 말을 해 본 적이 없다는 참가자가 있었습니다.
사랑하는 사람에게 '사랑해'라는 말조차 못 하는 것이 바보처럼 느껴지지만 차마 '사랑해'라는 말이 안 나온다는 것입니다.
우선 의미 없이 말을 입에 붙이는 것이 중요해서 틀을 깨는 연습을 합니다.

세미나에 참가한 모든 사람이 줄을 서서 참가자에게 '사랑합니다' 하면 참가자는 똑같이 '사랑합니다'라고 실습을 했습니다.

참가자는 처음에는 얼굴이 붉어지고 창피하다고 못 하겠다 했지만 어느 순간 의미 없이 형식적으로 '사랑합니다'라고 하게 됐습니다.
참가자는 실습 후에 이런 카타르시스를 처음 느껴 본다며 이제는 사랑하는 사람에게 '사랑해'조차 말하지 못하는 바보가 되지 않을 것이라 했습니다.

46세의 한 참가자는 일생에 한 번을 제외하고는 화를 낸 적이 없다고 합니다. 그런데 직장동료가 만만해서인지 자신에게만 화와 짜증을 내고 불합리한 일을 시킨다고 합니다.
너무나 화가 나지만 어떻게 화를 내야 할지 모르겠고 일생에 한 번 화를 냈던 모습도 너무 어색했다고 합니다.
화가 나쁜 것은 아닙니다.
화를 내서 나쁜 것이 있고 화를 내서 좋은 것도 있습니다.
우리는 이 참가자에게 화를 내는 전략을 연습시켰습니다.
상대가 화를 내는 상황과 똑같은 말을 하게 하고 대응하도록 말이죠. 이 참가자는 소위 말하는 발연기라 할 정도로 화를 내는 것이 어색했지만 계속해서 자연스러워졌고 실습 파트너에게 웃으면서도 화를 낼 수 있었습니다.
15분 동안 10명에게 화를 내는 연습을 하자 그는 목이 쉬어 말소리조차 낼 수 없는 상태가 되었지만 기쁘게 웃으며 화를 내는 이상한(?) 실습에 만족감은 최고조에 달했습니다.

이렇게 전략을 세워 연습을 해도 막상 현실에서는 못 하는 경우도 많습니다.
연습한 것에 40%, 60%, 70% 정도로만 대응하는 경우도 많습니다.
참가자의 피드백은 이렇게 전략을 세우고 몸에 익을 정도로 연습을 해도 현장에서는 하기가 녹록지 않다고 토로합니다.
그렇기에 전략과 연습 없이 현실에서 대응하기보다는, 수월한 대응과 결과를 위해 필수적으로 전략을 짜고 연습을 해야 합니다.

2. 모드 전환

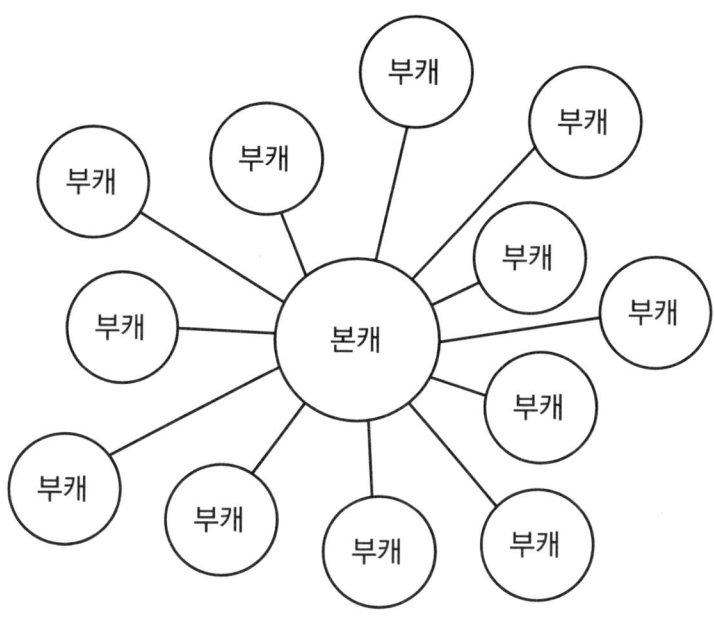

부캐란?
부캐란 원래 게임에서 사용되던 용어로 온라인 게임에서 본래 사용하던 계정이나 캐릭터 외에 새롭게 만든 부캐릭터를 줄여서 부르는 말입니다.
이후 일상생활로 사용이 확대되면서 '평소의 나의 모습이 아닌 새로운 모습이나 캐릭터로 행동할 때'를 가리키는 말로 사용되고 있습니다.

부캐는 '멀티 페르소나'로 불리기도 합니다.
'페르소나'는 그리스 어원의 '가면'을 나타내는 말로 '외적 인격' 또는 '가면을 쓴 인격'을 뜻합니다. 스위스의 정신분석학자 칼 구스타프 융도 페르소나를 언급했듯이 인간은 자신의 내면을 숨기고 가면을 쓰고 외적 세계에서 자신을 표현하고 있다, 라고 했습니다.
인격이라는 'Personality'라는 단어도 가면인 'Persona'에서 유래되었습니다.

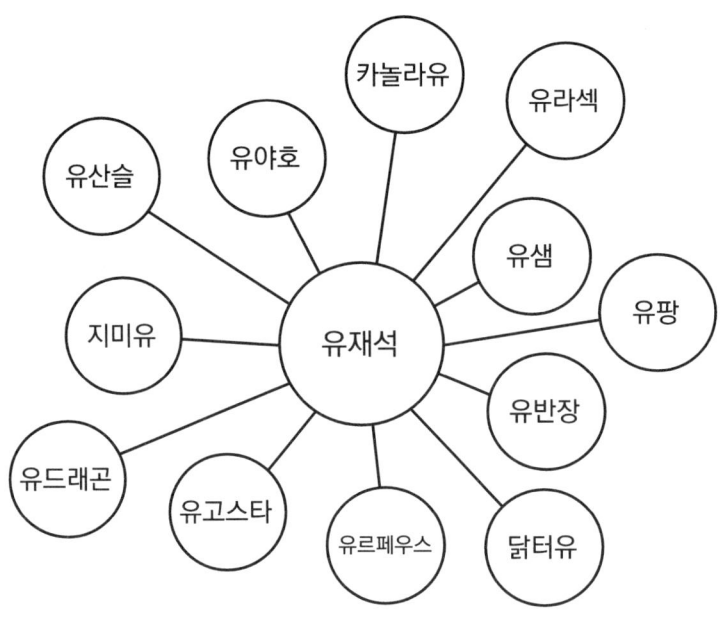

트로트 가수 유산슬

연예기획사 대표 지미유

싹쓰리 유드래곤

드러머 유고스타

하프 연주하는 유르페우스

닭을 튀기는 닭터유

통솔하는 유반장

추리하는 유팡

선생님 유샘

라면 끓이는 유라섹

유망주를 발견하고 소개하려는 카놀라유

남자 보컬 MSG 워너비 제작자 유야호

MBC 예능프로그램 '놀면 뭐 하니' 국민 MC 유재석의 부캐릭터(부캐)입니다.

왜 부캐로 활동을 하는 걸까요?

가수는 가수활동을 하는데
연예계 대표가 대표의 일을 하려는데
아이돌이 무대 준비를 하는데
드러머가 드럼 연주회에 올랐는데
음식 전문가가 음식에 대해 말하는데

'에이~ 개그맨이 무슨 가수인 척이야.'
'20년 이상 가수 생활했는데 왜 개그맨에게 평가를 받아야 해?'
'30년 요리 경력들 모아 두고 유명인이면 다야? 뭘 안다고…'
기존의 캐릭터 때문에 새롭게 주어진 프로젝트나 그 역할을 이끌어 가는 데 힘이 듭니다.
초기에는 초청된 게스트들이 혼란을 겪어 중간중간 '유재석 씨'라고 할 때면 부캐릭터는 이렇게 이야기합니다.

아닙니다. 저는 유산슬입니다.
아닙니다. 저는 지미유입니다.
아닙니다. 저는 닭터유입니다.
아닙니다. 저는 유야호입니다.

한 예로 음반제작사인 '지미유'가 있었습니다.
후에 또 음반제작사로 '유야호'가 나옵니다.
똑같은 음반제작사인데 부캐를 또 나눈 이유가 무엇일까요?
지미유는 이미 성공한 슈퍼스타를 모아 제작하는 것이고
유야호는 슈퍼스타가 아닌 실력으로만 선발해 제작하는 제작자입니다.

선발오디션에서 유명한 스타가 발견되면 아쉽게도 무자비하게 탈락시켜 버립니다.
케이윌, 김범수, 잔나비의 최정훈 등 정체를 안 순간 바로 탈락시킵니다.
프로그램과 부캐의 취지에 맞지 않게 되므로 취지에 맞는 역할에 충실하기 위함입니다. 고상한 내가 친구들과 클럽에서 놀기 어색합니다.
얌전한 내가 이성에게 좋아한다는 표현을 할 수 없습니다.
놀기 좋아하는 내가 누군가를 통솔할 수 없습니다.
화려한 패션 스타일인 내가 직장을 다니기 위해서 평범하게 입을 수 없습니다.
배려하는 내가 내 것이라고 강력하게 어필하기 불편합니다.
안정을 추구하는 내가 가능성만 믿고 뛰어들 순 없습니다.
자유로운 내가 규칙적인 생활에 직장을 다니기 힘듭니다.
각자 존중하는 내가 경쟁해야 된다는 것이 불편합니다.

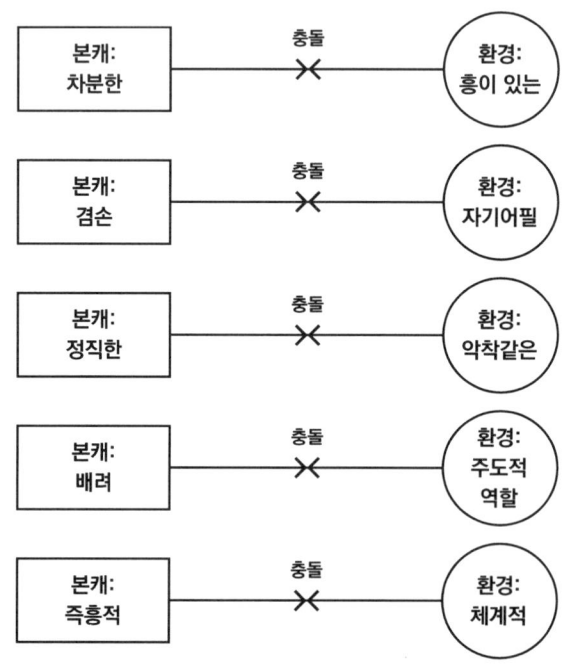

초연하고 거시적으로 공평하고 인간적인 삶을 추구하는 참가자는 돈을 벌려고 합니다. 성공을 하고 싶어 합니다. 이제는 한 가정의 가장으로 화목한 가정을 이루고 싶어 합니다. 그런데 초연함, 거시적, 공평함, 인간적인 삶의 본캐를 가지고 성공을 하려니 너무나 힘이 듭니다. 고달픕니다. 어렵습니다. 무자비하게 느껴집니다.

본캐릭터를 가지고 직장생활을 하며 상명하복인 환경은 불공평합니다. 인간적이지 않아 참을 수 없습니다. 너무 작은 일에 얽매여 보입니다. 별 의미 없어 보입니다. 그 속에 있는 자신을 견딜 수 없습니다. 힘이 없습니다. 몸과 마음이 지칩니다. 늙어 갑니다.

버티다 버티다 회사를 나오고 아내와 자녀가 있는 가장은 취직과 퇴사를 반복합니다. 돈은 적게 벌어도 공평하고 인간적인 면이 있는 일거리만 합니다. 초연하고 거시적인 욕구를 충족시키기 위해 등산, 낚시를 다니며 본인만의 힐링을 합니다. 아내와 자녀는 생활에 힘들어하고 남편, 아빠의 역할에 좀 더 충실하길 원하지만 그는 초연하기만 합니다.

이렇게 뚜렷한 하나의 본캐를 가지고 일, 관계, 개인의 삶에서 나타나는 다양한 환경과 역할 속에서 애쓰고 많은 노력을 해야 할 경우, 어떤 면에서 노력은 하면 할수록, 애를 쓰면 쓸수록 더 짙은 실패를 겪게 하며 만족스럽지 않은 결과를 얻게 합니다.

현실적, 물질욕, 야망, 소유, 결과물을 가진 본캐는 성취하는 과정 중에 발생하는 저항이나 문제점을 저항이나 문제점이라고 생각하지도 않습니다. 그것은 당연한 것이고, 그것을 이겨 냈을 때의 만족감은 마치 중독된 것처럼 탐하고 자신감을 얻게 합니다. 성공하지 못하고 사는 다른 이들을 이해할 수가 없습니다.

사회성, 안정, 책임감, 성실, 의무를 가진 본캐는 자신에게 주어진 역할에 충실합니다. 학생일 때는 공부를, 취준생일 때는 스펙과 입사시험에, 취업을 해서는 승진시험에 집중합니다. 사회에서 요구하는 일반적인 사회적 수준, 남편의 역할과 부모의 역할에 성실하고 의무를 다하려는 성실함을 보입니다. 당연히 사회인으로서 남편으로서 부모로서 해야 하는 역할인데 오히려 이것을 못 할 때 무능력함을 느끼고 의미를 잃습니다. 사회 부적응자 같고 실패자처럼 느낍니다.

초연함, 인간적인 삶, 공평성, 거시적인 관점을 가진 참가자의 현실적, 물질욕, 야망, 결과물의 점수는 몇 점이 나왔을까요? 안정, 책임감, 사회성, 성실, 의무 점수는 0점이 나왔을까요? 높지 않은 점수긴 하지만 20~40점대의 점수가 나왔습니다.
그 또한 현실적, 물질욕, 야망, 결과물, 안정, 책임감, 사회성, 성실, 의무의 가치관과 성향이 없는 것이 아닙니다. 단지 그것은 환경과 상황에 맞게 나타나질 못했고 본캐에 가려져 어떨 때는 조연, 엑스트라처럼 존재감이 약했을 뿐입니다.

없는 것을 하라는 것이 아니라 자신에게 있는 부캐 중 환경과 상황에 맞는 부캐를 끄집어내어 집중합니다.

장기판에서 '나는 장기알 중에 왕이야'라고 정의한다면 좁은 9칸에서 한 칸씩밖에 이동을 하지 못합니다. '나는 잘나가는 말이야'라고 정의한다면 직진만 할 수 있고 막혀 있으면 건너뛰지 못합니다.

필드에서 골프채 중 '나는 시원하게 멀리 보내는 우드 드라이버야'라고 한다면 정교한 퍼팅을 할 수 없습니다. '나는 골프채 중에 퍼터야'라고 한다면 정교한 퍼팅은 해도 300~400야드를 3~4번에 보낼 때 30번 이상을 쳐야 할지도 모릅니다.

나는 공구 중 어디서든 무난한 '십자드라이버'라고 한다면 일자나사, 육각나사 등을 풀 수는 없습니다.

하나의 본캐릭터로 수많은 환경과 상황, 관계의 역할에 대응하기보다는, 공구 중 하나인 십자드라이버보다는 공구 세트를 갖게 되는 게 좋을 것입니다. 골프채로 14개 풀 세트를 갖게 된다면 좋을 것입니다.
장기판에서 어디서든 장기알로 마가 될 수 있고, 상이 될 수 있고, 장이 될 수 있고, 차가 될 수 있고, 왕이 될 수 있다면 좋지 않을까요?

개인 취미를 할 때에는 개인 취미의 맞는 부캐를 꺼내어 활동합니다. 무대에 서거나 PT를 할 때에는 이에 맞는 부캐를 꺼내어 활동합니다. 성공을 하고 싶다면 그에 맞는 부캐를 꺼내어 활동합니다.
안정적인 직장인이 되고 싶다면 그에 맞는 부캐를 꺼내어 활동합니다. 공부를 잘하고 싶다면 그에 맞는 부캐를 꺼내어 활동합니다. 마음에 드는 이성에게 다가갈 용기가 필요하다면 그에 맞는 부캐를 꺼내어 활동합니다.

마치 국민 MC 유재석은 하나인데 다양한 부캐인 유산슬, 지미유, 유드래곤, 유고스타, 닭터유, 유반장, 유팡, 유샘, 유라섹, 카놀라유, 유야호, 배홍동 유씨를 가지고 있는 것처럼 말이지요.

여자 개그맨 김신영은 부캐 '다비이모'로 활동합니다. 재미난 것은 부캐 '다비이모'로 활동을 하면서 자신보다 연배가 한참 높은 어른이나 연예계 선배인 가수 남진, 설운도에게도 조카라 부르며 반말로 대화를 한다는 것입니다. 그런데 사람들은 자신보다 어린 개그맨 김신영으로 보는 것이 아니라 자연스럽게 이모처럼 대합니다. 심지어 부캐인 '다비이모'라고 검색하면 본캐(본명) 김신영이란 이름이 검색조차 안 되는 게 수두룩합니다. 김신영(다비이모), 다비이모(김신영)도 아닌 그냥 '다비이모'로만 나옵니다.

당신은 당신에게 있는 수많은 가치관, 성향, 사회적 직무와 캐릭터들이 있다는 것을 부정할 수 없습니다. '알고리즘'에서 부정할 수 없는 사실인 체크표로 나타난 점수가 있기 때문입니다.

초연함, 인간적인 삶, 공평성, 거시적인 본캐릭터를 가지고 있다가도 환경과 상황, 필요한 역할에 따라 현실적, 물질욕, 야망, 결과물, 소유의 부캐릭터로 활동한다면 예전보다 수월함을 느낄 것입니다. 환경과 상황, 필요한 역할에 따라 안정, 책임감, 사회성, 성실, 의무를 가진 부캐릭터로 활동한다면 좀 더 자연스러움을 알게 될 것입니다.

이것을 완전히 이해했다면 당신의 인생은 점차 애씀과 노력이 적어질 것입니다.

환경에 대응하기

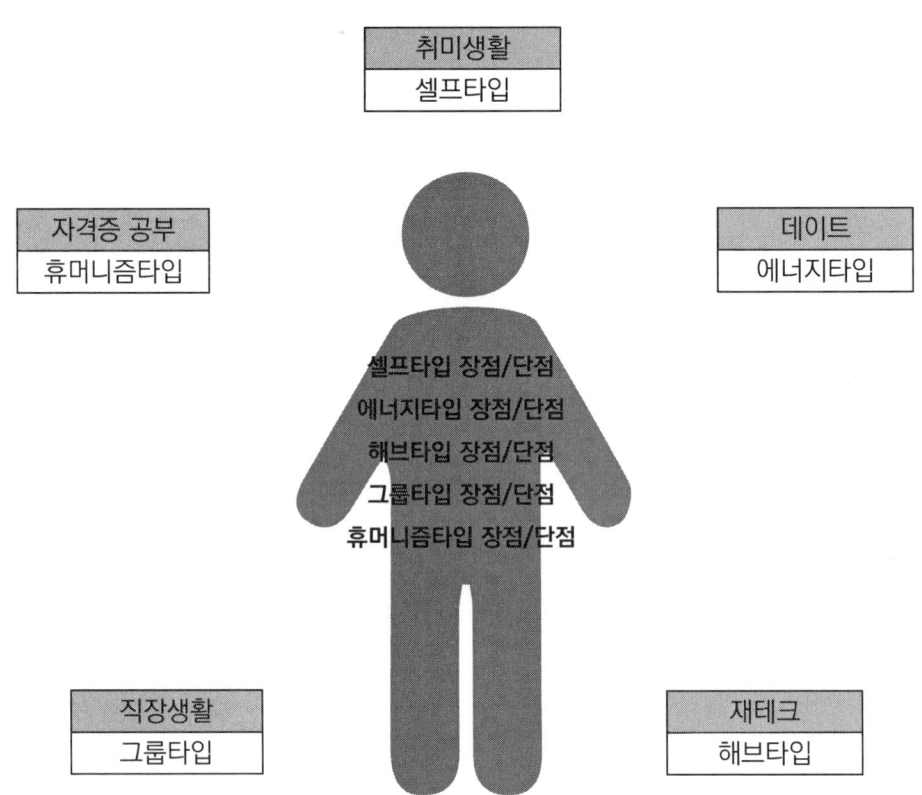

지금껏 계속해서 진단과 확인해 온 결과 자신에게는 각각의 타입과 가치관, 성향, 사회적 직무 등 통합적, 복합적으로 엮여 있다는 것을 거듭 확인했습니다. 각자가 가지고 있는 타입을 환경에 맞는 최적의 타입으로 대응한다면 각각의 환경에서 최적의 결과를 얻을 수 있을 것입니다.

상황에 대응하기

불법을 청탁받을 때
정의, 청렴성, 공동체, 존경

갑질을 당한다고 느낄 때
현실적, 승리, 지배, 초연함

마음에 드는 이성에게 대시할 때
변화, 용기, 친밀함

셀프타입 장점/단점
에너지타입 장점/단점
해브타입 장점/단점
그룹타입 장점/단점
휴머니즘타입 장점/단점

싫은 부탁을 제안받을 때
분별, 신중, 독립성

자신의 몫을 챙겨야 할 때
뚜렷한, 적극적, 장악

크게는 자신이 결정한 최적의 타입으로 대응할 수 있습니다.

그리고 좀 더 세부적으로는 원하고 필요한 가치관과 성향의 특성을 적용하여 대응할 수 있습니다. 누군가가 당신의 인생에 정답을 말해 줄 수 없습니다. 그 말에 100% 동의한다면 괜찮겠지만 그렇지 않다면 그러한 솔루션을 진행하는 데 있어 파워는 떨어질 수밖에 없습니다.

진정한 해결책이 아니기 때문입니다.

최적의 솔루션은 직관적으로 자신만이 알 수 있습니다.

역할에 대응하기

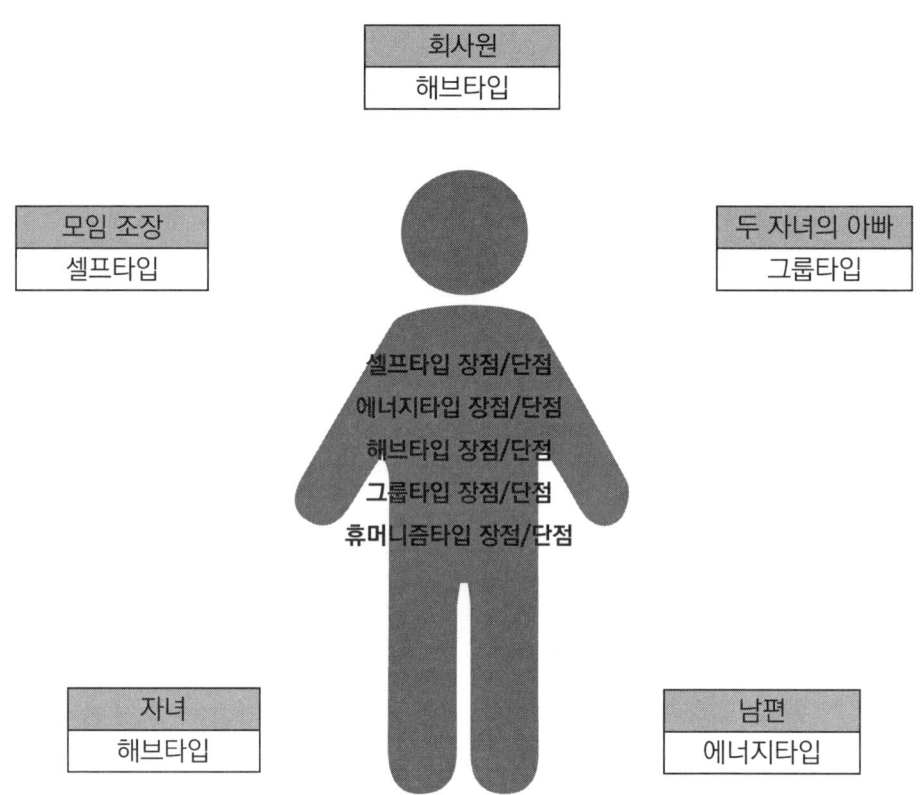

자신만이 아는 미묘한 역할들에 대응하는 것에 고유한 자신만의 장점으로 가지고 있거나 필요한, 원하는 미묘한 역할에 대응하기 위한 특성은 그 누구보다도 스스로가 제일 잘 알고 있습니다.

스스로 생각하고 결정했기에 파워가 있습니다.

스스로가 책임을 느끼며 성취의 만족도 또한 최상의 감각으로 받아들입니다.

자신의 타입으로만 대응될 때

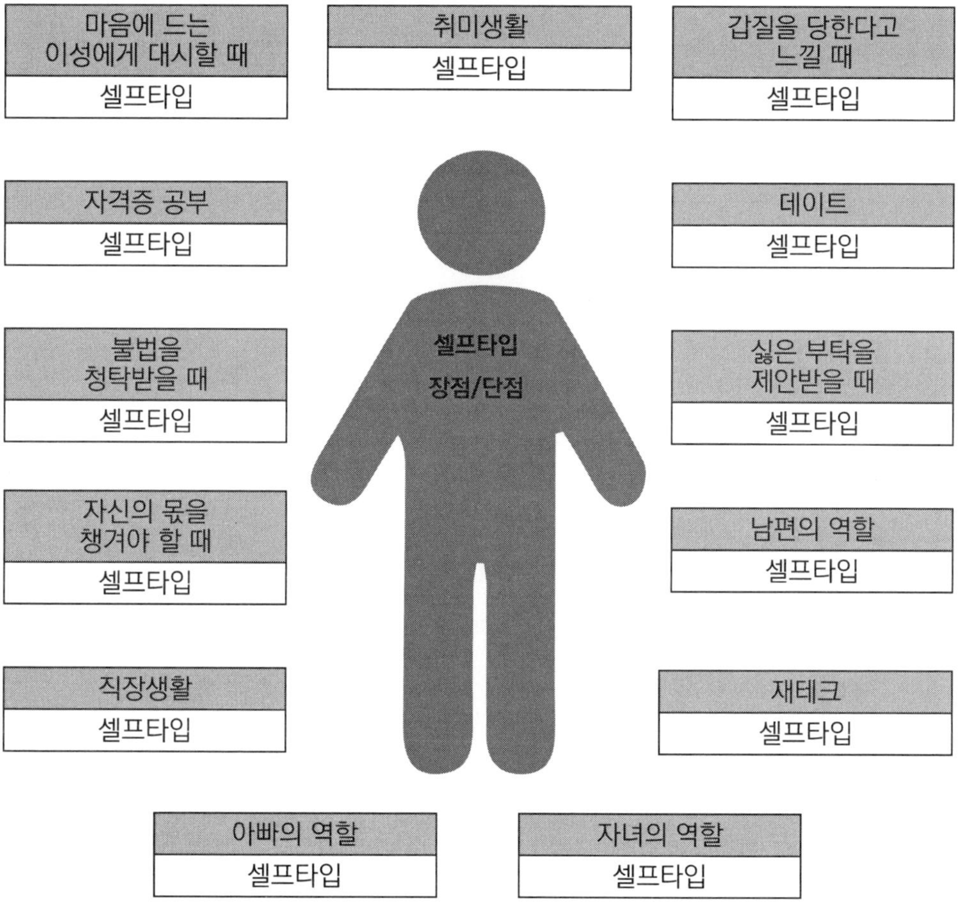

| 마음에 드는 이성에게 대시할 때 | 취미생활 | 갑질을 당한다고 느낄 때 |
| 셀프타입 | 셀프타입 | 셀프타입 |

자격증 공부
셀프타입

데이트
셀프타입

불법을 청탁받을 때
셀프타입

셀프타입
장점/단점

싫은 부탁을 제안받을 때
셀프타입

자신의 몫을 챙겨야 할 때
셀프타입

남편의 역할
셀프타입

직장생활
셀프타입

재테크
셀프타입

아빠의 역할
셀프타입

자녀의 역할
셀프타입

자신의 타입이 셀프 타입이라고 해서 모든 환경, 상황, 역할에 셀프 타입으로만 반응한다면 어떨까요?

어떠한 환경, 상황, 역할에서 장점으로 발휘되는 부분도 있겠지만 단점으로 드러나는 부분이 훨씬 많습니다.

그런데 의외로 자신의 컬러, 독특한 특성이라며 자신의 주된 타입이 대부분 여러 환경, 상황, 역할에서 공통되게 사용되고 있다는 것입니다.

3부 컴퓨팅

환경에 대응하기

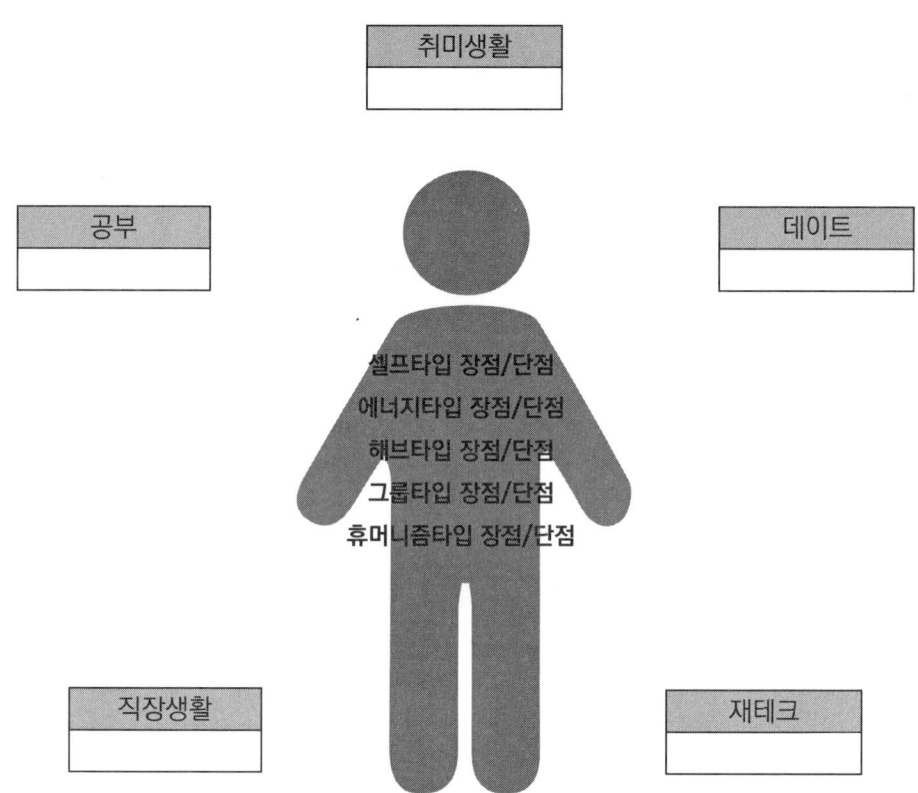

환경에 대응하기 위해 타입, 가치관 키워드, 성향 키워드, 사회적 직무 등 대응할 키워드를 적어 봅니다. 이러한 방법이 얼마나 유용한지 체험하는 시간이 되도록 합니다.

상황에 대응하기

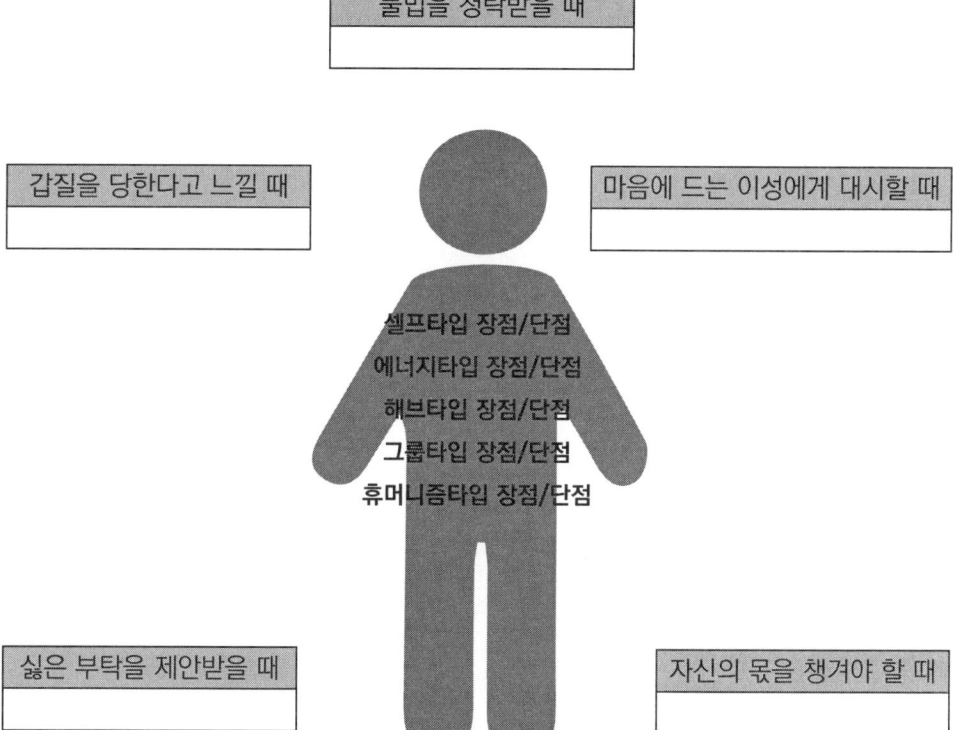

상황에 대응하기 위해 타입, 가치관 키워드, 성향 키워드, 사회적 직무 등 대응할 키워드를 적어 봅니다. 이러한 방법이 얼마나 유용한지 체험하는 시간이 되도록 합니다.

역할에 대응하기

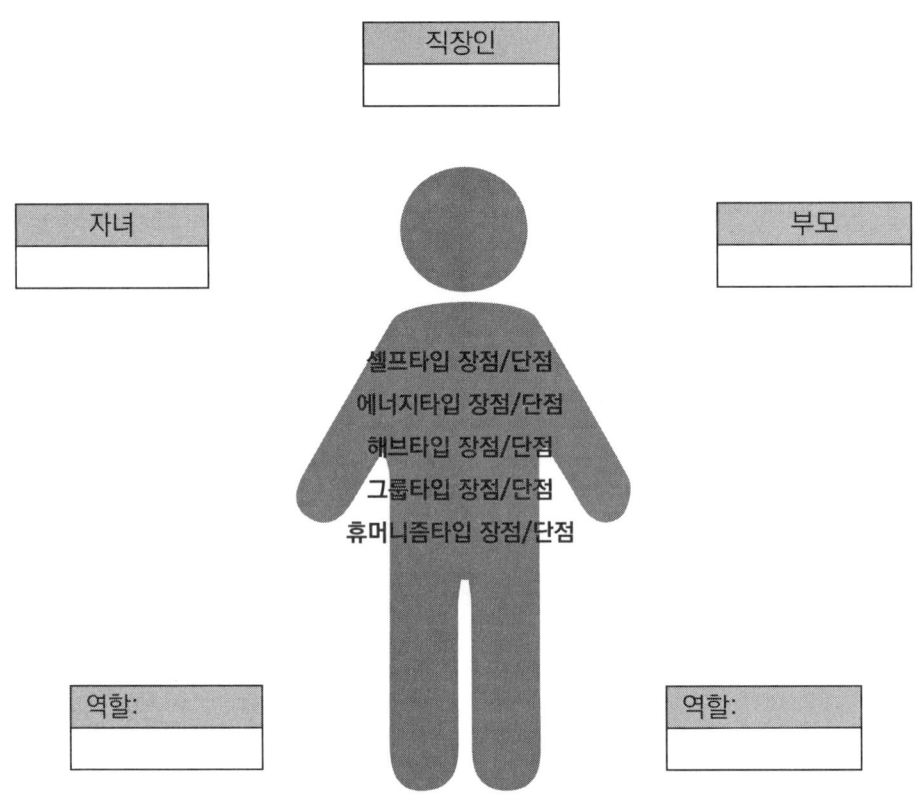

역할에 대응하기 위해 타입, 가치관 키워드, 성향 키워드, 사회적 직무 등 대응할 키워드를 적어 봅니다. 이러한 방법이 얼마나 유용한지 체험하는 시간이 되도록 합니다.

※ 역할란에 개인적인 자신의 역할을 적습니다.

3. 오감으로 모드 전환하라

- 시각을 활용한 모드 전환
- 청각을 활용한 모드 전환
- 촉각을 활용한 모드 전환
- 후각을 활용한 모드 전환
- 미각을 활용한 모드 전환

왜 오감인가?

이유는 간단합니다.
인간이기 때문입니다.
인간은 오감의 정보를 받아 오감을 표현할 뿐입니다.
그 어떤 방식과 표현도 오감 이외의 방식과 표현은 존재하지 않습니다.

왜 모드 전환인가?

모드란 특정한 작업을 할 수 있는 상태입니다.
각각의 타입과 가치관, 성향, 사회적 직무의 장단점이 극명하게 나타나기 때문입니다.

봉사하는 단체에 인류애와 이타주의의 휴머니즘 타입의 가치관은 긍정적이지만 본인 가정의 생활비가 모자라고 자녀 등록금도 못 내고 있는 상황에 목돈을 기부해서는 안 될 것입니다.

사회생활에서 그룹 타입의 성향인 권위, 신중함은 필요하지만 마음에 드는 이성에게 고백해야 하는 순간에 주된 태도로 가져가면 안 될 것입니다.

개인 생활에서 취미와 스트레스를 받지 않기 위해 셀프 타입의 성향인 초연함과 자유는 필요하지만 사회적 직무로 회계를 담당하면서 맞지 않는 장부에도 초연함과 자유가 주된 마음가짐의 상태를 갖는다면 문제가 될 것입니다.

회사에서 대리의 직급을 가지고 있다 해서 강의를 하는데 대리처럼 해야 할까요?
집에서 형이라고 동생을 대하는 듯 서비스 업종에서 똑같이 응대할 수는 없습니다.

자신에게 내재되어 있는 타입과 가치관, 성향, 사회적 직무를 환경과 상황, 역할 등에서 필요한 요소를 적재적소에 끄집어내어 사용하기 위함입니다.

자신의 주된 타입을 직장, 인간관계, 취미, 모임, 관심사 등 하나의 관점과 패턴으로 사용하여 자신에게 발생되는 피해를 최소화해야 합니다. 자신의 욕구, 욕망, 바람, 의도 등을 채우고 행할 수 있게 필요한 요소로 대응하기 위해 모드 전환이 필요합니다.

모드 전환의 조건

실제로 모드 전환이 쉽지 않은 이유는 기존 캐릭터의 영향을 받기 때문입니다. 최면가를 양성하는 역할이나 최면상담을 할 때 반드시 하는 것이 있는데 바로 '상태 깨기'입니다. 고통스러워하는 사건의 상태를 깨야 긍정적인 상태로 유도할 수 있습니다. 긍정적인 상태를 깨야 고통스러운 사건으로 들어갈 수 있습니다.

상태 깨기가 제대로 되지 않을 경우 최면은 이루어지기 힘듭니다. 고통스러운 사건에서 완전히 빠져나오지 않은 상태에서 긍정적 자원을 얻으려 할 때 고통스러운 에너지가 남아 있어 긍정적 자원을 얻기 힘들어지기 때문입니다.

긍정적 상태에서 상태 깨기가 되지 않으면 문제의 원인이 되었던 고통스러운 사건에 집중될 수 없기에 근본적인 문제에 도달할 수 없습니다. 기존의 분위기를 완전히 탈피하기 위해서는 감각적으로 큰 변화가 있을수록 좋습니다.

모드 전환이 될 만큼 확실한 전환이 일어나야 합니다.
전환의 정의는 다른 방향이나 상태로 바뀌거나 바꾸는 것입니다.

셀프 타입으로 있다가도 필요시 해브 타입으로 급전환해야 합니다. 휴머니즘 타입으로 있다가도 필요시 에너지 타입으로 급전환해야 합니다. 에너지 타입으로 있다가도 그룹 타입으로 필요시 급전환해야 합니다.

관계 구축, 인간적인 삶의 모드로 있다가도 누군가가 자신을 위협하고 괴롭히는데 관계를 생각하고 인간적인 모드로 불합리함을 당하면 안 될 것입니다. 그럴 때는 적극적, 승리, 장악력의 모드로 대응할 수 있습니다.

질서, 충실함, 책임감 모드로 일을 하다가도 휴가 때에는 기쁨과 재미, 다양한 경험의 모드로 전환합니다. 신나고 멋진 휴가를 보내게 된다면 더욱더 큰 즐거움을 누릴 수 있습니다.

이렇듯 모드 전환은 기존과는 다른 방향으로 상태가 바뀌어야 하므로 크게 실감하고 체감할 수 있도록 폭이 크면 좋습니다.

4. 시각을 활용한 모드 전환

- 외적 시각
- 내적 시각

모드 전환 – 의상 편

[스파이더맨]

스파이더맨의 스토리를 살펴볼까요?

원인
평범하고 내성적인 학생 피터 파커는 우연히 유전자가 조작된 슈퍼거미에게 물리면서 초감각과 엄청난 파워를 갖게 됩니다.
그러다 길거리에서 외면한 강도가 삼촌인 벤 아저씨를 죽게 만든 사건을 계기로 범인을 잡기 위해 의상인 슈트를 만들게 됩니다. 스파이더맨의 탄생 이야기입니다.

결과
엄청난 파워에는 그만큼의 책임이 동반된다는 사실을 안 피터 파커는 자신의 능력을 더욱더 잘 발휘하기 위해 슈트를 더더욱 업그레이드하게 됩니다.

예측 가능한 결과
자신의 힘에 맞는 책임을 다하며 능력을 계속해서 발휘할 것입니다.

스파이더맨인 학생 피터 파커는 학생 신분으로 스파이더맨의 활동을 할 수 없습니다. 자신의 힘을 발휘할 때면 어디론가 사라져 의상을 갈아입고 나타납니다.

모드 전환 – 의상 편

[배트맨]

배트맨의 스토리를 살펴볼까요?

원인
어린 시절, 부모님이 길거리에서 피살되는 것을 눈앞에서 지켜본 후 죄의식과 분노로 고통받습니다. 복수하고 싶은 욕망으로 그는 악을 물리칠 방법을 터득하기 위해 유랑합니다.

결과
고담시의 범죄를 없애기 위해 억만장자로서의 선한 영향력으로는 한계가 있다 생각한 브루스 웨인은 어둠의 존재의 필요성을 느껴 새로운 존재 '배트맨'의 역할을 탄생시킵니다.
그리고 자신의 기업의 응용과학 전문가 폭스의 도움을 받아 배트맨 슈트를 만들고 성능을 업그레이드시킵니다.

예측 가능한 결과
그는 계속해서 고담시를 지킬 것이고 부패권력과 악당을 처단할 것입니다.

배트맨은 명품 턱시도를 입고 악당을 처리하지 않습니다.
억만장자인 브루스 웨인이 배트맨의 슈트를 입지 않는 이상 배트맨의 활동을 할 수 없습니다.
악당들은 배트맨의 슈트만으로도 공포를 느끼지만 만약 운동복 차림으로 나타나거나 일하다가 나온 셔츠를 입고 나타난다면 어떨까요?

모드 전환 – 의상 편

[슈퍼맨]

슈퍼맨의 스토리를 살펴볼까요?

원인
크립톤 행성의 한 아기가 지구로 보내집니다.
자신의 존재를 모른 채 지구에서 클락이라는 이름으로 자라면서 능력을 개발합니다. 사회생활을 해야 하는 클락은 신문기자로 일하게 됩니다. 주변에서 발생하는 위험을 막을 힘이 있는 그는 사회생활을 하기 위해서 다른 역할, 다른 슈트를 필요로 합니다. 심벌, 망토, 부츠 등의 슈퍼맨 슈트로 말이죠.

결과
슈퍼맨은 주변에서 발생되는 사건을 계속해서 처리하고 지구를 지키면서 우주에도 날아갑니다. 슈트의 질감도, 광속이나 태양열에도 끄떡없는 슈트로 업그레이드됩니다.

예측 가능한 결과
슈퍼맨은 계속해서 사랑하는 사람과 지구를 지키는 역할을 가진 영화로 계속해서 출시될 것입니다. 물론 급하다고 해서 샤워 중에 속옷 바람으로 나타나거나 야근을 하던 중 넥타이를 맨 채 악당을 처리하고 잡무를 처리하기 위해 회사로 돌아가지는 않을 것입니다. 슈퍼맨의 슈트를 입지 않는 이상 슈퍼맨의 활동을 할 수 없습니다.

시각을 활용한 모드 전환

시각을 활용합니다.
모드를 전환할 때 특정한 복장, 색상, 소품 등을 활용합니다.
지극히 개인적인 부분으로 모드 전환을 하는 데 있어 모드 전환을 가장 쉽게 도와주는 강력하게 바꿀 수 있는 부분을 찾아내야 합니다.

뇌동매매를 줄이고 싶은 주식 트레이더는 턱시도를 입고 종목을 선정한다고 합니다. 마치 카지노에서 중요한 승부를 내는 것처럼 냉철한 안목이 생긴다고 합니다.

작가가 되고 싶은 남성은 글을 쓸 때에는 반드시 특정 아날로그 스타일의 키보드와 명품 노트패드, 볼펜을 세트로 사용할 때 온전히 집중된다고 합니다.

한 여성은 저녁 한 끼 남편에게 최고의 음식을 해 주기 위해 롤 모델로 삼은 여성과 비슷한 시그니처 의상을 입습니다. 음식을 할 때에는 원색의 컬러풀하고 무릎 위까지 오는 원피스에 특정 앞치마를 입는다고 합니다.

모드 전환이 잘되는 자신만의 시각적인 부분을 찾습니다.
코스프레 의상, 패션 소품, 명품 시계와 반지 세트, 카지노 칩 등 각자만의 시각적 트리거를 찾으세요.

내적 시각

인간은 오감의 정보를 받습니다.
그런데 실제로 받는 정보의 양과 처리할 수 있는 양이 다릅니다.
실제로 받는 양은 400,000,000,000bit의 양인데
실제로 처리할 수 있는 양은 2,000bti입니다.
불필요한 것을 삭제하고, 일반화하고 왜곡하여 압축하게 됩니다.
바로 압축해서 무의식에 상징적인 이미지로 저장합니다.
무의식은 상징을 사용하고 상징에 반응합니다.
바로 이러한 원리를 활용하여 심리기법이나 최면에 적용합니다.

슈퍼맨 하면 떠오르는 심벌이 있을 것입니다.
배트맨 하면 떠오르는 심벌이 있을 것입니다.
스파이더맨 하면 떠오르는 심벌이 있을 것입니다.
삼성 하면 떠오르는 심벌이 있을 것입니다.
애플 하면 떠오르는 심벌이 있을 것입니다.
벤츠 하면 떠오르는 심벌이 있을 것입니다.
BMW 하면 떠오르는 심벌이 있을 것입니다.
아우디 하면 떠오르는 심벌이 있을 것입니다.

캐릭터나 기업의 상징적인 심벌은 대표적인 농축된 이미지입니다.
마찬가지로 우리가 생각하는 타입이나 가치관, 성향, 상태 등을 상징적인 심벌로 저장하는 것입니다.
(더 자세한 내용이 필요하다면 AI 커뮤니케이션 심벌의 내용을 참고합니다.)
정확한 표현은 상징의 이미지를 찾아내 알아 두는 것입니다.

상징적인 이미지를 찾는 방법, 아이디어

방법은 간단합니다.
긴 호흡으로 평온하고 평정한 상태를 유지합니다.
마치 그림을 그리기 전 상태의 깨끗한 도화지처럼 만들거나
TV 모니터의 곧 나타날 이미지가 잘 표현될 수 있도록 블랙의 색상을 만듭니다.

관련된 키워드를 생각하며 떠오르는 상징적인 이미지를 추출합니다.
예를 들어 셀프 타입은 그 특성만의 가치관, 성향, 사회적 직무가 있습니다.
그 모든 것을 농축하면 하나의 이미지가 떠오를 것입니다.
누군가는 자유스러운 포즈의 인포그래픽을 떠올릴 수 있고
누군가는 시작된다는 의미의 녹색의 돋아나는 잎사귀일 수 있고
누군가는 거시적인 관찰자로 산신령 같은 이미지를
누군가는 천방지축 이미지의 탱탱볼일 수 있습니다.

중요한 것은 직관적으로 떠오른 이미지입니다.
생각하고 조작한 것이 아닌 자신만의 상징적 이미지입니다.
그 이미지는 멋지거나 기발한 것일 수 있고 우습거나 유치해 보일 수도 있습니다.
그러나 그것은 무의식적으로 받아들인 압축되고 농축된 대표 이미지입니다.
그 이미지를 기억합니다.

상징 이미지를 활용하는 방법

상징적인 이미지가 나왔다면 그 이미지와 최대로 비슷한 사진, 그림 등과 같은 이미지를 찾는 것입니다.

태양이라면 태양의 이미지에서
태풍이라면 태풍의 이미지에서
해변이라면 해변의 이미지에서
초원이라면 초원의 이미지에서
보름달이라면 보름달의 이미지에서
가장 비슷하거나 똑같은 이미지를 찾습니다.

이미지에 따라 소품으로 구할 수 있는 경우
열쇠고리, 핸드폰 고리, 반지, 배지, 액자, 카메라, 카지노 칩 등 소지품으로 갖고 다니기도 합니다.

가지고 다닐 수 없는 경우

핸드폰 메인 화면 등에 띄워 두거나 사진첩에 저장한 후 필요시 화면에 사진을 당기며 완전히 흡수하여 모드 전환이 일어나게 할 수 있습니다.

상징의 이미지는 의식적인 영향보다 무의식의 더 큰 영향을 줍니다. 무의식만큼은 그 상징의 이미지를 제대로 알고 있기 때문입니다. 자신만의 처리 방법이거니와 통용되니 반응을 할 수밖에 없습니다. 물론 당신이 인간이라면 말이죠.

5. 청각을 활용한 모드 전환

- 내는 청각
- 듣는 청각

세일러문의 마법

문 프리즘 파워 메이크업: 달빛의 요정이여 빛으로 얍

문 티아라 액션: 문 파워 액션

문 힐링 에스컬레이션: 달빛의 요정이여 빛으로 얍

문 크리스털 파워 메이크업: 문 크리스털 파워 빛으로 얍

문 프린세스 헐레이션: 크리스털의 요정이여 빛으로 얍

문 코스믹 파워 메이크업: 하트 문 크리스털 파워 빛으로 얍

크라이시스 메이크업: 성배의 힘이여 빛으로 얍

문 스파이럴 하트어택: 문 크리스털의 요정이여 하트 파워

문 크라이시스 메이크업: 루비 문 크리스털 파워 빛으로 얍

문 이터널 메이크업: 문 엔젤 파워 빛으로 얍

실버 문 크리스털 파워 키스: 실버 문 크리스털 파워

마법의 주문을 외우는 것입니다.
천일야화에 실린 '알리바바와 40인의 도둑'에는 보물이 숨겨져 있는 동굴 문을 여는 주문이 있습니다.
고작 한 문장밖에 되지 않는 "열려라 참깨"를 읊지 않는다면
보물이 가득 쌓인 동굴 문을 열 수 없습니다.
우리가 봐 왔던 세일러문이나 해리포터에서 강력한 마법을
발휘하기 위해서는 주문을 읊습니다.
주문을 읊을 때 마법이 발생되며,
주문이 틀릴 경우 마법이 발휘되지 않듯이 말입니다.

해리포터의 마법

시스템 마베리오: 폭파 주문
카르페 레트락툼: 보이지 않는 줄을 만들어 물건을 끌어당김
컨푼더스: 혼동 마법
콘프링고: 폭파 마법
클로포르투스: 문을 잠그는 마법
디미누엔도: 상대가 약해지게 하는 마법
디센도: 강제로 열거나 무너뜨림
디센디움: 마녀상의 통과 주문
데포디오: 굴착 마법
디펄소: 물체를 밀어냄
디판도: 찢거나 여는 마법

모든 것이 에너지로부터 만들어집니다.
물질은 분자로 만들어집니다.
분자는 원자로 만들어집니다.
원자는 소립자로 만들어집니다.
소립자는 에너지 파동으로 만들어집니다.
우리의 모든 신체 구조는 에너지로 만들어집니다.
우리의 몸, 지성, 감정, 사고, 인지, 의도, 조건반응 모두 에너지입니다.

누구에게는 주문과 같은 말이 허공의 외침일 수 있지만
또 누구에게는 강력한 마법과 같은 효과가 있습니다.
당신에게 맞는 가장 최적의 모드 전환이 될 수 있는 주문을 완성하세요.

주문은 파이팅과 같이 의지를 내보일 수 있는 문장이면 됩니다.
내적 청각으로 주문을 읊는 분들에게 자신만의 방법을 물어봤습니다.
정말 다양한 방법들을 사용하는데 당신도 아이디어를 얻기 바랍니다.

출근하는 자가용에서 10분 이상을 소리 내어 읊기도 하고 사람들이 있어 소리를 낼 수 없을 때에는 마음속으로 10번을 읊는다고도 합니다. 꼭 소리를 내야 하는 분들은 한 단어나 일반적인 단어로 대체하여 의미 부여로 사용하기도 합니다.

피겨스케이팅 김연아 선수에게 기자들이 훈련을 하기 싫을 때 어떻게 하냐는 질문을 한 적이 있었습니다. 김연아 선수는 너무 어이없다는 듯이 '그냥 하는 거죠'라고 합니다. 너무나 당연한 대답에 우리는 다른 의미로 어이가 없을 지경입니다. 입력 100을 넣으면 출력 100이 나올 수 있는 어이없을 정도의 간단한 심리기법을 알려드릴 것입니다.

특히나 주문을 읊을 때에는 조건반응이나 버그(변명, 합리화)가 있어서는 안 됩니다. 예를 들어 '나는 할 수 있다'라고 주문을 내뱉으면서 속으로는 '과연 할 수 있을까?'라는 버그나, 이 나이에, 돈이 더 많으면, 상황이 좋아지면, 과 같이 조건이 붙어서는 안 될 것입니다.

주문을 읊기 전 아주 작은 훈련으로 시작해 봅니다.

- 나는 (일어나기로) 선택을 했다.
- 왜냐하면 (일어나기로)을 선택했기 때문이다.
- 그래서 나는 (일어난)다.

이와 같이 아주 작은 것부터 10개 정도를 실행하여 언행일치로 주문의 에너지를 키웁니다.

①
- 나는 (   ) 선택을 했다.
- 왜냐하면 (   )을 선택했기 때문이다.
- 그래서 나는 (   )다.

②

③

④

⑤

⑥

듣는 청각

청각을 활용합니다.
모드를 전환할 때 특정 음악, 소리 등을 활용합니다.

셀프 타입으로 바꿀 때의 음악
에너지 타입으로 바꿀 때의 음악
해브 타입으로 바꿀 때의 음악
그룹 타입으로 바꿀 때의 음악
휴머니즘 타입으로 바꿀 때의 음악
중요한 결정을 앞둘 때 듣는 음악
상처받았을 때 듣는 음악
힘든 승리를 했을 때 듣는 음악
유혹할 때의 음악
사랑을 나눌 때의 음악
거절할 때의 음악
야식을 먹지 않으려고 할 때의 음악 등

타입별, 상황별 음악을 정해 주거나 개인만의 특정 소리가 있습니다.

지퍼 라이터 뚜껑 닫을 때 '땡~' 소리 3번
자동차 시동 거는 ASMR
자동차 후드 팝콘 소리 ASMR
벽시계 뻐꾸기 소리, 종소리 등 특정 소리에 반응하는
본인만의 듣는 청각을 찾도록 합니다.

6. 촉각을 활용한 모드 전환

- 외적 촉각
- 내적 촉각

외적 촉각

추억에 잠깐 빠져 볼까요?
세대마다 다를 테지만 벡터맨, 파워레인저, 우뢰매, 요술공주 밍키 중에 좋아했던 캐릭터가 있을 것입니다. 이 4가지 캐릭터의 공통점은 변신을 하기 위해서는 주문과 함께 모션이 필요하다는 것입니다.
어렸을 적 극장에서 심형래 주연의 '우뢰매'는 꼭 보았는데요.
변신을 하기 위해서는 풍차 돌리기 두 바퀴를 돌고 얍! 을 해야 하는데 변신을 해야 할 때 방해를 받으면 변신을 하지 못하는 장면이 아직도 생생히 떠오릅니다.
평범한 학생, 바보, 어린 여자아이가 변신을 통해 지구의 영웅, 우주의 수호자, 악당을 처치하는 해결사가 되기도 합니다.

학창 시절에는 WWF 프로레슬링이 유행이라 수많은 개성 넘치는 선수들이 있었습니다.
헐크 호건, 워리어, 달러맨, 빅 보스 맨, 바버맨 등…. 그들은 자신만의 시그니처 모션(어떤 몸놀림이나 동작)이 있었습니다.
그중 어떤 학우라도 특정 모션을 취하면 어떤 스타일인지, 어떤 필살기를 구사할 것인지 등을 쉽게 알 수 있었습니다.

타입별, 상황별 모션을 정하여 원하는 극적인 모드 전환을 할 수 있도록 모션을 찾도록 합니다.

외적 촉각

모드 전환은 지극히 주관성과 개인성을 요구합니다.
단순하든, 유치하든, 요란하든 자신에게 가장 효과적인 것을 선택하면 됩니다.

자신만이 아는 모션을 정할 수도 있고 그 분야에서 뛰어나고 존경스러운 인물 등을 선택할 수도 있습니다.

프로그램에 한 참가자는 협상을 할 때에는 도널드 트럼프처럼 손가락을 맞대어 산처럼 세우며 모드 전환을 합니다.
PT나 발표를 할 때에는 스티브 잡스처럼 안경을 치켜세우며 모드 전환을 합니다.
참가자는 모드 전환으로 완전히 변신되는 느낌을 받는다고 합니다.

조용하고 차분한 스타일로 협상도, 발표도, 관계도, 고객 응대도 하나의 스타일로만 하다 각각의 업무와 상황에 맞게 모드 전환을 하다 보니, 주변에서 대단하며 매력이 많다는 이야기를 많이 듣는다고 합니다. 무엇보다도 다양한 상황에서 필요시 자신의 최대 능력치를 발휘할 수 있다는 것이 제일 큰 만족이라고 합니다.

자신만의 모드 전환을 위한 모션 찾기는 크게 2가지입니다.
자신에게서 찾는 방법과 닮고 싶은 롤 모델에게서 찾는 것입니다.

자신에게서 찾는 방법

경험에서 찾는 방법과 미래에서 찾는 것입니다.
발표를 잘하고 싶다면 예전에 발표를 성공적으로 마쳤던 그 사건의 장면으로 들어가 트리거인 특정 모션을 찾는 것입니다.

자신감으로 상대와 대화를 하고 싶다면 예전에 자신감으로 성공적인 대화를 했던 사건으로 들어가 트리거인 특정 모션을 찾는 것입니다.

또는 현명함이 필요하다면 미래의 가장 현명한 때의 나와 만나는 것입니다.
지혜가 필요하다면 미래의 가장 지혜로운 때의 나와 만나는 것입니다.
성공을 원한다면 미래의 가장 성공한 때의 나와 만나는 것입니다.
필요한 특성의 미래의 나와 만나 똑같은 감각을 느껴 봅니다.
똑같이 호흡하고 생각하고 목소리를 내 봅니다.
몸의 감각을 일치한 다음 그러한 특성을 발휘하기 위해
특정 시그니처 모션을 찾아내거나 만들어 냅니다.
특정 모션을 했을 때 똑같은 몸의 감각이 일치하는지 확인합니다.
필요시 언제든 모션을 취해 그 감각 그대로 대응합니다.

롤 모델에게서 찾는 방법

자신에게서 찾던, 롤 모델에게서 찾던 가장 효과 좋은 것을 찾아내 사용하면 되는 것입니다.

롤 모델에게서 찾는 방법은 그 롤 모델의 대표적 모션이거나 또는 상상한 모션이라도 상관없습니다.

어차피 인간의 뇌는 실제와 가상을 구분할 수 없는 데다 자신의 감각이 그렇다면 그런 것입니다. 그것이 정답입니다.

우리는 이순신 장군을 본 적이 없습니다.

자료영상도 없습니다. 하지만 한 참가자는 조직에 헌신하고 리더십이 필요하다고 느낄 때 이순신 장군을 떠올리며 모션을 취합니다.

마치 명량대첩에서 지휘하는 것처럼 어깨너비보다 조금 더 넓은 양발에 왼손은 허리춤에 오른손은 20도 각도의 검지를 뻗으며 긴 호흡을 합니다.

10초 동안 최대한 그 감각을 느끼며 완전한 모든 전환이 일어난다고 합니다. 그리고는 회의를 주최해 결정과 비전을 알립니다.

꼭 대단한 위인일 필요는 없습니다.

자영업을 하면서 손자 손녀를 봐준다는 한 참가자는 일을 하다 손자 손녀를 돌보러 갈 때 고객과 거래처에서 받은 스트레스로 봐줄 때가 있다고 합니다.

손자손녀에게 미안한 마음이 들어 그는 가장 인자한 인물로 외할머니가 떠올랐다고 합니다. 그때 그 사건으로 들어가 꼭 그 포즈를 취한 것은 아니지만 양손을 턱에 댄 채 주름이 왕창 지는 인자한 미소를 3초 취합니다. 그렇게 완전한 모드로 전환한 뒤 손자 손녀를 돌본다고 합니다.

자신에게 필요한 특성의 대상을 찾았다면 그의 몸에 들어가 그가 된 것처럼 몸의 감각을 일치시킵니다.
똑같이 호흡하고 생각하고 목소리를 내 보고 말투와 생각까지도 일치시켜 봅니다.
그리고 그 모든 특성을 갖게 될 특정 모션을 지어 봅니다.

내적 촉각

심리 기법 중에 자극과 반응을 연계시키는 신경언어 프로그래밍 기법이 있습니다. 반응을 자동적으로 일으키는 일정한 자극을 만드는 것입니다. 자신도 모르게 자연발생적일 수 있고 의도적으로 만들 수도 있습니다.

이 기법은 과거의 특정 감정 상태를 현재로 가져올 수 있고
발생하지도 않은 미래의 감정 상태를 현재로 가져올 수도 있습니다. 이것이 가능한 이유는 인간이기에 가능합니다.
인간의 무의식 마음의 주요 원리 중 첫 번째가 바로 기억을 저장하는 것입니다. 그런데 그 기억이라는 것이 시간성(시간과 관계가 있음)과 비시간성(시간과 무관함) 모두 저장할 수 있습니다.

과거의 상태를 지금 연결할 수 있고
미래의 상태를 지금 연결할 수 있다는 것은
얼마든지 원하는 상태를 만드는 감정과 감각을 발생시키고
의도적으로 만들 수 있다는 것입니다. 아니 저장할 수 있습니다.
원할 때 그 감정의 상태를 필요에 따라 작동시킬 수 있습니다.
바로 앵커링(Anchor Installation)으로 말이죠.

물론 조건이 있습니다.
그저 그런 평범한 감정은 힘이 없거니와 굳이 필요치도 않습니다.
우리에게 필요한 건 모드 전환이 될 수 있는 강력한 스위치입니다.

어떤 상황이나 상태에서도 바뀌게 할 수 있는 것을 목표로 합니다. 몸의 특정 부위를 모드 전환이 일어날 수 있는 버튼으로 만드는 것입니다. 그 버튼을 누르는 순간, 강렬한 감정 상태로 이내 모드 전환이 일어나게 합니다.

그것이 가능한가는 의심하지 마세요.
60년 이상 검증된 심리기법이며
짧은 시간에 체감하여 확인할 수 있습니다.

원하는 감정 상태를 몸에 저장시키고 원할 때마다 작동시키려면 3가지의 조건이 필요합니다.

첫째, 경험의 강도
우리가 지금 이렇게까지 모드 전환을 위해 다양한 방법들에 대해 알아보는 것은 급격한 변화를 위해 전환이 필요하기 때문입니다. 그렇기에 급격한 변화를 일으킬 만한 에너지가 필요합니다. 그저 그런 경험이나 괜찮았고 좋았던 정도가 아니라 강렬해서 그때의 감정을 충분히 느낄 수 있는 정도의 강도가 필요합니다.

둘째, 앵커의 타이밍
앵커는 강렬한 주관적 몰입 상태가 최고조에 달했을 때 자극을 주면 특정 자극과 상태가 신경학적으로 연결되기에 가능합니다.
정말 원하는 농축된 감정만을 저장시키는 것이 중요합니다.
그러기 위해서는 원하는 사건에서 느꼈던 감정 모두를 저장하는 것이 아니라 그중에서도 가장 강렬한 부분 5초에서 10초만을 농축해 저장하는 것입니다.

셋째, 앵커의 독창성
이 기법은 의도적으로 만들 수도 있지만 자연발생적으로 만들어질 수 있다고 알려 드렸습니다.

예를 들어 기분 나쁘게 혼날 때마다 상대가 어깨와 몸통 사이 지점을 콕콕 누릅니다. 그러면 다른 상황에서 누군가 별 의도 없이 그 부위를 누르면 무의식적으로 기분이 나쁜 감정의 상태가 자동적으로 일어납니다.

그렇기에 앵커의 버튼을 어디에 설정하는가도 중요합니다.

손목 봉숭아뼈, 엄지손톱 밑, 경추 7번 대추혈부터 예민하고 아픈 곳까지 본인만의 독창적인 부위에 스위치를 만드는 것이 중요합니다.

이제 앵커링을 설치하는 방법에 대해 알아보겠습니다.

원하는 감정을 느끼고 싶은 경험을 떠올립니다.

경험을 떠올리다 주관적 몰입이 최고조에 이른 클라이맥스에서 특정 자극을 앵커합니다.

버튼을 누른 후 그 감정의 상태가 발생되는지 확인합니다.

언제든지 원하는 감정 상태로 전환할 수 있게 만들어 놓고 축적해 두도록 합니다. 한 참가자는 편리하게(?) 다섯 가지 타입을 복부에 저장해 사용한다고 합니다.

셀프 타입 (명치)
에너지 타입 (위)
해브 타입 (직장)
그룹 타입 (맹장)
휴머니즘 타입 (간)

참 재미있지요?
아이디어에 힌트를 얻어 놀라운 효과를 경험해 보세요.

7. 후각을 활용한 모드 전환

후각 모드 전환

후각과 미각을 1순위로 두는 %는 굉장히 낮습니다.
후각과 미각이 중요하지 않다는 것이 아니라 1순위로 두는 경우가 낮다는 것을 강조하고 싶습니다.
신경언어 프로그래밍이나 심리적인 연구결과에서 시각, 청각, 촉각이 98%를 차지하고 후각과 미각에서 2%가 나왔기 때문입니다.
하지만 청각과 미각 또한 부수적인 효과로 뛰어나며 2%에 해당하는 이들에게는 100%의 효과를 발휘할 수 있습니다.

특히 최면에서 후각은 부수적이지만 큰 역할을 담당하고 있습니다.
최면 15분을 위해서 3일 동안 상담을 하는 경우가 있습니다.
최고 고통스러운 사건을 직면해야 하는 경우가 있는데 이러한 감정을 상쇄하고 덮을 자원을 마련합니다.
오감적으로 좋아하는 컬러, 음악이나 노래, 감촉, 향, 먹을 것을 준비합니다. 내담자는 트랜스 상태여서 알지 못하지만 '좋은 향이 나는 방향으로 가 봅니다', '지금 장미향을 느낀다는 것은 좋은 일입니다', '애플블로썸의 향기를 느낀다면…' 하면서 최면을 진행하다 보면 내담자의 얼굴이 향을 맡는 순간 급격한 변화를 일으킵니다. 후각을 1순위로 두는 이라면 너무나 중요한 조건입니다.
오감 중 꼭 1순위가 아니다 하더라도 향을 뿌리면서 모션을 취한다든지 복합적으로 사용할 수 있습니다.

후각 찾기

후각을 활용합니다.
모드를 전환할 때 특정 향과 냄새를 활용합니다.

셀프 타입의 향
에너지 타입의 향
해브 타입의 향
그룹 타입의 향
휴머니즘 타입의 향

각각의 타입의 가치관, 성향, 사회적 직무, 원하는 감정 상태의 향을 찾는 것입니다.

프로그램을 진행하다 보면 정말 다양한 참가자를 만나게 됩니다.
똑같은 프로그램에 3번을 참가한 한 참가자는 참가할 때마다 새롭고 더 깊이 알게 되며 실생활에서 드라마틱한 효과를 발휘한다고 합니다.
그녀는 커다란 나무로 된 케이스 같은 가방을 엽니다.
그 가방에는 50여 가지의 향에 네임택이 달려 있습니다.
집과 사무실 가방에도 키트로 들고 다닌다고 합니다.
감성적인 면이 드러나는 그녀는 50가지 향의 차이를 분명히 알고 있으며 타입과 가치관, 성향, 역할 등에서 필요시마다 정확하게 사용 중이라고 합니다.

후각의 감각이 1순위인 참가자들을 경험해 본 결과,
타입, 가치관 성향, 역할을 떠올려 어떤 향이 나는가 물어보면 미묘한 차이를 말하며 처음 들어본 향을 술술 말하는 것을 보게 됩니다. 세상에 이런 많은 향이 있다는 것을 새삼 알게 됩니다.

8. 미각을 활용한 모드 전환

미각 모드 전환

프로그램을 진행하다 보면 시간이 지연되거나 초청받은 교육의 경우 교육 시간을 정해주기에 자연스럽게 미각, 후각은 생략되는 경우가 있습니다.
어떨 때에는 교육시간을 가져도 미각, 후각의 감각이 적은 집단의 경우 쉽게 지나치기도 하지만 또 어떤 집단에서는 대단한 발견을 하기도 합니다.

한 참가자는 자신이 미각에 대해 이렇게 민감하게 반응하는지 몰랐다면서 미각에 따라 극단적으로 바뀌는 모드 전환에 놀라워합니다.

미각의 감각이 뛰어난 참가자들은
사탕의 맛으로 모드 전환을 하거나
껌의 맛으로 모드 전환을 하거나
7~14가지의 츄잉 비타민을 네임텍이 적힌 약통 케이스에 담아 초능력이 발휘되는 마법의 약처럼 사용하거나
차의 종류를 분류하여 마시면서 따뜻한 온기가 몸에 전해지는 것을 모드 전환되는 과정으로 받아들이기도 합니다.
색상과 맛이 다른 비타민워터를 조그마한 유리 용기에 담아 필요시에 마시면서 모드 전환을 하거나 정말 많은 방법이 있다는 것을 새삼 알게 됩니다.

그런가 하면
시각+미각, 청각+미각, 촉각+미각, 후각+미각같이 섞어서 복합적으로 사용하기도 하는데 이럴 경우 단순하게 1.5배, 2배가 아닌 5배 이상의 효과를 불러온다고 합니다.

미각 찾기

미각을 활용합니다.
모드를 전환할 때 특정 맛을 활용합니다.

미각의 감각이 높게 나오는 참가자들은 표현도 미각적으로 많이 표현합니다.
자신의 성향을 요리로 표현한다거나
자신의 인생을 맛으로 표현하기도 합니다.

모드 전환으로 미각을 찾을 때 다양함을 넘어 당황스러운 경우도 발생합니다.
비싼 요리라든가, 계절음식의 경우가 그렇습니다.
그럴 경우 구하기 쉬운 것으로 대체되기도 합니다.

	셀프 타입	에너지 타입	해브 타입	그룹 타입	휴머니즘 타입
참가자 1	박하사탕	체리	당근	고구마	양배추
참가자 2	녹차	자두	공진단	홍삼액 1포	밤
참가자 3	칡즙	사이다	장어즙	박카스	대추차

맥락적으로 하나의 브랜드나 품목에서 선택되는 경우가 많지만 보시다시피 주관성과 개인성이므로 다양한 종류의 품목이 나열되기도 합니다. 다시 말씀드리지만 주관성과 개인성으로 어떤 품목이 나올지 모릅니다.
많은 힌트와 아이디어를 드리기 위해 다소 엉뚱하거나 재미있는 예시들을 알려 드리는 것입니다.
직관적으로 떠오른 것을 사용하되 새롭게 떠오른 것이나 편리상 대체하거나 시너지가 난다면 다른 감각과 조합해도 좋습니다.
주관성, 개인성으로 정답은 스스로가 찾아가는 것이기 때문입니다.

9. AI 플래너

플래너를 만들게 된 이야기

우리는 코칭입니다.
고객이 원하는 목표를 도와주는 것이 코칭입니다.
주로 코칭을 하지만 강력한 효과로 최면상담을 주로 하던 때가 있었습니다.
어떤 고통과 슬픔, 트라우마라 하더라도 얼마든지 자신이 있었습니다.
최면으로 얼마든지 부정적 감정을 덮거나 상태를 바꿀 수 있었으니까요.

저서 《운명보고서 휴먼차트》는 고객의 성향을 측정하는 차트입니다.
성향은 원인이라 할 수 있어 현실적으로 나타나는 결과 그리고 예측 가능한 결과 또한 진단할 수 있었습니다.
원인이 결과로 나타나듯 원인이 바뀌지 않는다면 결과도 그 범주 안에서 나타날 테고, 그 결과를 계속 유지한다면 예측된 결과는 시간이 지나면서 확정된 결과로 확인이 될 것이니까요.
《운명보고서 휴먼차트》는 그야말로 큰 센세이션을 일으켰습니다.
심리검사 분석으로 현재와 과거를 마치 점쟁이처럼 알아맞혔기 때문입니다.

《운명보고서 휴먼차트》로 심리검사를 하고 코칭을 하면서
불가능하다고 느끼는 감정들을 최면으로 바꾸면서 승승장구를 하게 됩니다.
그러나 아쉬운 결과에 부딪치기도 합니다.
휴먼차트로 반박 못 할 정도의 분석을 하고
최면으로 상태를 바꾸어도
일상으로 돌아가 결과를 바꾸는 데에는 분명 한계가 있습니다.
아는 것과 하는 것은 다르듯이
의욕을 행동으로 옮기는 데 낯설고 어색한 부분들
컨트롤이 안 되는 환경

통제가 안 되는 변수들로
원하는 수준의 결과를 내는 데에 어려움을 겪기도 했습니다.

우리는 플래너를 굉장히 좋아합니다.
세계에서 유명하다는, 국내에서 유명한 시간관리 플래너 교육,
교재를 모두 구매했습니다. 모든 교육에 참가했습니다.
시중에 판매되고 있는 모든 플래너를 구매했습니다.
명품 플래너를 사이즈별로 사용하고 있기도 합니다.
플래너만 긴 책장 3칸 이상을 차지하고 있습니다.
도움이 되든 안 되든 혹시나 싶어 판매하는 모든 플래너를 수집하고 있습니다.
단 하나도 사용하고 있지 않지만 혹시나 완벽한(?) 플래너를 발견하지 않을까 해서
계속 수집을 합니다.
비싸고 좋다는 플래너 몇 개를 마지막으로 사용한 지는 9년 정도 된 것 같습니다.
멋있긴 하지만 복잡하고 화려하고 다양하며 체크할 것이 너무 많아서
플래너를 작성하는 것마저 큰 업무처럼 느껴졌습니다.
세상에 이런 플래너를 완전하게 사용할 수 있는 사람이 있긴 있는 걸까, 라는
생각이 들 정도였으니까요.

단 하나의 플래너를 찾기 위해 모든 플래너를 구매했지만 찾을 수가 없어
손수 플래너 속지를 만들어 사용하게 됐습니다.
계속해서 불필요한 것을 걷어내고 수정을 거치며
6년 전부터 고객에게 적용하기 시작했습니다.

우리는 코칭으로 활동하고 있습니다.
고객에게서 효과가 나타나야 코치인 우리는 생존할 수 있습니다.
궁극적인 핵심은 들어가면서 단순하고 쉬운 플래너가 필요했습니다.
마침내 우리는 그 플래너를 갖게 됐습니다.

AI 플래너

AI 플래너는
애씀 없이 애쓴 결과를 나타나게 합니다.

AI 플래너는
노력 없이 최대로 노력한 결과를 나타나게 합니다.

AI 플래너는
많은 선택 중의 선택이 최적의 선택으로 나타나게 합니다.

어떻게 이런 결과를 나타낼 수 있을까요?
바로 'AI 플래너'이기 때문입니다.
원인과 결과에서 원인으로
결과와 예측 가능한 결과에서
예측 가능한 결과가 발생될 수밖에 없는 결과로
미션과 비전의 최대 가능성으로 머물러 있게 합니다.
그 가능성은 언제, 어떤 방향에서 당신의 인생을 채갈지 준비를 하고 있습니다.
늘 자신의 미션과 비전의 가능성에 머물러 있기 때문입니다.
당신의 라이프 디자인은 늘 가능성으로
예측 가능한 결과의 원인과 결과에 있는 것입니다.
당신이 원한 라이프 디자인이 가능한 이유입니다.

왜 AI 플래너인가?

단순하지만 모든 범주를 포함하고 있기 때문입니다.
단순하지만 모든 범주의 궁극적인 목적을 담고 있습니다.
단순하지만 모든 범주의 궁극적인 목적을 이룰 방법을 담고 있습니다.
단순하지만 모든 범주의 궁극적인 목적과 방법을 명확하게 알게 합니다.
단순하지만 자신이 하고 싶은 것과 해야 할 것을 분별하게 합니다.
단순하지만 자신이 해야 하는 것을 언제 해야 하는지 알아차리게 합니다.
단순하지만 이 모든 것을 측정 가능하게 합니다.

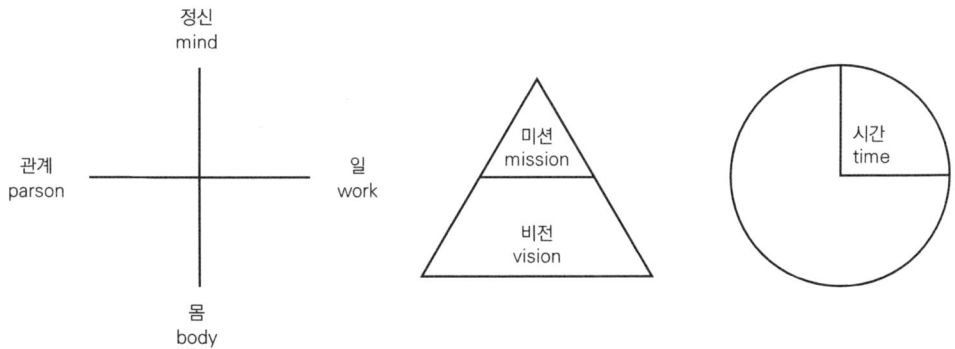

AI 플래너는
모든 이슈의 범주, 궁극적인 목적의 미션과 비전
그리고 시간의 효율성이 농축된 플래너입니다.

AI 플래너의 핵심 3가지 – 1

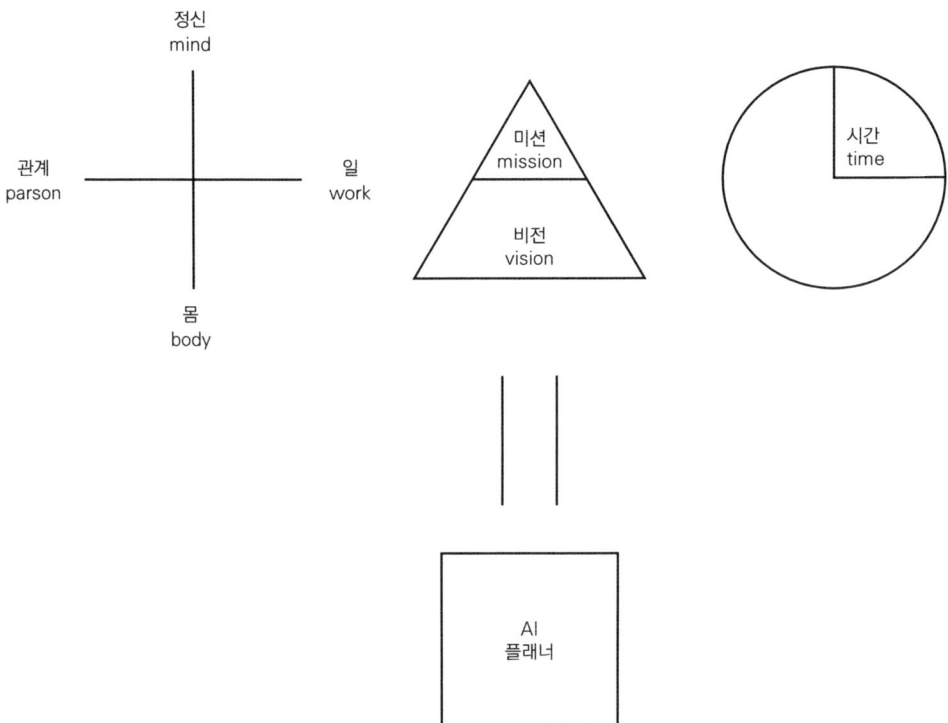

AI 플래너는 최상위 개념의 핵심 3가지로 이루어진 플래너입니다.
이 모든 것을 담고도 단순한 1쪽의 플래너로 당신의 라이프 디자인을 완성시킬 것입니다.

AI 플래너의 핵심 3가지 – 1

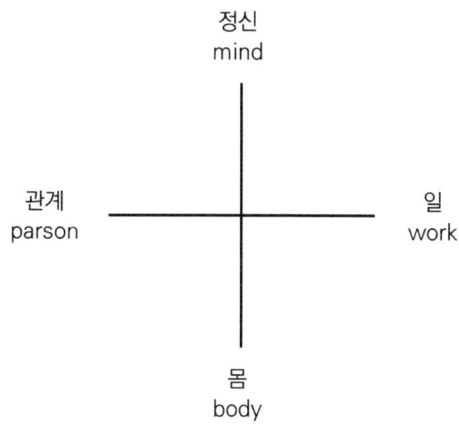

범주는 개념을 분류함에 있어 일반화하여 분류한 범위입니다.
큰 개념이지만 유용하게 사용됩니다.
우리는 정말 많은 고객들을 만나 코칭을 했습니다.
8년 전쯤 5,000명의 고객을 카운팅하다 그만두었습니다.
코칭을 하면서 지금까지 코칭의 이슈는 수만 가지 이상입니다.
다양한 사연, 복잡하고 어려운 고민들 속에 코칭은 프로세스로
먼저 고민의 범주를 파악합니다.
복합적으로 얽혀 있는 문제가 어떤 범주에 속하는가를 말이죠.

- 장사가 왜 이렇게 안 되는지, 매출을 올릴 수 있는 방법을 찾고 있어요. (일의 범주)
- 좋게 대하면 좋은 줄 알아야지 사람을 만만하게 보고 막 대한다니까. (관계의 범주)
- 휴식이 필요한 것 같아. 체력도 예전 같지 않고 건강에 신경 쓰고 싶어. (몸의 범주)
- 계속 이렇게 살면 안 될 것 같아. 나도 이제 돈도 벌고 잘살고 싶어. (정신의 범주)

고객이나 코칭을 배우는 코치들이 가끔 복잡하고 어려운 고민을 어쩜 그렇게 척척 말할 수 있는가요? 라고 묻는 경우가 있는데 바로 이 4가지의 범주를 잡는 것이 첫 번째 tip입니다.
이 4가지의 분명한 정의를 아는 것은 굉장히 중요합니다.
지금까지 살아오며 가지고 있는 정의, 지금 가지고 있는 투사된 관념의 총합의 이미지를 정의하고 표현하는 것이니까요.

코칭 프로세스

코칭의 방향은 원인과 결과로 인한 예측 가능한 결과로 연결됩니다.

AI 플래너 프로세스

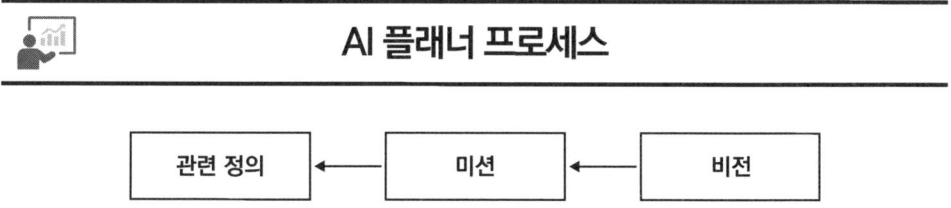

플래너의 방향은 바라는 결과를 먼저 찾아내고 결과를 이룰 수밖에 없는
원인을 찾는 순서입니다.
비전은 지금의 상황에서 가야 할 목표이자 결과이지만 미션의 결과를
나타내야 할 원인으로 연결되어야 합니다.

우리는 결과를 만드는 원인으로 발생할 수밖에 없는 결과에 대해 알아봤습니다.
반대로 발생한 결과는 그러한 결과가 발생할 수밖에 없었던
원인이 존재한다는 것을 알게 됐습니다.
원인 → 결과 → 예측 가능한 결과의 정방향과
예측 가능한 결과 → 결과 → 원인의 역방향을 알아차렸다면
바로 그것이 AI 플래너를 이해한 것입니다.
더 중요한 것은 라이프 디자인을 당신의 삶 속에서 실제적으로 확인하는 것입니다.
당신이 바라는 욕망과 의도 속에서 항상 가능성으로 넘쳐나는 것을 확인하는 것입니다.

4가지의 영역 정의하기

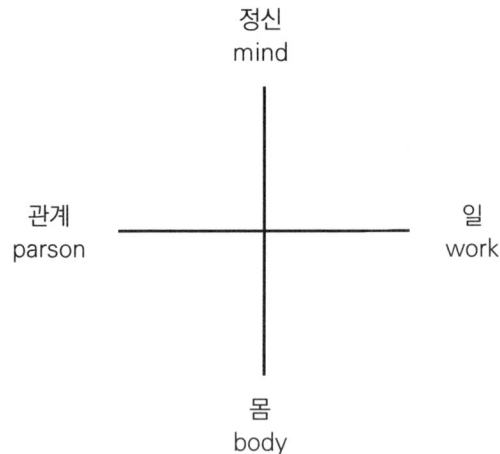

정신(mind) 정의하기
몸(body) 정의하기
일(work) 정의하기
관계(relation) 정의하기

일(work) 정의하기

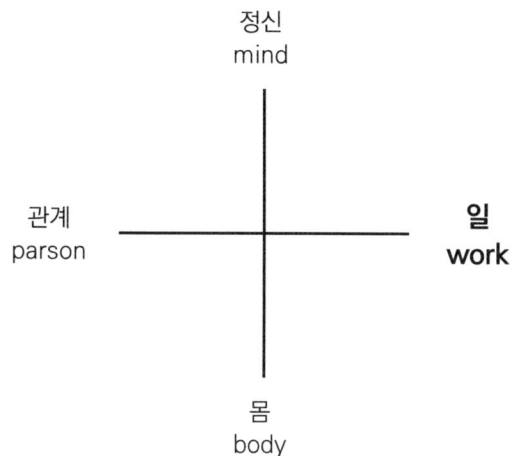

1. 천천히 긴 호흡을 합니다.
2. 긴 호흡을 하면서 몸과 마음은 마치 하얀 백지가 되듯 깨끗한 상태를 만듭니다.
3. 몸과 마음이 깨끗한 백지와 같은 상태에서 '일'을 내뱉듯 3번을 말합니다.

마음속으로 '일'을 3번을 말합니다.
깨끗한 상태에서 직관적으로 하나의 정의가 떠오를 것입니다.

일은 사회적인 삶을 사는 우리로서 당연히 필요하고 필요할 수밖에 없는 삶입니다.
본인이 느끼고 있는 일에 대한 정의가 나온 것입니다.
잠재의식에서 가지고 있었으나 인식하지 못했던
또는 인식하고 있던 불명료한 무엇이 의식으로 나온 것입니다.
대표 간판이라고 할 수 있습니다.
이해를 돕기 위해 참가자 7명과 함께하겠습니다.

예시)

참가자 1 - 성취

참가자 2 - 안정

참가자 3 - 발전

참가자 4 - 전략

참가자 5 - 인정

참가자 6 - 계급

참가자 7 - 원동력

아시다시피 정답도 더 옳은 것도 더 뛰어난 것이 없습니다.

지극히 개인적인 자신만의 정의입니다.

만약 부정적인 답변이 나왔다면 반대말의 긍정적인 답변으로 다듬습니다.

정신(mind) 정의하기

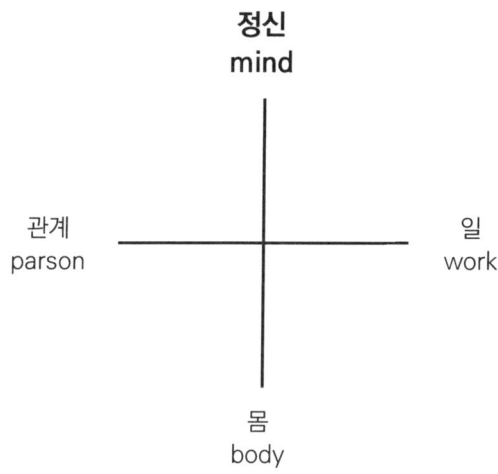

1. 천천히 긴 호흡을 합니다.
2. 긴 호흡을 하면서 몸과 마음은 마치 하얀 백지가 되듯 깨끗한 상태를 만듭니다.
3. 몸과 마음이 깨끗한 백지와 같은 상태에서 '정신'을 내뱉듯 3번을 말합니다.

마음속으로 '정신'을 3번을 말합니다.
깨끗한 상태에서 직관적으로 하나의 정의가 떠오를 것입니다.

정신은 자신이 가지고 있는 가치관의 대장이라 할 수 있습니다.
가장 강한 세력이며 힘을 가지고 있는 여러 가치관에서 가장 힘센 에너지입니다.
긴 호흡의 깨끗한 상태에서 잠재의식으로 찾는 이러한 방법이 좋습니다.
지금껏 겪어 왔고 겪고 있는 가장 순수한 답변이니까요.
불명료한 여러 메시지에서 명료한 정의를 잡으세요.
이해를 돕기 위해 참가자 7명과 함께합니다.

예시)

참가자 1 - 팔자

참가자 2 - 방향성

참가자 3 - 이해

참가자 4 - 깨달음

참가자 5 - 추구

참가자 6 - 시작

참가자 7 - 태도

4가지 범주에서 의식적인 면은 필요치 않습니다.
잠재의식에 묻고 알려 주는 답변을 그대로 적으면 그뿐입니다.
정신(mind) 범주에서만 의식적인 부분이 필요하다면 힌트를 이용하세요.
'손자 손녀에게 단 하나의 가치를 물려줄 수 있다면 그것은 무엇인가요?'

관계(relation) 정의하기

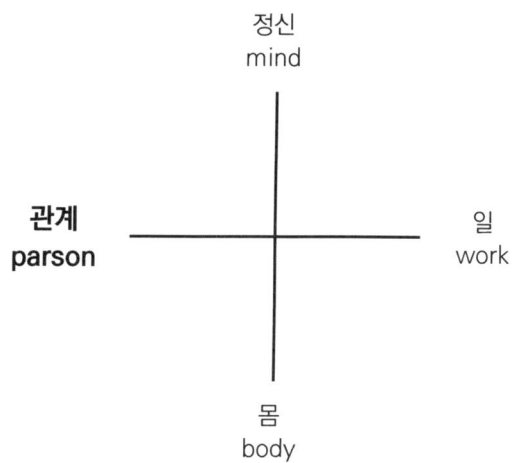

1. 천천히 긴 호흡을 합니다.
2. 긴 호흡을 하면서 몸과 마음은 마치 하얀 백지가 되듯 깨끗한 상태를 만듭니다.
3. 몸과 마음이 깨끗한 백지와 같은 상태에서 '관계'를 내뱉듯 3번을 말합니다.

마음속으로 '관계'를 3번을 말합니다.
깨끗한 상태에서 직관적으로 하나의 정의가 떠오를 것입니다.

사회적으로 우리는 공동체입니다.
일에 관련된 공동체와 관계에 관련된 공동체의 이슈가 사회적으로 가장 강한 대표적인 이슈입니다.
한자로 인간은 '서로를 기댄 사이'라는 의미를 담고 있습니다.
자신이 가지고 있는 관계에 대한 정의를 발견하시기 바랍니다.
이해를 돕기 위해 참가자 7명과 함께합니다.

예시)

참가자 1 - 진심

참가자 2 - 기브 앤 테이크

참가자 3 - 공감

참가자 4 - 만족

참가자 5 - 충만

참가자 6 - 동반자

참가자 7 - 감사

개인적인 '관계'에 대한 정의가 나왔습니다.
정의된 키워드만 보더라도 이해가 가는 뜻과 내용입니다.
남들은 모를 뜻이라도 상관없습니다.
어차피 보는 사람은 오직 자신뿐이니까요.

몸(body) 정의하기

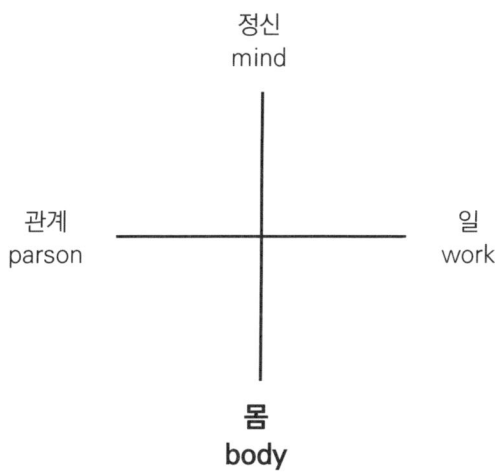

1. 천천히 긴 호흡을 합니다.
2. 긴 호흡을 하면서 몸과 마음은 마치 하얀 백지가 되듯 깨끗한 상태를 만듭니다.
3. 몸과 마음이 깨끗한 백지와 같은 상태에서 '몸'을 내뱉듯 3번을 말합니다.

마음속으로 '몸'을 3번을 말합니다.
깨끗한 상태에서 직관적으로 하나의 정의가 떠오를 것입니다.

몸은 자신과 죽을 때까지 헤어질 수 없는 신체입니다.
일반적으로 젊을 때는 정신이 육체를 지배하기도 하지만 나이가 들면서 역전되어 육체가 정신을 지배하게 됩니다.
몸이 당신에게 하는 메시지에 귀 기울이세요.
지금 필요한 대답을 할 것입니다.
이해를 돕기 위해 참가자 7명과 함께합니다.

예시)

참가자 1 - 휴식

참가자 2 - 열정

참가자 3 - 편안함

참가자 4 - 디톡스

참가자 5 - 관리

참가자 6 - 관찰

참가자 7 - 집중

평균적으로 대답을 가장 잘 듣는 범주입니다.
몸에 대한 대답은 다섯 가지 표현(오감)으로도 쉽게 들을 수 있습니다.

AI 플래너의 핵심 3가지 – 2

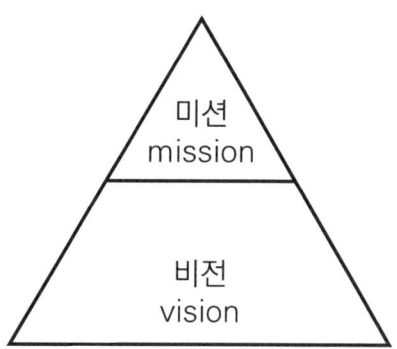

미션은 '근본 목적, 궁극적 방향성'이 일반적인 정의입니다.
하지만 이런 가이드로는 표어를 뽑는 것이 쉽지 않을 것입니다.
미션 표어를 작성하는 데 도움 될 정의를 몇 가지 더 첨부하고자 합니다.

- 키워드에서 나온 완성의 상태
- 키워드의 상태의 정점
- 키워드의 목적

비전은 '원하는 현상, 미래의 청사진, 내다보이는 장래의 상황'이 기본적인 정의입니다. 비전 표어를 작성하는 데 도움 될 정의를 몇 가지를 더 첨부하고자 합니다.

- 이것을 하면 자동으로 미션을 이루는 방법
- 이것만 하면 자동으로 미션이 완성되는 과정
- 이것만 하면 자동으로 미션이 목적이 되는 과정

4가지의 범주에서 나온 키워드의 정의를 표어(문장)로 나타낼 것입니다.
비전의 표어, 미션의 표어로 말이지요.

표어는 '자신의 행동을 나타내기 위해 쓰는 구호'와 같습니다.
우리는 인간으로서, 개인으로서, 사회생활을 해야 하는 사회인으로서 4가지의 범주를 벗어날 수 없습니다.
이 4가지인 자신의 정의를 나타내고, 나타난 4가지의 비전을 이루고 미션의 방향성을 향한다는 것은 가장 중요하면서 기본적인 인간의 욕구이자 의도입니다.

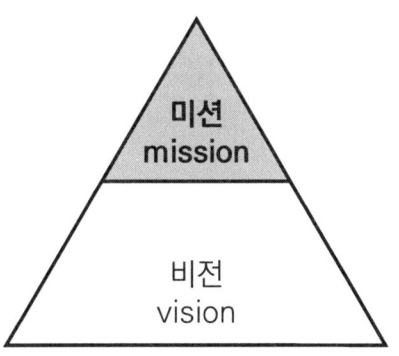

정신(mind) 미션

몸(body) 미션

일(work) 미션

관계(relation) 미션

4가지 영역의 정의를 미션으로 표어하기

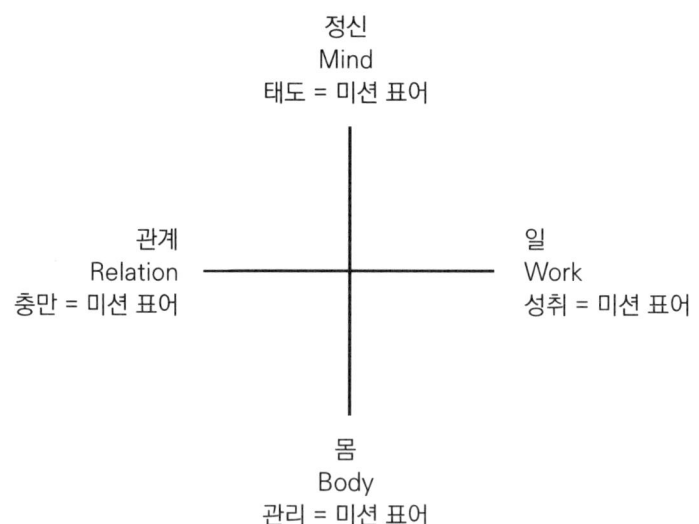

먼저 4가지 영역에 나온 자신만의 정의를 기입합니다.
정의된 키워드의 미션 표어를 작성하는 시간을 가질 것입니다.
직관적으로 얻게 된 순수한 답변은 함축된 정의입니다.
잠재의식에서 알려 준 대로 직관적인 답변을 그대로 적었을 뿐입니다.
이제 의식적인 방법으로 접근을 할 것입니다.
왜 잠재의식에서 이러한 답변이 나오게 됐는지 알아차릴 것이고
각 영역에서 바라는 온전한 상태, 목적과 목적에 도달하기 위한
과정의 포인트를 정확하고 명료하게 알게 될 것입니다.
친절한 설명과 예시에 따라 함께 하도록 합니다.

예시) 미션을 뽑는 표어 과정
미션을 하나의 키워드, 표어로 된 한 문장으로 만드는 것이 생각처럼 쉬울 수도 어려울 수도 있습니다.
쉽게 작성할 수 있도록 미션의 표어가 나오기까지의 과정을 살펴보면서 아이디어를 얻길 바랍니다.

우선 미션의 정의와 도움이 될 수 있는 재정의된 것을 염두에 둡니다.

미션 정의: 근본 목적, 궁극적 방향성
미션 재정의: 정의에서 나온 완성의 상태
　　　　　　　정의에서 나온 상태의 정점

팔자) '현실과 이상충족'의 미션 표어 과정
참가자 1은 정의된 키워드로 '팔자'라고 답변합니다.
답변은 지극히 개인적인 것이므로 무엇을 의미하는지 알지 못합니다.

A: '팔자'라는 것은 무엇을 말하는 것인가요?
B: 성격이 팔자라고, 인생을 만들잖아요.
A: 어떤 인생을 만든다는 것이죠?
B: 좋은 것이든 나쁜 것이든 말이에요.
A: 그래서 중요한 것은 무엇이죠?
B: 현실도 중요하고 이상도 중요하니까 양쪽 모두 충족되길 바라요.
A: 아~ 그럼 '현실과 이상 충족'을 바라신다는 것이군요.
B: 네, 맞아요. 그거예요. 현실과 이상 충족.

방향성) '수익을 내는 전문가'의 미션 표어 과정
참가자 2는 정의된 키워드로 '방향성'이라고 답변합니다.

A: '방향성'은 어떤 의미인가요?

B: 언젠가는 도달할 상태요.

A: 도달한 상태란 무엇을 말하는 건가요?

B: 수익을 내는 상태를 말합니다.

A: 그렇다면 수익을 꼭 내야 한다는 말이군요.

B: 네. 수익을 못 내는 사람이 전문가라고 할 수 없으니까요.

A: 전문가는 수익을 꼭 내는 사람이군요.

B: 네, 맞아요. 수익을 내는 전문가요.

이해) '명료할 때만 결정하기'의 미션 표어 과정

A: '이해'는 무엇을 말하는 건가요?

B: 잘 아는 상태입니다.

A: 잘 아는 상태는 무엇을 말하는 거죠?

B: 잘 알아야 잘 살 수 있으니까요.

A: 잘 알아야 잘 살 수 있는 것이군요.

B: 다 이해할 수는 없지만 이해하는 것이 중요합니다.

A: 그렇죠. 무엇이든 이해를 해야 결정할 수 있으니까요.

B: 네, 맞아요. 할지 안 할지 결정할 수 있는 기준의 필요가 이해입니다.

A: 할지 안 할지 결정할 수 있는 기준이 왜 중요한가요?

B: 분별하게 하고 선택할 수 있는 결정을 명료하게 해 주니까요.

A: 아! 명료하길 원하시는군요.

B: 네. 명료할 때만 결정하고 싶어요.

태도) '상황에 맞는 최선의 대응을 하는 것'의 미션 표어 과정

A: '태도'가 왜 중요하죠?

B: 취하는 입장이 중요하니까요.

A: 취하는 입장이요? 무슨 뜻인가요?

B: 똑같은 상황에서도 취하는 입장에 따라 좋은 결과가 일어나니까요.

A: 태도가 좋은 결과를 만든다는 것이군요.

B: 네. 같은 상황이라도 다른 결과를 내니까요.

A: 그 태도라는 건 어떤 태도를 말하는 태도인가요?

B: 어떤 태도라…. 알맞은 태도인데…. 나에게 도움 되는 태도네요.

A: 도움이 되는 태도란 무엇이죠?

B: 제일 좋은 태도요.

A: 네, 맞습니다. 그러니까 제일 좋은 태도는 무엇을 말하는 건가요?

B: 상황에 맞는 최선의 대응을 하는 것이요.

A: 아~ 상황에 맞는 최선의 대응을 하는 것이요.

B: 네! 상황에 맞는 최선의 대응을 하는 것이요.

예시와 같이 정의를 내렸지만 왜 그 정의가 나왔는지 모르는 경우가 많습니다.
그렇기에 잠재의식에서 한 답변을 의식적으로 풀이하는 것입니다.
이해는 어느 한쪽으로만 끝나서는 안 됩니다.
잠재의식은 이해를 했는데 의식적으로는 이해를 못 하거나
잠재의식은 이해하지 못했는데 의식적으로는 이해를 하는 것은 반쪽짜리 이해입니다.
양쪽의 영역에서 이해를 할 때만이 완전한 이해이며 시작점입니다.

예시와 같이 미션을 찾는 과정에서 잠재의식의 답변을 이해하고
의식적인 답변에 이해하게 됩니다.
양쪽의 이해를 양쪽의 영역이 수긍해야 합니다.
예시와 같이 영역의 미션을 찾기 위해서는 횡설수설(?)하면서
정신없이 이런저런 이야기들이 나올 수 있습니다.
당연한 일입니다.
한 번도 생각해 보지 않은 불명료한 부분을 하나의 표어로 표현하기에는
단계가 필요합니다.
어떤 영역에서는 한두 단계에 도달하기도 하지만
또 어떤 영역에서는 열 단계, 스무 단계까지 거칠 수 있음을 염두에 두시기 바랍니다.
깊은 내면을 들여다보며 진정한 자기 자신과 만나기 바랍니다.

AI 플래너를 작성하실 수 있도록 친절한 가이드의 역할은 계속됩니다.
가이드대로 편안하고 자연스럽게 진행하세요.

〈예시〉 일(work) 미션과 비전

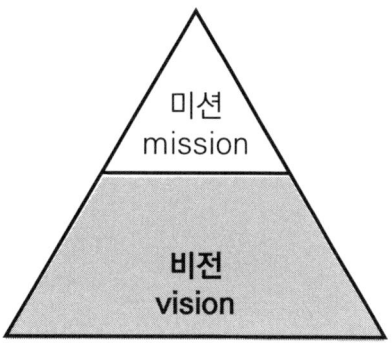

정신(mind) 미션과 비전

몸(body) 미션과 비전

일(work) 미션과 비전

관계(relation) 미션과 비전

⟨예시⟩ 일(work) 미션과 비전

	키워드	미션
참가자 1	성취	연봉 2억 원
참가자 2	안정	월 400만 원
참가자 3	발전	전공서적 3권 출판
참가자 4	전략	월 1,000만 원
참가자 5	원동력	명예
참가자 6	인정	우수사원
참가자 7	계급	대기업 이직

우리는 사회인으로서 잠재의식에 '일'의 정의에 대해 질문을 했을 때
얻게 된 답변을 하나의 키워드로 받아 적었습니다.
지금까지 개인적으로 듣고 보고 경험한 모든 관념을 통합하여 나온 대표 제목입니다.
'대표 제목'은 모두 나름대로 원인과 결과에서 나온 결과입니다.
이러한 결과에는 충족하고 싶은 욕구, 욕망, 목적, 의도 등이 있습니다.
어렴풋한 불명료한 바람을 의식적으로 접근하여
명료하게 그것을 알아차리는 시간입니다.
다양한 참가자의 답변의 미션과 비전을 통해 아이디어와 힌트를 얻으세요.

누구는 성취의 완성이 연봉 2억 원입니다.
누구는 안정의 정점이 월 2,000만 원일 수 있지만 400만 원입니다.
누구는 발전의 상태가 전공서적 3권은 출판해야 된다고 합니다.
누구는 사회는 보이지 않는 계급이라며 대기업에서 이직하는 것이라고 합니다.

〈예시〉 일(work) 미션과 비전

	키워드	미션	비전
참가자 1	성취	연봉 2억 원	주식대회 리그 우승
참가자 2	안정	월 400만 원	기술사 자격증 1급 취득
참가자 3	발전	전공서적 3권 출판	하루 2장 글쓰기
참가자 4	전략	월 1,000만 원	하루에 고객 1명 유치
참가자 5	원동력	명예	승진시험 합격 (주중 2시간, 주말 5시간 시험공부)
참가자 6	인정	우수사원	고객 응대 최선 다하기
참가자 7	계급	대기업 이직	포트폴리오 업그레이드하기

우리가 살아가는 모든 것의 이슈인 4가지의 영역의 미션이 이루고 싶은 결과라면 비전은 미션의 원인이 됩니다.

참가자 1은 일에서 성취를 해야 하는데 성취의 기준은 2억(미션-결과) 원입니다. 2억 원의 미션을 이루려면 주식대회에서 백 단위의 리그에서 우승(비전-원인)을 해야 2억 원을 벌 수 있는 수준이 된다고 합니다.
참가자는 현실에서 목적(미션)을 이루려면 목적을 이룰 수밖에 없는 강력한 원인이 필요합니다. 이것을 하면 자동으로 목적이 되는 과정 그것이 비전입니다.

참가자 3은 일에서 '발전'의 키워드가 나왔습니다.
발전의 완성, 정점의 상태를 전공서적 3권 출판(미션-결과)이라는 답변이 나왔습니다. 직장인 생활을 하면서 글쓰기를 미루어 왔는데 현실적으로 하루 2장씩만 원고를 써도(비전-원인) 쪽수로는 1년에 2~3권의 양이 나옵니다.
하루 2장만은 꼭 쓰기로 비전을 잡았습니다.
현재에서는 비전이 결과인 비전이고 비전의 입장에서 결과는 미션인 것입니다.
미션의 입장에서는 일에 목적의 만족이며 기쁨이고 행복인 것입니다.

〈예시〉 관계(relation) 미션과 비전

	키워드	미션
참가자 1	진심	좋은 감정 표현
참가자 2	기브 앤 테이크	이익 고수레
참가자 3	공감	내 앞의 사람에게만 집중하기
참가자 4	만족	마음에 드는 사람과 친구 하기
참가자 5	충만	있을 때 잘하자
참가자 6	동반자	소중함 계속 인식하기
참가자 7	감사	내 곁에 있는 사람과 계속해서 좋은 관계 유지

우리는 사회인으로서 잠재의식에 '관계'의 정의에 대해 질문을 했을 때 얻게 된 답변을 하나의 키워드로 받아 적었습니다.

지금까지 개인적으로 듣고 보고 경험한 모든 관념을 통합하여 나온 대표 제목입니다. 다양한 참가자의 답변의 미션과 비전을 통해 아이디어와 힌트를 얻으세요.

누구는 관계에서 진심이 중요하며 미션으로는 좋은 감정을 표현하는 것입니다.
누구는 관계의 정의가 '기브 앤 테이크'여야 하며 미션은 '이익 고수레'입니다.
누구는 관계의 정의로 '공감'이 가장 중요하며 '내 앞에 있는 사람에게 집중'하는 것이 미션입니다.
누구는 관계에서 만족이 가장 중요하므로 '마음에 드는 사람이 있다면 그 사람과 친구가 되기'로 미션의 목적으로 잡았습니다.

〈예시〉 관계(relation) 미션과 비전

	키워드	미션	비전
참가자 1	진심	좋은 감정 표현	상대에게 칭찬 한 가지 꼭 하기
참가자 2	기브 앤 테이크	이익 고수레	상대로부터 얻게 된 이익의 일부 반드시 보답하기
참가자 3	공감	내 앞의 사람에게만 집중하기	상대 대화 요약해서 말하기
참가자 4	만족	마음에 드는 사람과 친구 하기	친구 하자고 먼저 말하기
참가자 5	충만	있을 때 잘하자	가장 좋은 목소리로 표현하기
참가자 6	동반자	소중함 계속 인식하기	짝사랑할 때 다짐했던 것 떠올리기
참가자 7	감사	내 곁에 있는 사람과 계속해서 좋은 관계 유지	만날 때마다 마음의 선물 하기

우리가 살아가는 모든 것의 이슈인 4가지 영역의 미션이 이루고 싶은 결과라면 비전은 미션의 원인이 됩니다.

참가자 1은 인간은 독심술사가 아니므로 좋은 감정을 밖으로 표현(미션-결과)해야 된다고 합니다. 비전은 상대에게 칭찬 한 가지를 진심으로 하기(비전-원인)입니다. 상대에게 칭찬을 한다는 것은 비전대로 한 것이고 좋은 감정을 표현한 것이기에 미션이 자동으로 완성되는 것입니다.

참가자 2는 기브 앤 테이크라고 합니다.
'이익 고수레(미션-결과)'란 상대로부터 얻게 된 이익이 있다면 일정 부분 고수레처럼 보답을 하는 것(비전-원인)이라고 합니다. 그것이 좋은 인간관계가 되며 유익한 것이라고 합니다.
현재에서는 비전을 행해야 하고 그러면 자동으로 미션이 완수되며 관련 영역인 관계에 대해 만족되며 기쁩니다. 이것이 바로 행복의 감정입니다.
최소한 관계에 대해서는 말이죠.

<예시> 정신(mind) 미션과 비전

	키워드	미션
참가자 1	팔자	현실과 이상 충족
참가자 2	방향성	수익을 내는 전문가
참가자 3	이해	명료할 때만 결정하기
참가자 4	깨달음	무엇을 해도 만족된 상태
참가자 5	추구	주어진 환경과 시간에 최선을 다하기
참가자 6	시작	하고 싶은 것을 할 수 있는 삶
참가자 7	태도	상황에 맞는 최선의 대응을 하는 것

우리는 사회인과 개인으로서 잠재의식에 '정신'의 정의에 대해 질문을 했을 때 얻게 된 답변을 하나의 키워드로 받아 적었습니다.
다양한 참가자의 답변의 미션과 비전을 통해 아이디어와 힌트를 얻으세요.

참가자 1은 직장인이지만 시인이 되고 싶어 현실과 이상으로 고달파합니다.
생각(성향)이 팔자를 만드니 현실과 이상 충족 둘 다 충족되길 원합니다.
참가자 4의 정신(가치)은 깨달음으로 무엇을 해도 만족된 상태를 원합니다.
참가자 6은 정신의 키워드로 시작입니다.
하고 싶은 것을 할 수 있는 삶. 하고 싶은 것을 시작하는 것이 미션입니다.

<예시> 정신(mind) 미션과 비전

	키워드	미션	비전
참가자 1	팔자	현실과 이상 충족	주말에는 무조건 카페 가서 원고 쓰기
참가자 2	방향성	수익을 내는 전문가	종목 선정과 손절 칼같이 지키기
참가자 3	이해	명료할 때만 결정하기	장단점 취합하여 직관이 들 때까지 기다리기
참가자 4	깨달음	무엇을 해도 만족된 상태	욕구와 욕망 충족시키기
참가자 5	추구	주어진 환경과 시간에 최선을 다하기	'이것이 최선인가' 반문하기
참가자 6	시작	하고 싶은 것을 할 수 있는 삶	하지 말아야 할 것 그만두기
참가자 7	태도	상황에 맞는 최선의 대응을 하는 것	하고 싶은 것 말고 해야 하는 것 하기

우리가 살아가는 모든 것의 이슈인 4가지의 영역의 미션이 이루고 싶은 결과라면 비전은 미션의 원인이 됩니다.

직장인인 참가자 1은 시인이 되고 싶지만 현실과 가정을 위해 직장을 다녀야 하기에 현실과 이상 충족(미션-결과)이 미션입니다. 미션을 이루는 방법으로 주말에는 무조건 카페에 가서 오후 5시까지 시 쓰기가 비전(원인)입니다.

참가자 4는 욕구와 욕망을 충족시키는 것을 죄의식처럼 느꼈다고 합니다. 목적과 의도를 충족시키려는 것처럼 욕구와 욕망을 채우는 것(미션-결과)도 만족이고 기쁨이며 행복이라는 깨달음으로 욕구와 욕망을 충족시키기(비전-원인)입니다.
즉 욕구와 욕망을 충족시키면 비전을 이루는 동시에 무엇을 해도 만족된 상태의 미션을 완성하는 것입니다.

참가자 6은 하고 싶은 것을 할 수 있는 삶(미션-결과)을 위해서는 하지 말아야 할 것을 그만둘 때(비전-원인) 비전과 미션 정신 영역의 만족된 행복을 얻게 됩니다.

<예시> 몸(body) 미션과 비전

	키워드	미션
참가자 1	휴식	하루 4시간 나만의 시간 갖기
참가자 2	열정	열정 쏟아 만족한 상태
참가자 3	편안함	퇴근 후 휴식
참가자 4	디톡스	배가 납작한 상태
참가자 5	관리	복부지방 15% 이하
참가자 6	관찰	몸무게 68, 허리 사이즈 34 이하
참가자 7	집중	삼시 세끼만 먹기

우리는 사회인과 개인으로서 잠재의식에 '몸'의 정의에 대해 질문을 했을 때 얻게 된 답변을 하나의 키워드로 받아 적었습니다.
다양한 참가자의 답변의 미션과 비전을 통해 아이디어와 힌트를 얻으세요.

참가자 1은 영업직으로 혹시나 모를 영업전화에 시간, 에너지 소모가 많다고 합니다.
대부분 단순 A/S 문의나 궁금증으로 365일 시간에 상관없이 전화를 받다 보니
휴식을 원합니다.
잠들기 전 하루 4시간은 편안한 시간을 갖길 원합니다.

참가자 2는 열정을 쏟아 만족한 상태(미션-결과)를 원합니다.
참가자 5는 몸에 '관리'를 필요로 합니다.
관리의 기준은 복부지방 15%(미션-결과) 이하를 원하고 있습니다.

〈예시〉 몸(body) 미션과 비전

	키워드	미션	비전
참가자 1	휴식	하루 4시간 나만의 시간 갖기	퇴근 후에는 핸드폰 꺼 놓기
참가자 2	열정	열정 쏟아 만족한 상태	1시간 이상 운동으로 땀이 흠뻑 젖은 상태
참가자 3	편안함	퇴근 후 휴식	투잡 안 하기
참가자 4	디톡스	배가 납작한 상태	아침 해독주스 한 잔 오후 7시 이후 단식
참가자 5	관리	복부지방 15% 이하	저녁은 무조건 채소, 곡물로만 먹기
참가자 6	관찰	몸무게 68, 허리 사이즈 34 이하	주 2일 PT
참가자 7	집중	삼시 세끼만 먹기	간식 안 먹기

우리가 살아가는 모든 것의 이슈인 4가지의 영역의 미션이 이루고 싶은 결과라면 비전은 미션의 원인이 됩니다.

참가자 1은 휴식을 할 수 있는 하루 4시간 나만의 시간 갖기(미션-결과)를 이루기 위해 퇴근 후에는 핸드폰을 과감히 꺼 놓기(비전-원인)로 했습니다.

참가자 2는 열정을 쏟아 만족된 상태(미션-결과)에 기준으로 1시간 이상 운동으로 땀이 흠뻑 젖은 상태(비전-원인)를 알아차리게 됐습니다.
1시간 이상으로 땀이 흠뻑 젖는 상태의 조건만 충족시키면 되기에 자신만만합니다.
축구, 농구, 배드민턴, 달리기, 웨이트 트레이닝 등 다양한 방법이 있기 때문입니다.

자신의 4가지 영역에서 최고 이슈를 처리하기 위해서는 미션을 달성해야 합니다.
그러나 비전을 이루면 미션을 달성한 상태가 되고 미션을 이룬다는 것은 관련 영역의 목적을 이루는 것으로 만족되고 기쁜 행복 상태에 머물러 있게 되는 것입니다.

AI 플래너의 핵심 3가지 - 3

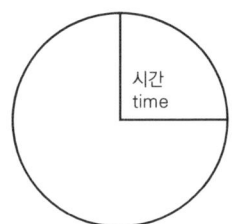 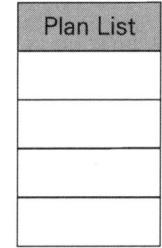

시간은 우리의 의지와 관계없이 일정한 척도로 흘러갑니다.
우리는 시간을 살아갑니다. 그리고 하루는 24시간입니다.
부자와 가난한 자의 시간은 똑같은 24시간입니다.
남자와 여자의 시간은 똑같은 24시간입니다.
노인과 아이의 시간은 똑같은 24시간입니다.
아침형 인간과 저녁형 인간의 시간은 똑같은 24시간입니다.
세계적인 베스트셀러 작가와 작가 지망생의 시간은 똑같은 24시간입니다.
세상의 모든 것이 불공평해도 물리적인 시간만은 공평합니다.
어떠한 혜택도 핸디캡도 없습니다.
누구나 똑같은 시간을 살아갑니다.

같은 시간 속에서 우리는 최적의 시간과 최저의 시간을 분류할 것입니다.
최저의 시간마저 용도에 맞게 사용한다면 최적의 시간이 됩니다.

인간의 모든 것이라고 할 수 있는 4가지 범주의 정의,
4가지 범주의 비전과 미션의 방향성,
4가지 범주의 비전과 미션을 실행하고 사용할 수 있는 시간계획표.
이 3가지를 조합하여 핵심이 응축된 간단한 플래너를 작성할 것입니다.

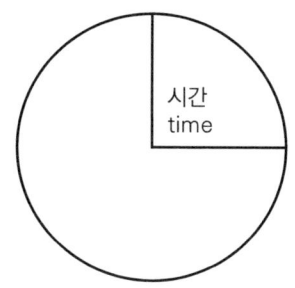

시간은 24시간이니 잠은 관에서나 자라는 식으로
열정을 재촉하지 않습니다.
자야 할 시간에는 자야 하고
밥 먹을 시간에는 밥 먹어야 하고
운동할 시간에는 운동을 해야 하고
간식 먹는 시간에는 간식을 먹고
낮잠 자는 시간이라면 낮잠을 자고
멍 때리는 시간을 넣어야 한다면 멍 때리는 시간을 넣습니다.
스스로가 할 수 있는 만큼 넣고 싶은 만큼 작성할 수 있습니다.
단 그것을 언제, 어디에 배치하는가입니다.

밤 시간을 좋아해서 밤에 작업을 하지만 아침 시간이 효율성이 좋다면
아침 시간에 작업을 합니다.
좋아하는 시간은 개인적으로 좋아하는 것을 하면 됩니다.
목표를 작게 잡았다고 재촉하는 사람은 없습니다.
느리게 가든 빠르게 가든 자기 자신에게 맞게끔 설정하는 것입니다. 사회적인
욕망은 돈, 명예이지만 사람마다 지식의 욕망, 자유의 욕망, 도전의 욕망 등 다양하게
나타납니다.
누군가를 검사하고 평가할 사람은 오직 자기 자신입니다.

일상 시간표

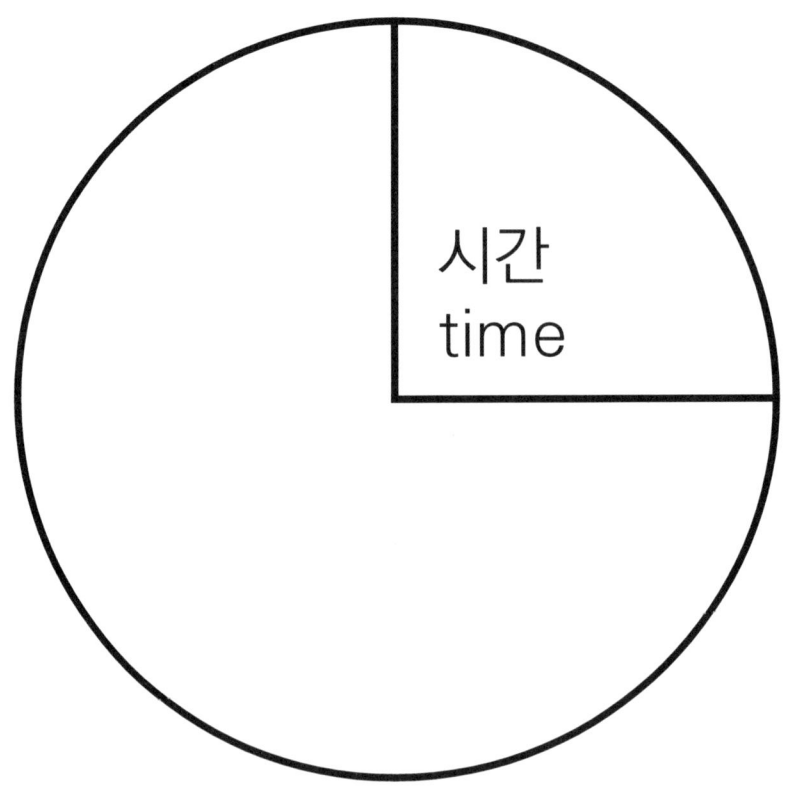

〈예시〉 활동 시간표

일반적인 직장인과 프리랜서의 시간에 따른 생활 시간표입니다.

빠듯한 하루 일정에도 나름 시간을 내어 자기계발을 하는 활동 시간표입니다.

보시다시피 해야 할 일과 일정 속에서 나름 시간을 내어 자기계발에 시간을 쏟지만 하루 24시간 중에 실제로 본인이 원하는 활동에 투자되는 시간은 적습니다.

시간	예시) 직장인 활동 리스트	시간	예시) 프리랜서 활동 리스트
0	휴식	0	
1	취침	1	작업 시간
2		2	
3		3	
4		4	취침
5		5	
6		6	
7	출근 준비	7	
8	이동	8	
9	업무	9	
10		10	
11		11	
12	점심시간	12	
13	업무	13	점심시간
14		14	운동
15		15	
16		16	카페에서 자료 찾기
17		17	
18		18	저녁식사
19	이동	19	독서, TV, 유튜브
20	저녁식사 및 샤워	20	
21		21	
22	자기계발 활동	22	작업 시간
23		23	
24	취침 준비 및 휴식	24	

활동 시간표 작성하기

자신의 활동 시간표를 작성합니다.
일반적인 평균으로 작성하며 주중 활동과 주말 활동으로 나누어 작성합니다.

시간	주중 활동 리스트		시간	주말 활동 리스트
0			0	
1			1	
2			2	
3			3	
4			4	
5			5	
6			6	
7			7	
8			8	
9			9	
10			10	
11			11	
12			12	
13			13	
14			14	
15			15	
16			16	
17			17	
18			18	
19			19	
20			20	
21			21	
22			22	
23			23	
24			24	

〈예시〉 시간 우선순위표와 가치 우선순위표 작성

가장 집중적, 생산적, 효율성이 좋은 시간의 우선순위를 체크합니다.
개인에 따라 1~3시간으로 분류합니다.
하는 일, 하고 싶은 일, 해야 할 일과 평상시에 하는 일반적인 활동까지
작성하도록 합니다.

시간	활동 리스트
0	수면 시간
1	
2	
3	
4	
5	
6	
7	아침식사
8	1순위 시간
9	
10	2순위 시간
11	
12	점심시간
13	7순위 시간
14	
15	4순위 시간
16	
17	3순위 시간
18	
19	저녁식사
20	
21	5순위 시간
22	
23	6순위 시간
24	

우선순위	가치 우선순위
1	승진시험 준비
2	기본 업무
3	재테크 공부
4	원고 쓰기
5	운동
6	유튜브 시청
7	검색 및 쇼핑
8	장보기
9	카페 가기
10	메일, 문자 확인

시간 우선순위표와 가치 우선순위표

가장 집중적, 생산적, 효율성이 좋은 시간의 우선순위를 체크합니다.
개인에 따라 1~3시간으로 분류합니다.
하는 일, 하고 싶은 일, 해야 할 일과 평상시에 하는 일반적인 활동까지 작성하도록 합니다.

시간	활동 리스트
0	
1	
2	
3	
4	
5	
6	
7	
8	
9	
10	
11	
12	
13	
14	
15	
16	
17	
18	
19	
20	
21	
22	
23	
24	

우선순위	가치 우선순위
1	
2	
3	
4	
5	
6	
7	
8	
9	
10	

〈예시〉 시간 우선순위표와 가치 우선순위표 작성

가치 우선순위에 있는 목록에는 4가지 영역에서 정신, 일, 관계, 몸과 관련된 비전의 활동이 반드시 들어가야 합니다.

비전에 활동을 효율적으로 한다는 것은 미션을 충족시킨다는 것이고 4가지 영역의 이슈를 해결하고 목적을 이루는 것이기 때문입니다.

평상시에 하는 일반적인 활동까지 작성하도록 합니다.

시간	활동 리스트
0	
1	
2	
3	수면 시간
4	
5	
6	
7	아침식사
8	1순위 시간
9	
10	2순위 시간
11	
12	점심시간
13	7순위 시간
14	
15	4순위 시간
16	
17	3순위 시간
18	
19	저녁식사
20	
21	5순위 시간
22	
23	6순위 시간
24	

우선순위	가치 우선순위
1	승진시험 준비
2	기본 업무
3	재테크 공부
4	원고 쓰기
5	운동
6	유튜브 시청
7	검색 및 쇼핑
8	장보기
9	카페 가기
10	메일, 문자 확인

〈예시〉 시간 우선순위표와 가치 우선순위표 작성

가장 생산적이고 집중이 잘되는 효율적인 시간에 가장 중요한 일을 해야 하는 것은 당연한 일 아닐까요?

가장 집중이 잘되는 1순위 시간에 8순위, 9순위, 10순위의 활동을 한다는 건 비효율적입니다.

가장 중요한 시간에 가장 중요한 일을 한다는 당연함이 활동 리스트를 작성해서야 알아차리는 경우가 많습니다.

시간	활동 리스트
0	수면 시간
1	
2	
3	
4	
5	
6	
7	아침식사
8	승진시험 준비
9	
10	기본 업무
11	
12	점심시간
13	검색 및 쇼핑, 장보기, 카페 가기, 메일, 문자 확인
14	
15	원고 쓰기
16	
17	재테크 공부
18	
19	저녁식사
20	
21	운동
22	
23	유튜브 시청
24	

우선순위	가치 우선순위
1	승진시험 준비
2	기본 업무
3	재테크 공부
4	원고 쓰기
5	운동
6	유튜브 시청
7	검색 및 쇼핑
8	장보기
9	카페 가기
10	메일, 문자 확인

시간 우선순위표와 가치 우선순위표 작성

작성한 시간 우선순위와 가치 우선순위를 같은 순위끼리 연결합니다.

시간	활동 리스트
0	
1	
2	
3	
4	
5	
6	
7	
8	
9	
10	
11	
12	
13	
14	
15	
16	
17	
18	
19	
20	
21	
22	
23	
24	

우선순위	가치 우선순위
0	
1	
2	
3	
4	
5	
6	
7	
8	
9	
10	

AI 플래너의 활용

다양한 라이프 스타일이 있습니다.

그리고 다양한 의지를 나타냅니다.

실제로 AI 코칭을 하다 보면 각자의 라이프 스타일과 의지에 따라 똑같은 양식의 플래너를 사용한다 해도 내용은 달라집니다.

많이 활용되는 스타일로 당신도 자신의 생활에 맞는 타입을 선택합니다.

1) 동일한 플래너

시간의 통제가 가능한 참가자의 일반적인 플래너입니다.

2) 주중 플래너 - 주말 플래너

주로 직장인이 선택하는 플래너입니다.

3) 주중 플래너 - 토요일 플래너 - 일요일 플래너

직장인이지만 집안일, 종교 활동, 역할에 따라 선택하는 플래너입니다.

4) 격일 플래너

주로 격일제 근무자이거나 현재 생활과 균형을 이루고 싶거나 천천히 변화를 원하는 플래너입니다.

AI 플래너 사용법

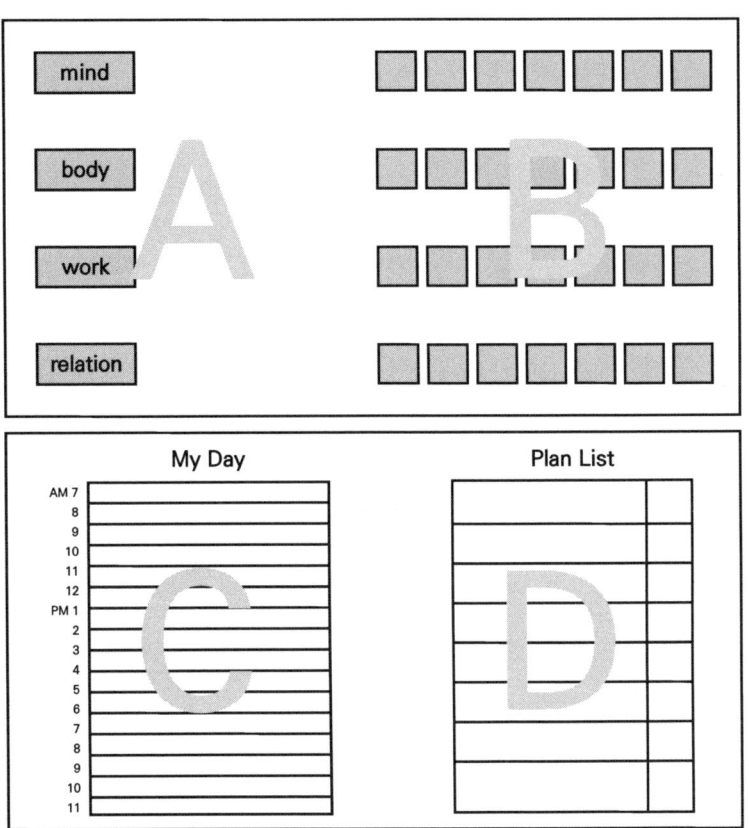

AI 플래너는 A, B, C, D 총 4가지의 요소로 구성되었습니다.
지금껏 이해한 개념과 작성한 플래너의 내용으로 작성합니다.

A는 4가지 영역의 작성한 미션과 비전의 표어를 적습니다.
B는 1일 1칸으로 10점 만점의 주관적인 점수를 적습니다.
C는 4가지 영역에서 비전의 활동을 우선순위의 시간대로 미리 선점하여 적습니다.
D는 당일 처리해야 할 목록으로 최소 4순위 이상의 시간대에 처리할 활동입니다.

AI 플래너 사용법

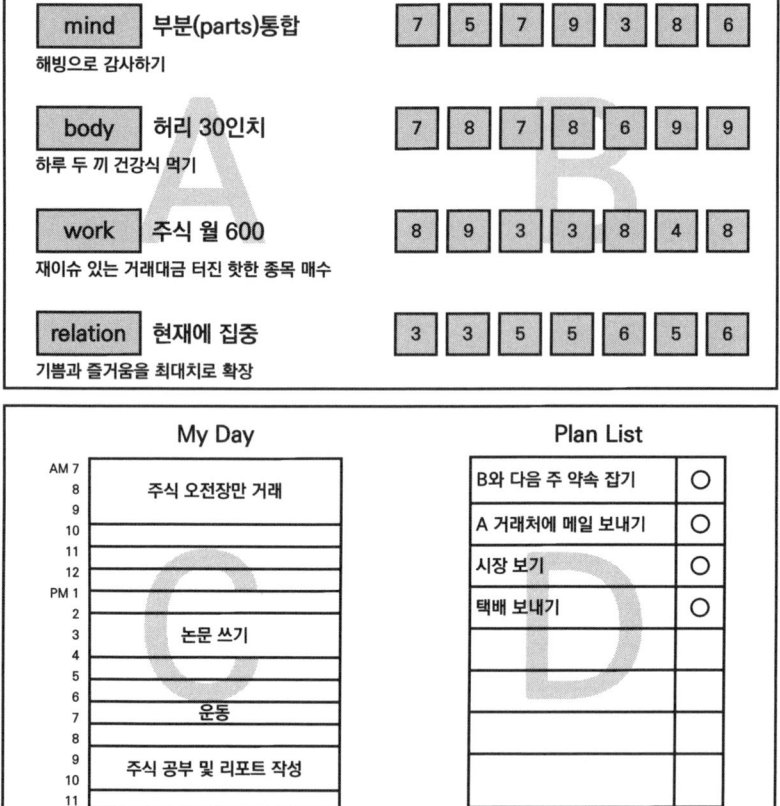

A: 4가지 영역의 미션과 비전을 간단명료하게 작성했습니다.

누군가 이해할 필요는 없습니다. 오직 자신만의 미션과 비전이니까요.

B: 일주일의 주관적 점수를 한눈에 파악할 수 있습니다.

왜 주관적 점수일까요? 했냐, 안 했냐가 아닌 어떻게 했느냐가 중요해서입니다.

남의 눈을 속일 순 있어도 자신만은 정확한 점수를 알 것입니다.

C: 가장 효율적인 시간에 가장 중요한 활동을 할 수 있게 합니다.
역설적으로 가장 비효율적인 시간에 가장 비효율적인 활동을 한다는 것은
최적의 시간에 활동을 하는 것이라 할 수 있습니다.

D: 우리의 삶은 많은 활동과 변수로 이루어져 있습니다.
중요한 일이 생긴다면 중요한 시간에 삽입해 활동을 하는 것이고
중요하지 않은 일이라면 중요하지 않은 시간대에 처리하는 것입니다.

AI 플래너 업데이트

AI 플래너의 업데이트는 크게 2가지로 이루어집니다.
AI 플래너 작성 후 현실의 삶에 적용하면서 발견되는 오차를 조정해야 할 필요가 있지만, 급작스럽게 환경이 바뀌는 경우가 대부분입니다.
그것은 당연히 바뀐 환경에 따라 바뀌어야 할 것입니다.
그러나 이런 경우도 매우 드문 일에 속합니다.

기본적인 AI 플래너의 바람직한 업데이트는 노력해서
달성한 미션이 필요 없게 된 경우입니다.
업데이트를 한다는 것은 관련된 영역의 미션을 이루었거나
더 이상 미션이 될 수 없는 경우입니다.
예전에 미션을 이루려고 했던 노력이 이제는 습관이 되어
애쓰고 노력할 필요가 없어진 경우입니다.
충족된 욕구로 미션이 평범해져 힘이 잃은 경우 업데이트를 해야 할 시기입니다.

보통은 첫 업데이트가 6개월에서 1년의 시간이 걸립니다.
4개의 영역에서 3개의 영역을 달성해 더 이상 미션의 역할을 하지 못할 때
업데이트가 됩니다.
저를 포함해서 플래너가 업데이트가 될 때의 참가자들은
큰 만족감과 발전을 느낍니다. 자신의 삶을 개선하며 큰 가능성에
항상 존재한다는 것에 대단한 자신감을 갖습니다.
플래너를 업그레이드해 작성한다는 것은 그만큼 미션을
계속해서 갱신하며 발전하고 있다는 것입니다.
원하는 상태를 계속해서 성취하고 갱신하며 진정한 파워를 느낍니다.

마치 초인처럼 되어 간다는 표현도 흔하게 듣습니다.
예전에 도달하고 싶었던 상태를 애씀 없이, 노력 없이 몇 번을 갱신한 상태에 도달하게 되는 것입니다.

업데이트의 조건은 최소 4가지 영역에서 2가지 영역의 주관적 점수가 70점 이상일 때 2가지의 영역을 업그레이드하거나 4가지 영역을 다시 정의, 비전, 미션을 작성합니다. 계속해서 업그레이드할 수 있는 이유는 4가지의 미션을 충족하면 할수록 레벨에 맞는 새로운 레벨을 발견하게 된다는 점입니다.
참고로 저의 경우 5번째 업그레이드된 플래너를 사용하고 있습니다. 당신의 삶 또한 계속해서 AI 플래너가 업그레이드되기를 바랍니다.

※ 견본을 복사해서 사용하거나 AI 플래너의 포맷을 기반으로
　개인에 맞게 만들어도 좋습니다.

AI PLANNER

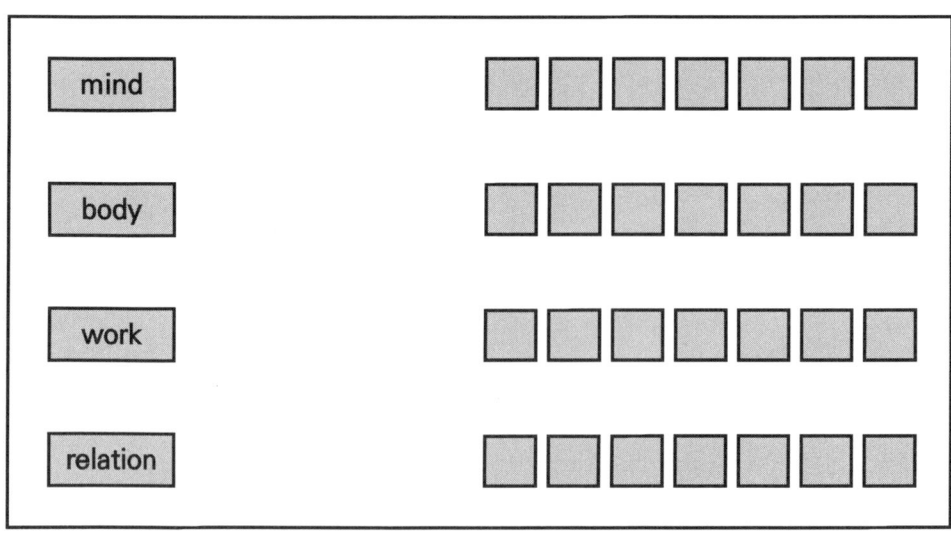

202 . . .

	My Day		Plan List	
AM 7				
8				
9				
10				
11				
12				
PM 1				
2				
3				
4				
5				
6				
7				
8				
9				
10				
11				

AI PLANNER

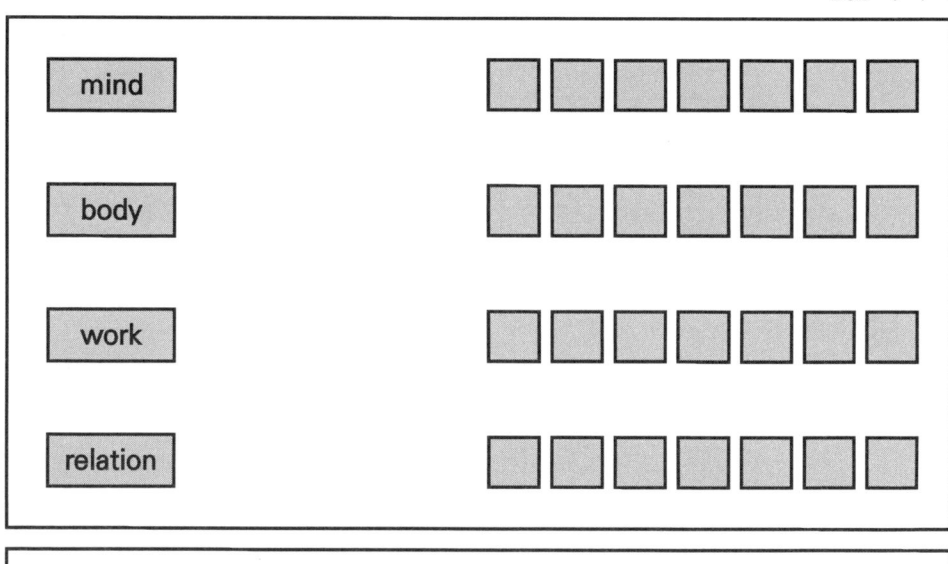

AI 커뮤니케이션 전체 구성

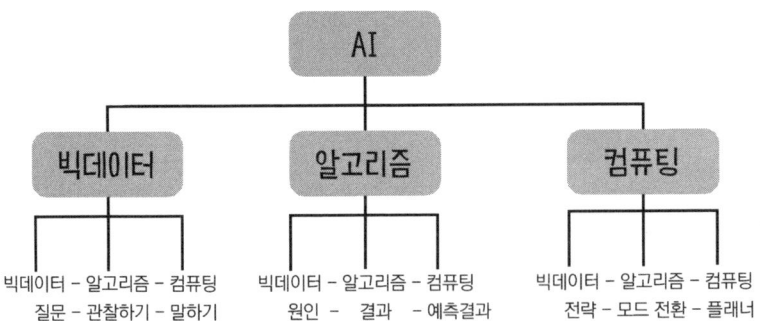

AI 커뮤니케이션은 완벽히 빅데이터, 알고리즘, 컴퓨팅 요소로 구성되었습니다.
그리고 하위 요소에도 AI에 맞는 요소로 구성되었습니다.
빅데이터에서도 빅데이터(질문), 알고리즘(관찰하기), 컴퓨팅(말하기)으로 구성되어 있습니다.

알고리즘에서도 빅데이터(원인), 알고리즘(결과), 컴퓨팅(예측 가능한 결과)으로 구성되어 있습니다.

컴퓨팅에서도 빅데이터(전략), 알고리즘(모드 전환), 컴퓨팅(플래너)으로 구성되어 있습니다.

나와 커뮤니케이션
너와 커뮤니케이션
삶과 커뮤니케이션

AI 커뮤니케이션은 큰 구성이든 작은 구성이든 어떤 것을 한다 해도
AI 커뮤니케이션을 하는 것입니다.

맺음말

예전에 막연하게 궁금한 것이 있었습니다.

운명은 정해져 있다는데 운명은 만들어 나간다고 하고
운명은 만들어 나가는데 운명은 정해져 있다고 합니다.
무엇이 정답인지 정말로 궁금했었습니다.

종교, 사회, 관계 분야에서 최상위의 개념으로 이해하기 어려운 것이 있었습니다.

- 애씀 없는 행복
- 최소 노력의 법칙
- 사랑의 최소 법칙

온 힘을 다해 애를 써도 행복해지기가 어려운데
행복은 애씀이 없을 때 가능하다고 합니다.

최선의 노력을 다해도 성공하기가 어려운데
최소의 노력일 때 성공할 수 있다고 합니다.

해 줄 수 있는 모든 노력을 다해도 사랑을 얻기 어려운데
사랑받기 위해 하는 노력이 적을 때 사랑받을 수 있다고 합니다.

AI 커뮤니케이션을 통해
행복은 애를 쓸 때 멀어진다는 것을 알게 되셨나요?
성공은 최선을 다할 때 힘들어진다는 것을 알게 되셨나요?

사랑을 얻기 위해 노력할 때 사랑을 얻기 힘들다는 것을 알게 되셨나요?

행복은 애를 쓰지 않고 자연스러울 때 가능하다는 것을
성공은 최소의 노력을 발휘할 때 가능하다는 것을
사랑을 위해 억지 노력을 하지 않을 때 가능하다는 것을
알게 되셨을 겁니다.

우리는 주위에서 너무나 쉽게 행복을 얻는 사람들을 봐 옵니다.
우리는 주위에서 너무나 운 좋게 성공하는 사람들을 봐 옵니다.
우리는 주위에서 너무나 간단하게 사랑을 얻는 사람들을 봐 옵니다.
도대체 그 비결은 무엇 때문일까요?
그것은 그럴 수밖에 없는 완벽한 원인 때문입니다.
행복에 도달할 수밖에 없는 원인
성공에 이룰 수밖에 없는 원인
사랑을 얻을 수밖에 없는 원인이었기에
쉽고 간단하게 운이 좋은 것처럼 보였던 것입니다.

이제 애씀 없이 행복을
최소의 노력으로 성공과 사랑을
계속해서 현실로 나타내는 라이프 디자인을 만들어 나가세요.
AI 커뮤니케이션이 함께합니다.